卡尔·巴特：奇人其思

KARL BARTH: AN INTRODUCTION TO THE MAN AND HIS THOUGHT

曾劭恺 著

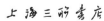

上海三联书店

推荐序
云开雾散：
为汉语读者而著的巴特思想导读

在两千年左右的基督教历史中，众多神学家在基督教思想史上留下了浓墨重彩的一笔。早期教会有众多如爱任纽一样的护教士，疾书阐述教会正统的教导来驳斥异端。在教会正统形成的年代，有亚他那修和奥古斯丁等教父，他们撰写了泰半千篇，以严谨的神学表述和深邃的思考建构绵延近两千年的神学传统。中世纪被称为信仰的时代，那年代的神学人却不懈怠，其中就有托马斯·阿奎那等思想巨擘，所留神学遗产令后世之人须穷其一生来专研。改教时期"诸家争鸣"，马丁·路德、乌尔里希·茨温利和约翰·加尔文等众多改教家在延续中世纪的神学传承时，又忠实于圣经来建构新教思想。他们的追随者也从循此神学方法，为后世执着耕耘新教思想。启蒙运动饱受神学界诟病，常被冠以弃上帝启示而尊人之理性。然而，许多人常常忽视了施莱尔马赫等受启蒙运动影响的神学家，在建构神学之科学性（*Wissenschaftlichkeit*）以及论证神学作为大学一门学科方面所作的贡献。

以上寥寥数字，难以阐尽基督教思想史的精彩纷呈，更遑论自施莱尔马赫之后现代神学界中百家奇谈，长篇累牍也难以详尽描述。二十世纪初以来，最具影响力的神学家当数卡尔·巴特。他一生的神学著作可谓文山会海，跻身奥古斯丁、路德等一众神学先辈。此外，他的神学思想以批判之精神继承神学传统，所带出成果影响深远，惠及一代又一代的神学人。对许多当代神学家而言，巴特在基督教思想史上的地位，与上文提及的基督教历史上的神学家并列齐头。当然，他的神学在过去近百年的时间里，也遭到了不计其数的批判，甚至斥责连篇。

当转向汉语神学读者群体时，一个有关巴特思想的莫名情形便映入眼帘。汉语神学界中有众多学者专研巴特思想，并在汉语处境中诠释、建构，用以发展汉语神学，惠泽学林。汉语信仰群体及其中领袖往往对巴特的神学疑虑纷生，未经深入了解便全然否定之。一览此情，耐人寻味之处在于有许多汉语读者对此嗒然无措，便在踌躇之际立于中间地带，以"中庸"之法保护自身免受神学论战波及，又持"使人和睦"之高尚模糊了信仰的智识（intellectual）追求。凡此种种现状，诸多原由之中，一因尤为突显，即汉语学界缺少一本集大成又惠大众的巴特神学思想导读。

这本由曾劭恺教授所著的《卡尔·巴特：奇人其思》便是汉语读者亟需的导读。笔者将曾教授在这本佳作中的写作方法，归纳为"一套整合了三重路径的巴特研究方法"：（1）追根溯源；（2）宽仁批判；（3）前瞻建构。笔者在下文分别简述这三重路径，以求尽可能地勾勒出这本佳作的特色。

曾教授所采用的第一重路径就是以追根溯源的方式论述本书的内容。这方面又细化为两个层面。其一，曾教授着眼于文本的根源，即原始文献。本书仔细考察巴特的著作，不只局限于英文译本，还显示了对德文原著的全面了解与呈现。不只如此，曾教授在梳理各类对巴特思想的诠释时，尤其在分析对巴特思想的批判之际，总是罗列这些诠释的原有文献，而不是经由二手文献便不加考证地采纳；后一种做法恰是导致当今汉语群体中多数人误解巴特思想的原因。这便带出了"追根溯源"的第二个层面：追溯误解的根源。曾教授透过查考文献，找到误解巴特思想的来源及其演变，再点明背后的思想和历史处境。这仿佛一台思想层面的手术，帮我们找到病源，剖析病因，再对症下药。

本书研究方法的第二重路径就是"宽仁批判"，即在欣赏且接纳巴特神学对基督教思想的杰出贡献之时，指出其思想体系中的不足之处。笔者首先得言明，曾教授在这本著作中为巴特的思想进行了有力辩护，因为汉语读者的确在许多方面误解了巴特以及他的思想。比如巴特的救赎论常被解读为一种普救论，饱受持《多特信条》救赎论之读者的挞伐之词。曾教授对巴特的"全人类在基督里蒙拣选"之说及个殊主义的阐释，诚然是对巴特思想的有力辩护。即便如此，曾教授在详细考究巴特著作的基础上，以宽仁的方式对巴特思想提出了深刻的批判。例如，曾教授极其肯定巴特对驳斥以现代历史批判研读圣经之谬误所作出的杰出贡献，同时指出巴特的圣经观在某种意义上弱化了圣经的权威。这种宽仁的批判为汉语读者在接触巴特思想之前，塑造了一种健康的思维模式，避免不加详究的全盘否定。

本书研究方法的第三重路径是"前瞻建构"。若只有前两种路径，那么本书可能只是基督教思想著作之读者了解巴特神学的启蒙读物。在纳入"前瞻建构"后，本书的学术研究价值便尽显无遗。曾教授从全球巴特思想研究的成果出发，再从基督教思想历史切入，不仅为读者纾困解惑，还阐述了巴特思想对基督教思想今后发展可借鉴之处。比如在阐述巴特使"凯旋基督"优先于"刑责替代"的立场后，曾教授指向了当代福音派救赎论发展的迫切需要，尤其是巴特研究泰斗杭星格教授在这方面的贡献。这个例子很好地说明，对巴特思想宽仁批判的研究如何可以帮助建构当今及将来的基督教神学。

透过以上简略概括，笔者只是稚拙地描述了这本佳作研究方法的三种路径，万不敢认为全面表述了本书的精华。这本佳作的精彩之处，只待读者慢慢领略。笔者深信，本书会为汉语读者呈现一幅巴特思想的导图，辅助游览巴特思想的湖光月色，并在这思想景园的出口，又见另一处风景。

徐西面

序于苏格兰爱丁堡

2024 年 4 月 12 日

目 录

卡尔·巴特一级文献缩写表

Anselm   *Anselm: Fides Quaerens Intellectum: Anselm's Proof of the Existence of God in the Context of His Theological Scheme.* Translated by Ian Robertson. London: SCM, 1960.

CD   *The Church Dogmatics.* 4 vols. In 12 parts (I/1–IV/4). Edited by G. W. Bromiley and T. F. Torrance. Translated by G. W. Bromiley. Edinburgh: T&T Clark, 1956–1975.

GD   *The Göttingen Dogmatics.* Vol. 1, Instruction in the Christian Religion. Edited by Hannelotte Reiffen. Translated by Geoffrey Bromiley. Grand Rapids: Eerdmans, 1991.

Gottes   *Gottes Gnadenwahl.* Munich: Keiser, 1936. Translation
Gnadenwahl   mine (unpublished).

KD   *Die Kirchliche Dogmatik.* 4 vols. In 12 parts (I/1–IV/4). Zurich: Theologischer Verlag Zürich, 1980.

MD   *Die christliche Dogmatik im Entwurf, 1. Band: Die Lehre vom Worte Gottes, Prolegomena zur christlichen Dogmatik, 1927.* Zurich: Theologischer Verlag Zürich, 1982.

PTNC   *Protestant Theology in the Nineteenth Century.* Translated by Brian Cozens and John Bowden. London: SCM, 2001.

Romans II   *The Epistle to the Romans.* Translated by Edwyn Hoskyns. 1922 ed. London: Oxford University Press, 1933.

第一章
巴特思想在当代的重要性

人们恰当地形容巴特为当代最有影响的神学家。因此我们必须尝试理解他。

——哥尼流·范泰尔，1962 年 [1]

一、重新认识巴特的必要

瑞士神学家卡尔·巴特（Karl Barth, 1886–1968）无疑是二十世纪最有影响的基督教思想家。他于 1919 年发表的第一版《〈罗马书〉释义》（*The Epistle to the Romans/Der Römerbrief*）一鸣惊人，令他名声大噪，两年后获邀任教于启蒙运动后在欧陆人文学界具有主导地位的权威名校哥廷根大学（Georg-August-Universität Göttingen），担任改革宗神学教席教授。这仅仅是他

---

1. Cornelius Van Til, *Christianity and Barthianism* (Philadelphia: P&R, 1962), 1.（本书外语文献皆由笔者翻译，以下不再注明，除非另行标示。）

辉煌生涯的起点。1920 年代中期，巴特的影响已遍及欧洲，在荷兰、法国、匈牙利、罗马尼亚等地皆吸引了为数可观的热衷追随者。及至 1930 年代，他的思想已传遍全球，在中国有赵紫宸（1888-1979）先生著书阐述其作品，日本京都学派哲学家更纷纷从巴特神学取材，甚至推荐学生远赴德国师从巴特。他于 1934 年主笔的反纳粹《巴门神学宣言》(Barmen Theological Declaration/*Die Barmer theologische Erklärung*) 在第二次世界大战期间，成为德国反法西斯"认信教会"(Confessing Church/*Bekennende Kirche*) 的思想支柱。他坚定的反法西斯立场，以及形成于 1910 年代的社会主义思想，在日本也为反军国主义的左派学者提供了重要素材，与京都学派的右派思想相互对峙。巴特 1962 年造访美国时，如同摇滚巨星般造成全国轰动，成为那年四月刊《时代》(*Time*) 杂志的封面人物。他一方面在现代学术神学语境中为传统基督教辩护，另一方面却接受许多现代哲学的观点，加之他对共产主义的温和态度，令他在英美社会及学界成为备受争议的思想家。不论如何，巴特确实是二十世纪最具影响力的基督教思想家。

不论在欧美抑或亚洲，巴特的影响皆遍及学界与民间，而他在学界及民间的形象却往往不尽相同。在日本，巴特透过井上良雄（1907-2003）等学者的影响，以及《福音与世界》（福音と世界）这样的大众刊物，在民间俨然成为巴刻（J. I. Packer, 1926-2020）、约翰·斯托得（John Stott, 1921-2011）那样的全民神学家，而他在学界的影响也不仅限于基督徒学者。巴特在韩国的影响则较局限于基督徒知识精英，而他在教会信徒中间较不被信任，这在很大程度上是出于韩国几大长老会宗派的保守倾向。

在华语世界，巴特研究至九十年代方成为汉语神学的显学，而在学界之外，巴特对许多人留下的印象，至今仍深受二十世纪中叶美国保守福音派的影响，尤其是范泰尔（Cornelius Van Til, 1895-1987）及其学派的诠释。北美福音派对巴特的批评其实相当多元，单是源于荷兰的就有好几派。克拉斯·希尔德（Klaas Schilder, 1890-1952）认为巴特采取了克尔凯郭尔（Søren Kierkegaard, 1813-1855）的辩证思维模式，而北美的戈登·克拉克（Gordon Clark, 1902-1985）则进一步使用英美"非理性主义者"（irrationalist）的克尔凯郭尔诠释模型来解读巴特，认定巴特笔下的上帝是自相矛盾的上帝。[2] 杜耶威德（Herman Dooyeweerd, 1894-1977）则以二元论（dualism）及唯信论（fideism）的模型理解巴特，认为巴特以某种雅典与耶路撒冷的二分，拒斥了哲学理性，并高举教理神学，而这也影响到北美前设论学派（presuppositionalists）对巴特的观点。[3] 柏寇伟（G. C. Berkouwer, 1903-1996）以"恩典之凯旋"的修辞表达了某种决定论式的（determinist）诠释，令主流福音派至今仍认定巴特是某种意义上的普救论者（universalist）。[4]

---

2. Klaas Schilder, *Zur Begriffgeschichte des 'Paradoxon'* (Kampen: Kok, 1933); Gordon Clark, *Karl Barth's Theological Method* (Philadelphia: P&R, 1963).

3. Herman Dooyeweerd, *In the Twilight of Western Thought: Studies in the Pretended Autonomy of Philosophical Thought*, Series B, vol. 4, ed. James Smith (Grand Rapids: Paideia, 2012), 83, 97–98.

4. Gerrit Berkouwer, *The Triumph of Grace in the Theology of Karl Barth*, trans. Harry Boer (London: Paternoster, 1956).

除了上述源于荷兰的几派诠释外，加拿大维真学院（Regent College）德裔创校教授博克缪尔（Klaus Bockmuehl, 1931-1989）的影响亦不容忽视。他在巴塞尔大学（Universität Basel）攻读博士学位时，由巴特亲自指导，其后担任过莫尔特曼（Jürgen Moltmann, 1926-2024）的助理。博克缪尔以"非现实主义"（unrealism）的诠释模型批判巴特，形成了早期北美福音派的一大主流。[5]

对于中国基督教研究而言，英美福音派的影响是不容忽视的，而其中北美福音派又更具有主导地位。新教是中国五大宗教之一，另四大宗教则为佛教、道教、天主教及伊斯兰教。在中国乃至全球华人的新教当中，福音派绝对是思想上的中流砥柱，而北美的福音派运动在二十世纪下半叶一直主导着全球福音派。因此在国内语境中引介巴特时，我们不得不面对一个现实——许多读者对巴特的初步认知受到了北美福音派影响。

而在福音派当中诸多的巴特诠释当中，范泰尔学派的诠释对于国内读者的影响又最为广泛。我们在第三章会讨论十二个关于巴特的常见"迷思"（myths）。到时候我们就会发现，就算是不认同范泰尔或者不熟悉范泰尔的国内读者，也或多或少会在对巴特的认知上受到范泰尔的影响。事实上，笔者有一位同侪，是专攻二十世纪德国神学的优秀学者，从未读过范泰尔，也不熟悉英美福音派神学，然而这位朋友在一次对话当中表述

5. Klaus Bockmuehl, *The Unreal God of Modern Theology: Bultmann, Barth, and the Theology of Atheism: A Call to Recovering the Truth of God's Reality*, trans. Geoffrey W. Bromiley (Colorado Springs: Helmers & Howard, 1988).

其对巴特的了解时，却体现出了范泰尔特有的一些观点。范泰尔对国内读者影响之广泛，在此可见一斑。

而在这里我们也因此面对着一个挑战：华人范泰尔主义者所培养出来的群体往往有一种倾向，就是笃信范泰尔不会出错。这种倾向在很大程度上跟早期对国内引介范泰尔的几位名人有关，在这里就不详述了。

这样的倾向并不可取。没有人能否认，任何一位大思想家的著述、任何一部伟大的作品，都会有多种不同的解读：奥古斯丁亦然，路德亦然，加尔文亦然，柏拉图、亚里士多德、康德（Immanuel Kant, 1724–1804）、黑格尔（G. W. F. Hegel, 1770–1831）都是如此。在追求正确的解读时，我们必须明白各派诠释所提出的理据，并承认自己的理解始终会有需要被修正的地方，否则很容易变得将自己所不知道的当成知道的，然后以自己的无知去论断他人。

我大学二年级的暑假，在纽约修习林慈信（Samuel Ling）博士的课程，他向我推荐了范泰尔《基督教与巴特主义》（*Christianity and Barthianism*）一书。我利用暑假读完了这本艰涩难懂的著作，并着手翻译了范泰尔的长文《巴特是否已成为正统？》（Has Karl Barth Become Orthodox？）。[6] 当时我并未读过巴特的原著，却出于对范泰尔学派师长的信任，因而对巴特形成了一些先入为主的成见。

我第一次阅读巴特原著，是在维真学院求学期间，选修巴

---

6. Cornelius Van Til, "Has Karl Barth Become Orthodox?," *Westminster Theological Journal* 16 (1954):135–181.

刻博士的救赎论研讨课。这门课综览教义史上各大救赎论范式，要求学生阅读大量原典，而巴特《教会教理学》(*Church Dogmatics*) 第四卷的部分内容也在其中。我当时在阅读过程中感到十分困惑，因为手上的文本与胸中成见显然差异甚巨。

范泰尔学派的师长告诉我，这是因为巴特用传统词汇表达现代概念，挂羊头卖狗肉，"以旧瓶盛装新酒"，以致字面上的意思与他真正要表达的意思相距甚远。[7] 然而我当时已经读过一些康德及黑格尔的原著，又因大学时代以德文为第二主修，系统地学习过现代德国哲学的语言，我发现巴特在表达现代思想时，都很明确地使用德国观念论 (idealism) 的术语，似乎并非鱼目混珠，以正统词汇包装范泰尔所谓的"现代主义" (modernism)。

在我困惑之际，巴刻博士的一席话，为我树立了谦卑求知的榜样。当时课堂上有位学生挑战巴刻博士对巴特的理解，而巴刻博士并未急于为自己的诠释辩护。反之，他答道："我并非巴特学者，我承认我对他的理解很可能有误。"他甚至对这位学生说："显然，你读过的巴特比我要多，很可能你才是对的。"

这种"不知为不知，是知也"的求是精神，正是当今许多传授基督教神学的华人师表所缺乏的。有位与我相识二十余载的前辈，某次开课讲授范泰尔对巴特的批判时，课堂上一名研究生拿着巴特的原著提出质疑，并询问那位师长是否读过巴特

---

7. Van Til, *Christianity and Barthianism*, 2.

的原著。那位师长的回答是:"范泰尔已经替我们读过,我们不需要再读了。"这句话正是那位师长很久以前就对我亲口说过的。

当然,并非所有的神学研究者都必须熟读巴特原著。没有任何人能熟知所有学术领域的内容、精通所有领域的原典。重点是,但凡不熟悉的领域,我们都不该坚持自己的定见,应该谦卑承认自己的理解有限,尊重专业。特别是当我们公开批判某位思想家时,万不可将自己的观点当成最高判决,无视"被告"假定无过、无罪推论的权利。不考究真相便到处宣讲自己对某位思想家的批判,无异于"散布谣言";而"掩耳不听正当的辩护",亦是"作假见证陷害人"的行为,这不单是学术上的瑕疵,更是道德伦理的问题。[8]

事实上,荷兰改革宗神学家赫尔曼·巴文克(Herman Bavinck, 1854-1921)也遭受过类似的待遇:由于他大量使用德国观念论及浪漫主义的词汇,在过去几十年间一直有学者质疑他的著述当中有相互矛盾的"两个巴文克"。[9]近期巴文克研究已基本推翻这样的诠释,但范泰尔直至今日仍经常遭受类似的误解。[10]

范泰尔与巴特在保守福音派所受的抨击其实十分相似。范泰尔在普林斯顿大学完成的博士论文专攻黑格尔,而他笔下也大量出现康德及黑格尔的词汇,诸如"超验"(transcendental,

---

8. 见《威斯敏斯特大要理问答》第 145 问。
9. 参 Jan Veenhof, *Revelatie en Inspiratie* (Amsterdam: Buijten & Schipperheijin, 1968)。
10. 关于近期巴文克研究的介绍,见拙文曾劭恺:《"正统却现代":巴文克与黑格尔思辨哲学》,载《道风》第 53 期(2020):25-53。

一般译为"先验"，笔者认为有误）、"具体共相"（concrete universal）等。早在 1940 至 1950 年代，布斯威尔（J. Oliver Buswell, 1895–1977）等保守长老会学者即指控范泰尔暗度陈仓，以护教学（apologetics）的名义偷渡黑格尔的思想进入基督教。时至今日，仍有许多不熟悉现代哲学史的保守改革宗学者认为，范泰尔的前设论（presuppositionalism）在本质上是披戴改革宗神学外衣的德国观念论哲学。[11] 倘若这些学者是因为不熟悉范泰尔所处的现代英美观念论语境而误解了他，那么范泰尔难道就不会因为不熟悉巴特所处的二十世纪德国语境而误解巴特吗？

范泰尔自己其实谦卑地承认了这样的可能性，而巴特在世时，范泰尔也曾数次寻求机会与巴特见面对谈，以免自己单方面的理解与批评对巴特有失公允。1927 年，巴特任教于明斯特（Münster）时，范泰尔曾登门造访，但巴特当时出游在外，二人未能相见。1938 年，范泰尔专程前往巴塞尔（Basel）寻访巴特，却又再次因巴特外出而错过见面机会。[12] 范泰尔自己对巴特的态度，与许多华人范泰尔主义者大相径庭。他谦卑求知、尊重异见的精神值得今人效法，尽管他对巴特的诠释有许多基本错误。

第一，范泰尔至少认真研读了巴特的原著。在许多巴特著作尚未翻译成英文前，范泰尔就从欧洲取得巴特的原文作品，

---

11. 例：John Fesko, *Reforming Apologetics: Retrieving the Classical Reformed Approach to Defending the Faith* (Grand Rapids: Baker, 2019).

12. George Harinck, "How Can an Elephant Understand a Whale and Vice Versa?" in *Karl Barth and American Evangelicalism*, ed. Bruce McCormack and Clifford Anderson (Grand Rapids: Eerdmans, 2011), 41.

并在细节上下了许多工夫。出于那个时代的局限，就连巴尔塔萨（Hans Urs von Balthasar, 1905-1988）这样首屈一指的巴特诠释者都无法深入而准确地找到巴特在思想史上的定位，并在此思想史背景下来解读巴特。当时学术界对于康德、施莱尔马赫（Friedrich Schleiermacher, 1768-1834）、黑格尔、克尔凯郭尔、赫尔曼（Wilhelm Herrmann, 1846-1922）、哈纳克（Adolf von Harnack, 1851-1930）、科恩（Hermann Cohen, 1842-1918）等影响巴特思想的人物，都尚缺乏客观可靠的研究成果，因此范泰尔以错误的思想史框架来诠释巴特，也并不出人意料。哈林克（George Harinck）教授也指出，尽管范泰尔有荷兰背景且研究过欧陆哲学，但他仍未能掌握当时欧陆的文化及思想处境。[13]

事实上，范泰尔的荷兰背景以及他所受的美国教育，都构成了他对巴特的误解。简言之，范泰尔认为巴特是一位康德主义者，而在范泰尔看来，康德主义就是一种极端的唯名论（nominalism）、怀疑论（scepticism）、现象主义（phenomenalism）。范泰尔如此陈述康德的哲学思想："〔某些物件〕**被我们**称为牛排和猪排，而**对我们**而言，此外的一切都不重要了。这些东西之所是，就是我们对它们的称谓。"[14]

这种对康德主义的误解，在今天看来可谓匪夷所思，然而在 1930 年代，范泰尔渐渐对巴特形成定见，并于 1946 年发表《新现代主义》（*The New Modernism*）时，英美康德学界正逐

---

13. Ibid.,13-41.

14. Cornelius Van Til, *The New Modernism: An Appraisal of the Theology of Barth and Brunner* (Philadelphia: P&R, 1946), 25.

步形成某种极端现象主义的诠释，以回应逻辑实证论（logical positivism）及分析哲学（analytic philosophy）的强势崛起。这种康德诠释在斯特劳森（P. F. Strawson）1966 年出版的《感官的界限》(*The Bounds of Sense*）达到高峰。[15] 而早在 1910 至 1920 年代，马尔堡新康德主义（Marburg neo-Kantianism）便已席卷荷兰哲学界，各大院校的教席，几乎都被新康德主义者占据。巴文克那一辈的新加尔文主义者（Neo-Calvinists），仍旧肯认康德与卡夫坦（Julius Kaftan, 1848–1926）等新康德主义者之间的根本差异。[16] 到了沃伦霍芬（D. H. Th. Vollenhoven, 1892–1978）、杜耶威德那一辈，阿姆斯特丹的新加尔文主义者都在新康德主义的影响下，采取了现象主义的康德诠释。[17] 而范泰尔恰好就属这一辈人，他与杜耶威德仅相差一岁。

如此，我们就不难理解，范泰尔如何会采取那种当代学者看来相当荒诞的康德诠释。事实上，他并非第一位用这套康德诠释来解读巴特的学者。早在 1929 年，巴文克在阿姆斯特丹自由大学的学生瓦尔特·施密特（H. W. van der Vaart Smit, 1888–1985）就已用荷兰文著书探讨巴特神学的新康德主义基础。[18] 在美国，德裔改革宗神学家瑟尔伯（Alvin Zerbe, 1847–1935）也采

---

15. 范泰尔明确提出了极端现象主义的康德诠释，参见 Cornelius Van Til, *The New Modernism* (Philadelphia: P&R, 1946), 25。

16. Herman Bavinck, *Reformed Dogmatics*, ed. John Bolt, trans. John Vriend, 4 vols. (Grand Rapids: Baker, 2003–2008), 1:38–42.（以下缩写为 *RD*。）

17. 例：Herman Dooyeweerd, *In the Twilight of Western Thought: Studies in the Pretended Autonomy of Philosophical Thought*, Series B, vol. 4, ed. James Smith (Grand Rapids: Paideia, 2012), 17。

18. Hendrik van der Vaart Smit, *De school van Karl Barth en de Marburgsche philosophie: Bijdrage tot de Karl Barth-literatuur* (Zeist: Ruys, 1929).

取了某种新康德主义形态的巴特诠释。[19] 范泰尔初次撰文讨论巴特，就是 1931 年发表于长老会期刊《今日基督教》(*Christianity Today*) 介绍瑟尔伯《卡尔·巴特神学，亦即新超验主义》(*The Karl Barth Theology or The New Transcendentalism*) 的一篇书评。[20]

范泰尔所采取的巴特诠释路线与瓦尔特·施密特及瑟尔伯基本上是一致的。根据他自己的表述，他在 1962 年出版的《基督教与巴特主义》(*Christianity and Barthianism*) 当中，"更加坚定地"延续了《新现代主义》的巴特诠释，将某种极端唯名论、怀疑论的所谓"康德主义"强加于巴特。[21] 范泰尔用新康德主义的"行动主义"(activism) 来解读巴特的实动本体论 (actualistic ontology)，认为巴特彻底否定了传统的"本质"(essence)、"实体"(substance)、"本性"(nature) 等范畴，并主张"存在"(being)——亦即一个东西"是"什么——乃是由"行动"(act) 所构成。范泰尔又认为，巴特诉诸现代神学典型极端唯智论 (intellectualism) 的神人同一性 (divine-human identity) 思想，以解决康德所带来的极端唯名论难题。[22]

范泰尔对巴特的诠释显然有几重错误。首先，新康德主义

---

19. Alvin Zerbe, *The Karl Barth Theology or the New Transcendentalism* (Cleveland: Central Publishing House, 1930).

20. Cornelius Van Til, "Review of The Karl Barth Theology or The New Transcendentalism by Alvin S. Zerbe," *Christianity Today* 1, no. 10 (February 1931): 13–14. 参 George Harinck, "How Can an Elephant Understand a Whale and Vice Versa?" in *Karl Barth and American Evangelicalism*, ed. Bruce McCormack and Clifford Anderson (Grand Rapids: Eerdmans, 2011), 16. 此《今日基督教》为"长老会与改革宗出版社"(Presbyterian & Reformed Publishing Co.) 旗下期刊，于 1949 年停刊。

21. Van Til, *Christianity and Barthianism*, vii.

22. Ibid., 104.

在 1910 年代的荷兰取得强势主导地位，但在德语学界却并非如此。尽管巴特曾受教于马尔堡，但早在他学生时代，就已经认定新康德主义对基督教神学并不构成威胁，也不值得基督教神学借鉴。在巴特的学生时代，他与同侪的共识是，倘若神学要摆脱哲学的桎梏，那么"神学"就必须"在施莱尔马赫，又或许是黑格尔的旗帜下，重新征服"其所属之领域，而"绝非立敕尔（Ritschl）"所主导的新康德主义。[23] 巴特评论道，"施莱尔马赫在 1910 年的影响，远胜于 1830 年"："由特洛尔奇（Troeltsch）所带领的一众史学家"的崛起，标示了康德与新康德主义的没落。[24] 换言之，巴特对康德的重视，以及康德对巴特的影响，远不如范泰尔所认定的那般巨大。

其次，尽管巴特在马尔堡新康德主义的影响下，以某种现象主义的方式诠释康德，但巴特也严格区分康德自己的思想以及新康德主义的创新：立敕尔（Albrecht Ritschl, 1822-1889）所主导的新康德主义虽号称"回归康德，但那个康德却是被确定地诠释为反形而上学的道德主义者"。[25] 巴特并不赞同新康德主义以及范泰尔那一辈的新加尔文主义者对康德的反形而上学、怀疑论诠释：巴特认为，康德的"超验主义"（transcendentalism）为德国观念论的思辨形而上学提供了基础。[26] 换言之，范泰尔硬套在巴特身上的那种康德主义，是他作为美国荷兰裔改革宗学者特有的，巴特自己根本不可能采取

---

23. *PTNC*, 640.
24. Ibid., 640–641.
25. Ibid., 641.
26. Ibid., 379.

那种极端唯名论形式的康德主义。

这就能解释，为什么范泰尔对巴特的解读，与巴特文本当中明确清晰表达的含义，会有那么大的落差。譬如，我们在第三章会指出，巴特明确地肯定"内在三一"（immanent Trinity）是上帝必然的本质、是"经世三一"（economic Trinity）的本体基础，范泰尔却认定，巴特拒斥了"内在三一"的概念。[27] 范泰尔是用新康德主义的"行动主义"作为诠释框架来强解巴特，而忽略了巴特在文本当中清楚表明的立场。

当然，这并不意味范泰尔做学问的方式就不值得今人效法。他受到了时代、地域的局限，在当时美国及荷兰的处境中，又缺乏今日唾手可得的资讯。这样的条件之下，会误解康德及巴特，并不是范泰尔的错。反之，他对康德、巴特都独立形成了自己的见解，并未人云亦云地接受希尔德等师友的观点。他对康德的诠释，属于当时英美学术界最前沿的理论，而他对巴特的看法也是潜心研究及独立判断的成果。

今日许多范泰尔主义者闭门造车，不愿谦卑地参考学术前沿的康德研究、巴特研究，这实在有违范泰尔的精神。当年我决定博士研究专攻巴特时，曾有一位范泰尔学派的师长极力反对，并对我说："我们不需要自己读巴特，因为范泰尔已经替我们读过了。"这与先前提到的另一位范泰尔学派的师长所说的话不谋而合，当前华人范泰尔学派的普遍氛围在此可见一斑。如果范泰尔知道他的前设认识论（presuppositional epistemology）在这些人当

---

27. Van Til, *Christianity and Barthianism*, 104.

中沦为这种"后真相"(post-truth)的借口，不知会作何感想。

第二，虽然范泰尔对巴特的批评十分严厉，却从不失对巴特之为当代大神学家的肯定与景仰。范泰尔在《基督教与巴特主义》的第一页即写道："在阅读它［《教会教理学》］时，读者对巴特的仰慕无穷无尽。"[28] 巴特于 1962 年访美，范泰尔殷切盼望终能得见巴特本人。巴特受邀至普林斯顿主讲华菲德讲座（Warfield Lectures），范泰尔联系学院，希望院方能正式安排他与巴特见面，但学院拒绝了范泰尔的请求。尽管如此，范泰尔仍赴普林斯顿聆听巴特的演讲，以亲睹巴特的风采。

1965 年底，范泰尔有一位名为基汉（Robert Geehan）的学生写信给巴特，语气十分谦恭。其时巴特已然年迈，健康状况不佳，许多信件皆由助理代为阅读回复，但他却亲自回复了这封信。范泰尔得知后，于 12 月 21 日"鼓起勇气"致信巴特，并在信件中充分表明寻求冰释前嫌的用意。范泰尔在第一段问安后，就开始追忆他们在普林斯顿相见时的情景：

> 我主要想说的是，我一直深深地景仰你。你在明斯特时，我曾尝试去找你，但没有成功。后来我去欧洲旅游时，曾专程去巴塞尔找你，但是当我打电话去你家预约见面时间时，我被告知你外出了。你来普林斯顿时，我打电话给学院，询问是否能够与你见面，但我被劝退了。你在普林斯顿的演讲结束后，我曾试着找机会与你握手，但你被催促着离

---

28. Van Til, *Christianity and Barthianism*, 1–2.

开了。当我终于在走廊靠近你时，有人告诉你说我在那里，你大方地与我握手，对我说："你说了许多我的坏话，但我原谅你，我原谅你。"当时我太过震撼，以致无法作答。[29]

范泰尔在信中保证，他对巴特的批评并非定见。他强调自己作为一个罪人，必须时时自省、承认自己有可能误解巴特：

> 我的观点异于你在著述中所发表的观点的事实……丝毫未曾减损我对你的崇敬。而我也从未说过你是史上"最大的异端"……我从未、从未论断过你对这位［即将再临的］基督的个人信仰。当保罗说基督耶稣来是要拯救罪人，又说自己是"罪人中的罪魁"时，我寻求效法他。倘若我尽管如此却仍旧误解并错误地表述了你的观点——但凡我有如此——那么我求你，为了基督的缘故原谅我。[30]

---

29. Cornelius Van Til, *Cornelius Van Til Papers*, Montgomery Library, Westminster Theological Seminary, Philadelphia. 原文如下："The main thing I want to say is that I have always admired you greatly. When you were in Münster, I tried to see you but failed. When later I travelled in Europe, I made a special trip to Basel to see you. But when I telephoned your house for an appointment, I was told that you were out. When you came to Princeton I called up the Seminary and asked whether I could see you but was discouraged from doing so. When I looked for an opportunity to shake hands with you after your Princeton lectures, you were hurried away. When at last I did come near you in the hall-way and somebody called your attention to my presence and you graciously shook hands with me, saying: 'You said some bad things about me, but I forgive you, I forgive you', I was too overwhelmed to reply."

30. Van Til, *Cornelius Van Til Papers*. 原文如下："The fact that my views differed from your published writings...did not, in the least, detract from my esteem for you personally. And I never did say that you were the 'greatest heretic' of all time...I have never, never judged of your personal faith in this Christ［of the coming judgment］. When Paul says that Christ Jesus came to save sinners and adds "of whom I am chief", I seek to be his follower. If, and so far as I have, in spite of this, misunderstood and misrepresented your views, I beg for your forgiveness for Christ's sake."

除非我们质疑范泰尔在这封信中言不由衷，否则我们实在没有理由拒绝承认范泰尔有可能误解巴特。连范泰尔自己都谦卑地承认了这样的可能。

当然，今日流传于坊间的巴特迷思，不只源于范泰尔主义。譬如，许多国内读者认定巴特是"新正统"，这也与较早期汉语巴特研究的某部重要作品有关：不是这部作品的问题，而是许多读者在某种受到福音派（特别是范泰尔）影响的语境下，对这部作品的误读。不论如何，如果读者想要了解巴特，并且在这过程当中得到造就，就需要采取两个必要的步骤。

首先，在一个大思想家的著述面前，我们需要持有充足的敬意，以及愿意聆听的态度。就连范泰尔这样不遗余力抨击巴特的护教学家，都对巴特充满景仰，且多次寻求机会与巴特面谈，以免自己对巴特的理解有误。我们必须谨记，任何先入为主的敌我意识，都必然在诠释的过程中造成误判，并让我们无法看清自己眼中的梁木，亦即我们所持的假设以及可能的偏见。

第二，除非读者已经是下过多年苦工的巴特研究者，否则必须悬置自己对巴特的定见，假设自己对巴特其实一无所知，以追求愈发客观公允的理解。事实上，当我撰写学术论文、专著，反驳其他学者对巴特的诠释时，我也必须一次又一次地悬置自己对巴特的理解，试着用他们的诠释框架来阅读巴特的文本。我称此为"诠释的无知之幕"（a hermeneutical veil of ignorance），并以此避免"先射箭后画靶"的解构诠释。这并不是说我能够完全抛下自己已然建构的诠释结构，也不是说我们在阅读之初不需要任何诠释结构，就能正确地解读文本——这是不可能的。本书的目标，也在于为读者提供一个诠释舆图，以帮助读者进入巴特文本这陌生地界时，不致迷失方向。但我在每次阅读的经历当中都会问自己：假如我采取不同的诠释结构来阅读同一段文本，又或者假设我对作者一无所知，那么这段文本能够承载哪几种不同的含义呢？而我所采取的诠释，是否比其他诠释更加具有说服力？

我始终坚持，决定文本含义的，是这文本的作者，而一个好的作者，会在文本当中为我们提供完整清晰的诠释舆图。当然，对于路德、加尔文、康德、黑格尔、巴特这样的大思想家，我们需要下很大的功夫，才能整理出这份舆图。有些读者不愿下这样的苦工，索性用自己的框架来诠释、批判这些大思想家，或是按照自身处境的需要来曲解他们的文本（上文提及康德研究的斯特劳森学派便是如此，这种按照时代文化需求曲解文本的诠释，必定无法为学界带来长远的贡献）。但我始终认为，"快快地听，慢慢地说"乃是诠释文本与人际沟通的不二法则。

在此不妨打个比方。在人际沟通的过程中，许多争执都产生于所谓"解构"式的读者中心诠释。试想这熟悉的场景：妻子的一句无心之言，使得丈夫感到受伤。妻子解释说："我不是那意思。"在一种典型的不良沟通当中，丈夫会坚持："你就是那意思，我还不了解你吗？"

任何受过良好训练的辅导咨商师（我在加拿大其实有婚前辅导的资格证书）都会告诉我们，人际沟通过程中，意义是言说者所决定的。亚当斯（Jay E. Adams）学派也会坚持这基本原则。范泰尔也相当清楚，巴特文本的含义，是巴特说了算，因此范泰尔愿意与巴特对话，也认真参考了当时较有权威的巴特诠释著作。然而许多追随范泰尔、亚当斯的人，却认为巴特说过的话是什么意思，巴特自己说了不算，巴特研究专家说了也不算，只有范泰尔说了才算。这就好像夫妻吵架，丈夫听到妻子说"我不是那意思"时，丈夫坚持："我妈都说你是那意思了，我还听你的吗？"

我想，我们应该都不愿意变成这种"妈宝"型的读者，因此我将在第三章列举一系列坊间关于巴特的常见迷思。所谓"迷思"，并不必然是误解。"迷思"是指缺乏根据、未经验证，便被大众所接受的传言。在审视这些迷思之前，我会在第二章清楚地交代我所采取的诠释框架，包括我对巴特思想生平的解读，以及构成巴特神学思维模式的六大母题（motifs）：实动主义（actualism）、个殊主义（particularism）、客观主义（objectivism）、位格主义（personalism）或关系主义（relationalism）、实在主义（realism）、合理主义（rationalism）。当年我尚不熟悉巴特思想背景，初读《教会教理学》时，他的著述对我而言便如同大观园之于刘姥姥一般。而我阐述由杭星格（George Hunsinger, 1945- ）教授所勾勒出的这六大母题，是希望能为读者提供初步导览。这导览无法避免一些在学界尚无定论的诠释，而我在这些地方也会清楚交代学界的相关辩论。[31]

二、巴特的影响曾经中断？

在 1990 年代，不少神学界人士曾经一度认为巴特"大概已

---

31. 见 George Hunsinger, *How to Read Karl Barth* (Oxford: Oxford University Press, 1991)。

经过时了"。[32] 令人讶异的是，今天还有不少华人读者受到这些西方学者当年所说过的话所影响，认定当前汉语巴特研究热潮是在追随西方早已过时的东西。因此，我们在继续讨论下去之前，必须处理一下这个问题。

卡尔·楚门（Carl Trueman）教授在 2008 年的一篇文章当中，生动地描绘 1990 年代许多学者的观点："巴特主义的炸弹曾经在神学家的公园游乐场爆炸，但现在爆炸声已然结束，扬起的尘埃已然落定，孩子们又回到游乐场，玩起他们的传统游戏了。"[33]

这不只是楚门教授等英美福音派人士在 1990 年代的主流观点。在更广泛的学术神学及哲学领域中，许多学者也认为巴特的影响终于被下一代神学家所取代，特别是莫尔特曼及潘能伯格（Wolfhart Pannenberg, 1928–2014）。对于这二位思想家所代表的神学路线，有一种广泛的误解认为，他们"标志着巴特所拒斥为错误神学导向的历史问题的回归"。[34] 这种误解建基于某种对巴特的错误诠释，认为"基督复活的历史性"以及圣经其他的历史断言对于巴特而言皆"无关紧要"。[35]

确实有许多巴特的追随者及反对者皆对他的思想采取非历史性（ahistorical）的诠释。此倾向通常采取某种特定的诠释框架，视巴特思想上的成长为他早期思想当中"永恒–时间"这一辩证的发展。这种非历史性解读认为，巴特在发展这辩证的过

---

32. Carl Trueman, "Foreword," in *Engaging with Barth: Contemporary Evangelical Critiques*, ed. David Gibson and Daniel Strange (Nottingham: APOLLOS, 2008), 14.

33. Ibid., 14.

34. Ibid.

35. Ibid.

程中，他早期思想的纵向维度（超越的上帝自上而下的自我揭示）渐渐取代了横向维度（上帝终末的临在性于当下历史的预先同在）。这种解读与某些"历史化"（historicized）的诠释有一类似之处，就是无视巴特早期思想与后期思想的实质差异，认为他一直在某种意义上持守他早期采纳的辩证法（不论这辩证被归纳为康德主义［Kantism］、新康德主义［neo-Kantianism］，抑或克尔凯郭尔主义［Kierkegaardianism］）为他思想的泉源。

这基本上就是潘能伯格对巴特的诠释路线。潘能伯格将巴特解读为一位非历史性甚至反历史性（anti-historical）的思想家。潘能伯格认为，巴特在《教会教理学》建构以三一为形式的神学在本质上是非历史性的，而这种神学形式的源头乃是第二版《〈罗马书〉释义》的永恒-时间辩证（在潘能伯格看来，这辩证属乎克尔凯郭尔主义）。[36] 范泰尔对巴特的非历史性解读，也是从巴特早期思想来理解他晚期思想："我们必须回到1927年的《基督教教义学》，甚至《〈罗马书〉释义》……以追溯巴特思维方式的发展。但在《教会教理学》当中，我们才寻见他漫长一生努力反思与研究的成熟果实。"[37]

---

36. 见 Wolfhart Pannenberg, *Systematic Theology*, 3 vols., trans. Geoffrey Bromiley (Grand Rapids: Eerdmans, 2009), 3:536–537。潘能伯格正确地指出，巴特早期神学的终末导向在《教会教理学》当中不再具有主导地位。然而潘能伯格未能掌握巴特后期神学的横向维度——我们在第三章介绍巴特的历史观以及他的终末论时会详细讨论。潘能伯格认为，巴特早期神学的"终末论氛围"在《教会教理学》当中，被"纳入一个指向上帝与我们在耶稣基督里合一的基督论导向"（*Systematic Theology*, 3:537）。潘能伯格对巴特的思想生平以及背后的德国新教神学史背景的理解，发表于 Wolfhart Pannenberg, *Problemgeschichte Der Neueren Evangelischen Theologie in Deutschland: Von Schleiermacher Bis Zu Barth Und Tillich* (Göttingen: Vandenhoeck & Ruprecht, 1997)。

37. Van Til, *Christianity and Barthianism*, 2.

本书第二章将解释，这种思想生平的观点在巴特研究学界已然过时，而且在根本上乃是错误的。在英美福音派圈内，范泰尔以及柏寇伟（G. C. Berkouwer, 1903-1996）1956 年翻译成英文的《巴特神学中恩典的胜利》(*The Triumph of Grace in the Theology of Karl Barth*) 一书，曾令上述非历史性诠释一度成为长时间的主流，直到近十五年才有所改变。[38] 基于这种错误诠释，任何在巴特之后关注历史问题的神学路线皆被视为对巴特的反动，而莫尔特曼与潘能伯格的崛起也因此被视为巴特思想过时的标志。但事实是，不论莫尔特曼及潘能伯格如何批判巴特的思想，他们的著述在许多重要意义上皆延续了巴特的神学路线。

若要理解莫尔特曼及潘能伯格与巴特的延续性，我们需要先介绍一些基本的哲学史背景。莫尔特曼及潘能伯格展现出典型现代的历史意识，主要源自后康德时期的德国观念论哲学家，特别是费希特（Johann Gottlieb Fichte, 1762-1814）、谢林（Friedrich Schelling, 1775-1854）、黑格尔等人。[39] 莫尔特曼与潘能伯格从不讳言，他们思想当中强烈的历史进程导向，尤其深受黑格尔的启发。

黑格尔视历史为辩证的进程，而精神（spirit/*Geist*）透过这进程，在历史圆满终结（consummation/*Vollendung*）时自我实现并成为上帝。黑格尔与后康德时期的观念论哲学，造就了所

---

38. 见 Gerrit Berkouwer, *The Triumph of Grace in the Theology of Karl Barth*, trans. Harry Boer (London: Paternoster, 1956)，柏寇伟认为，巴特的拣选论难以避免普救论的结论（第 296 页）。我们在第三章会详细讨论这问题。

39. 参 Karl Ameriks, *Kant and the Historical Turn* (Oxford: Oxford University Press, 2006)。

谓现代历史意识（modern historical consciousness），以及指导莫尔特曼与潘能伯格思想的历史主义（historicism，视历史为有目的之行动与进程的哲学观点）。典型现代的历史问题在莫尔特曼及潘能伯格笔下之所以如此重要，正是因为他们传承了德国观念论的历史主义。

莫尔特曼、潘能伯格二人与黑格尔最关键的相异之处，恰恰在于二者对巴特的依赖。[40] 巴特强调，历史属乎外在于上帝自身的受造界，仅仅是上帝用以自我规定（self-determination/Selbsbestimmung）的平台，而不是上帝与世界融为一体的过程。莫尔特曼与潘能伯格则主张，上帝必须透过历史的进程方能实现祂之为上帝的本质。巴特用"行动中的存在"（being-in-act/Sein-in-der-Tat）来理解上帝的本质、存在、行动；莫尔特曼与潘能伯格则以"存在等同于行动"（being as act/Sein-als-der-Tat）的思想来建构他们的上帝观。然而，他们二人并不把历史等同于上帝的生成行动，而是借以实现此行动的受造平台。造物主与受造界之间始终保有本体上的区别。借用巴特的术语，受造历史对于莫尔特曼与潘能伯格而言，是上帝自我实现为上帝的"外在基础"。

莫尔特曼明确坚持，上帝对于受造物的"质的超越"（qualitativer Transzendenz）有别于"量的超越"（quantitativer Transzendenz），而这种超越性的观点，正是莫尔特曼与潘能伯格

---

40. 在这点上，他们与怀海德（Alfred North Whitehead, 1861–1947）、哈茨霍恩（Charles Hartshorne, 1897–2000）的进程哲学（process philosophy）及进程神学（process theology）也有同样的根本差异。国内一般将此处 process 译为"过程"，这并不恰当，因为"过程"可以不带目的，而"进程"则意味"朝着某种目的的进步的过程"。

传承自巴特的思想。[41] 若无此巴特思想的维度作为他们二人的神学基础，那么他们的神学就实在毫无新意，不过是重申十九世纪德国观念论当中万有在神论（panentheism，视上帝与受造界为终极同一的哲学）或泛神论（pantheism，视上帝与自然为直接同一的哲学）的历史主义罢了。莫尔特曼与潘能伯格之所以能够在二次世界大战之后的二十世纪神学当中占有如此重要的主导地位，很重要的原因之一就是他们传承自巴特的神学维度。

潘能伯格最著名的观点之一，就是历史启示的"纵向"与"横向"维度，而那纵向的维度正是巴特笔下"从上方来的"（von oben）的本体规定。[42] 潘能伯格的神学在很大程度上由他对巴特的解读（以及误读）所形塑，而这一点也不令人惊讶：他在学生时代曾经亲赴瑞士巴塞尔（Basel）寻求巴特的指导。当然，潘能伯格的《系统神学》（Systematic Theology）多次多方对巴特提出严肃的批判。潘能伯格尤其排斥巴特对自然与历史的轻视（我们稍后会看见，这其实是对巴特的误读）。尽管如此，潘能伯格也明确表示，他笔下"基督教终末论的重构"，乃是受到巴特的启发，特别是早期巴特将"初代基督徒对上帝国度的盼望聚焦于上帝自身的现实"，并强调上帝"为我们以及这世界的临在同时意味审判与救赎"的神学进路。[43]

莫尔特曼与潘能伯格相似，他对巴特的批评经常被误解为

---

41. Jürgen Moltmann, *Der lebendige Gott und die Fülle des Lebens: Auch ein Beitrag zur gegenwärtigen Atheismusdebatte* (Gütersloh: Gütersloher, 2014), 27 and 42.

42. 这是潘能伯格的早期观点，见 Wolfhart Pannenberg, ed., *Revelation as History* (London: Macmillan & Co., 1969)。

43. Pannenberg, *Systematic Theology*, 3:537.

某种神学范式上的转移与反动。关于这点，莫尔特曼的关门弟子洪亮所言可谓一针见血："理解莫尔特曼与巴特的关系模式"时，"最有误导性的莫过于'后巴特'（Post-Barthian）这个概念"：[44]

> 把莫尔特曼视为所谓的"后巴特"神学家，这仅仅在编年史意义上是正确的，因为他的确比巴特出生得晚，但除此以外，这个概念既低估了巴特神学影响至今的思想力度，也低估了莫尔特曼的洞见与创造力，两者之间的思想连续性被一个简单的"后"字一笔勾销。从很多方面看，莫尔特曼都继承了巴特神学的一些基本特质：在传统底色方面，两者都是二十世纪盟约神学的重要代表，他们的历史观皆借助以犹太为中心的盟约神学这个框架去挣脱史学实证主义；在与十九世纪神学的批判关系上，两者方向完全一致，都是把上帝在历史中的行动，而非人的宗教性自我意识视为神学的起点；从思想气质上看，两者都是明确以神学的内涵为导向（*inhaltorientiert*），而不是以宗教哲学意义上的认识论为批判导向；在神学手法上，两者都是借助某一教义要点来整合其他全部要点，在巴特是基督论，在莫尔特曼则是终末论。[45]

事实上，莫尔特曼从不讳言，巴特的拣选论对他带来深刻的影响。这影响对莫尔特曼持续了一生之久，他甚至到了晚年还在

---

44. 洪亮：《巴特与莫特曼管窥》，香港：德慧文化，2020 年，第 141 页。
45. 同上。

二次文献上发表关于巴特拣选论的见解。[46]

在美国，罗伯特·詹森（Robert Jenson, 1930-2017）也发展了一套以终末论为导向的神学，与莫尔特曼、潘能伯格相映生辉。与这二位德国神学家相比，詹森与巴特的思想延续性更被学界承认。他早年的成名作《上帝之后的上帝》（*God after God: the God of the Past and the God of the Future, Seen in the Work of Karl Barth*, 1969），就是一部介乎巴特研究二次文献以及建构神学的作品。[47] 假如说莫尔特曼与潘能伯格不满于巴特在时间与永恒之间所划下的鸿沟，那么詹森则试图拉拢巴特为盟友，将巴特基督中心本体论当中的永恒概念强解为历史中的永恒。且不论詹森对巴特的创意性曲解，他在英语巴特学界拥有相当崇高的地位，英国最著名的巴特主义神学家之一科林·根顿（Colin Gunton, 1941-2003）就是在他的指导下，在牛津大学完成了探讨巴特与哈茨霍恩的博士论文。

综上所述，我们可以看见，以莫尔特曼、潘能伯格、詹森为代表的历史终末导向神学，并不像许多人所认为的那样淘汰了巴特的范式。反之，这派神学乃是在巴特的思想基础上进行了重构。这派神学路线传承至第二代，仍持续受到巴特的启发与挑战。英国神学家费德斯（Paul Fiddes, 1947- ）的《上帝创造性的受苦》（*The Creative Suffering of God*, 1988）就是一个经典例子。[48]

---

46. Daniel Migliore, ed., *Reading the Gospels with Karl Barth* (Grand Rapids: Eerdmans, 2017).

47. Robert Jenson, *God after God* (Minneapolis: Fortress, 2010).

48. Paul Fiddes, *The Creative Suffering of God* (Oxford: Oxford University Press, 1988).

莫尔特曼、潘能伯格的神学路线，启发了不少二十世纪的学派，最著名的有所谓解放神学（liberation theology）。秘鲁的天主教神学家古铁雷斯（Gustavo Gutiérrez, 1928-　）是这派神学最为人知的创始人之一。他许多观点借自莫尔特曼，而他在解读巴特时用了许多后殖民的解构诠释，批判巴特在终末论上对历史的否定。[49] 但同时，古铁雷斯也在某种解构诠释的理解上肯定巴特的贡献，认为巴特为解放神学的"基督教人本中心主义"（Christian anthropocentrism）核心奠定了基础。[50] 直至今日，巴特对于后殖民解放神学而言仍旧带来重要的灵感以及严肃的挑战，这从罗德理奎兹（Rubén Rosario Rodríguez）《巴别塔之后的教理学》（*Dogmatics after Babel*, 2018）可见一斑。[51]

另外值得一提的是日本信义宗神学家北森嘉藏（Kazoh Kitamori, 1916-1998）。他所发展的痛苦神学（*theologia doloris*）比莫尔特曼还要早上将近 25 年。莫尔特曼在《被钉十字架的上帝》（*Der gekreuzigteGott*, 1972）当中借重了北森的洞见，而这也是北森在西方广受重视的原因之一。北森《上帝之痛的神学》（神の痛みの神学，1946 初版）于 1975 年翻译成西班牙文，对拉丁美洲解放神学造成了一定的影响。[52]

北森痛苦神学的基本立论是："十字架绝非上帝自身以外的

---

49. Gustavo Gutiérrez, *A Theology of Liberation* (New York: ORBIS, 2012), 93.

50. Ibid., 6.

51. Rubén Rosario Rodríguez, *Dogmatics after Babel: Beyond Theologies of Word and Culture* (Louisville: WJK, 2018).

52. Leopoldo Sánchez, "What Does Japan Have to Do with Either Latin America or U.S. Hispanics? Reading Kazoh Kitamori's 'Theology of the Pain of God' from a Latino Perspective," *Missio Apostolica* 12 (2004):36-47.

行动，而是内在于上帝的行动。"[53] 北森在日本武士道的文化处境下发展"痛苦"的概念，并主张痛苦乃内在于上帝之为又真又活的上帝的本质。上帝之痛的本质，并非祂在永恒实体性当中的抽象本质，而是时间历史当中的具体行动。北森认为，任何否定上述上帝之痛的神学，都属乎幻影论（docetism）的异端。[54]

《上帝之痛的神学》行文当中时不时会出现北森对巴特的严肃批评。在正文当中，这些批评看似相当松散，但作者在1972年德文版的前言中，将这些批评整理成一套前后贯通的论述。在这篇前言的开端，北森抨击日本知名巴特主义神学家小川圭治（1927-2012），认为小川所提倡的教会合一运动背后的大公性思想是一种"抽象普遍性"，而非"具体普遍性"（这种看似不经意地使用源于黑格尔的术语的方式，很容易令人联想到莫尔特曼那一代的德国哲学家）。[55] 北森紧接着就开始将批判聚焦于巴特，他认为巴特1930年代将"第一诫当作神学公理"的进路是某种律法主义。[56] 北森跟随路德十架神学的传统，坚持说基督教神学独一的公理就是十字架，而一切在十字架以外进行的神学思辨都无可避免地落入抽象思维。

北森的读者经常忽略的是，他在《上帝之痛的神学》第五版（也就是翻译成英文、德文、西班牙文的版本）当中其实对巴特提出了一些正面评价，尽管这些评价都带有批判性。北森

53. Kazoh Kitamori, *Theology of the Pain of God*, trans. unspecified (Eugene: Wipf and Stock, 2005), 45.

54. Ibid., 35.

55. Kazoh Kitamori, *Theologie des Schmerzes Gottes*, trans. Tsuneaki Kato and Paul Schneiss (Göttingen: Vandenhoeck & Ruprecht, 1972), 9.

56. Ibid., 10.

赞扬巴特，认为巴特在《上帝的人性》(*The Humanity of God*, 1956）当中意识到了自己先前的抽象思维，并试图以"具体真理"取代之：巴特因此有功于将基督论转化成神学的导论，而不只是神学的内容。[57] 然而，北森却认为巴特在这份努力上终究未竟其功。在某种意义上，北森在第五版《上帝之痛的神学》中的用意之一，就是更彻底地完成巴特所开创的基督论计划，尽管这位京都神学家在思想传承的关系上所受巴特的影响，远不及莫尔特曼、潘能伯格、詹森等西方神学家。

总而言之，以莫尔特曼、潘能伯格、詹森为代表，并在亚洲及拉丁美洲由北森、古铁雷斯等人遥相呼应的神学路线，绝不意味巴特的影响在二十世纪后半叶出现了断层。反之，巴特对于这神学路线来说，始终是最重要的灵感来源，也代表着最需要被克服的挑战。

三、巴特对二十世纪各流派的影响

巴特在各个神学、哲学、宗教圈内的受容各不相同，但毫无疑问的是，他的影响遍及二十世纪所有的基督教神学流派。后自由主义（postliberalism）是正面传承巴特思想的显赫学派之一，这标签得自林德贝克（George Lindbeck, 1923−2018）《教义的本质：后自由主义时代中的宗教及神学》(*The Nature of Doctrine: Religion and Theology in the Postliberal Age*）一书。[58]

---

57. Ibid., 12, 21.

58. George Lindbeck, *The Nature of Doctrine: Religion and Theology in the Postliberal Age* (Louisville: Westminster John Knox, 1984). 中译本参林德贝克：《教义的本质》，王志成译，香港：汉语基督教文化研究所，1997 年。

后自由神学的代表人物有弗莱（Hans Frei, 1922-1988）、林德贝克、侯活士（Stanley Hauerwas, 1940-　）、杭星格、普拉切尔（William Placher, 1948-2008）等。[59] 由于后自由派十分重视新教的古典教义，法克（Gabriel Facker）等当代福音派神学家提议用它来取代卡尔·亨利（Carl Henry）及雷蒙德（Robert Reymond）所提倡的命题启示观，因为对于坚持拉丁神学及新教正统类比启示观的福音派神学家来说，亨利与雷蒙德拒斥路德"隐藏与启示的上帝"（*Deus absconditus et revelatus*）辩证及加尔文"俯就论"（doctrine of *accommodatio*）而采取的那种合理主义（rationalism）、极端唯智主义（hyper-intellectualism）思想，显然是不能接受的。加州威斯敏斯特神学院的迈克尔·霍顿（Michael Horton）虽不接受后自由神学，却也认同后自由派对亨利启示论的批评。[60]

后自由神学又称"叙事神学"（narrative theology）：它特别强调基督教信仰的叙事维度，认为基督教本质上就是上帝与人类在耶稣基督里的伟大历史，由圣经所叙述，并由教会在历史上以及当下的宣告所见证。基督教教义的命题式真理断言（propositional truth-claims）与这伟大历史叙事的关系，被比作文法及语言。人类语言拥有内在的逻辑结构，而文法则是我们对这结构的整理及解释。终极而言，是语言内在的合理性在规

---

59. 见 George Hunsinger, "Postliberal Theology," in *The Cambridge Companion to Postmodern Theology*, ed. Kevin Vanhoozer (Cambridge: Cambridge University Press, 2003), 42-57。

60. Michael Horton, "A Stony Jar: The Legacy of Karl Barth for Evangelical Theology," in *Engaging with Barth*, 378.

范文法，而后才是文法再回过来规范语言。相似地，基督教教义是由圣经见证（biblical witness）所叙述的上帝与人类在基督里的历史所规范的。神学家固然应该尽可能在教义的真理断言上前后一致，但人类有限的理性永远也不可能将基督教的宏大叙事整理成一套完整的命题体系。在此我们必须注意，不同的后自由派神学家在阐述圣经叙事、教会教义、教会见证之间的关系时，在不同程度及方式上借用了巴特的思想，而他们的观点也不尽相同。

我在普林斯顿神学院（Princeton Theological Seminary）的硕士导师杭星格教授，是 2010 年"卡尔·巴特奖"（Karl-Barth-Preis）得主，这是基督教神学界最高殊荣之一。他对巴特采取了一种所谓"传统主义"（traditionalist）的诠释，这种诠释强调贴近文本的解读（close reading of the text），并假设巴特的神学方法与结论是一致的。在此基础上，杭星格教授借用巴特的思想来发展自己的神学。当他认为巴特的神学不够尊重圣经以及基督教的正统时，他经常会选择跟随历史上其他的伟大神学家，特别是路德及加尔文，以及亚他拿修（Athanasius）、区利罗（Cyril）等正统教父。[61] 杭星格教授的政治激进主义以及他所提倡的民主社会主义（democratic socialism）在北美并不受福音派欢迎，但他在解经上对教会正统的重视——尤其是"尼西亚（Nicaea）、君士坦丁堡（Constantinople）、以弗所（Ephesus）及

---

61. 例：George Hunsinger, "A Tale of Two Simultaneities: Justification and Sanctification in Calvin and Barth," in *Conversing with Barth,* ed. John McDowell and Mike Higton (Aldershot: Ashgate, 2004), 86。

迦克墩（Chalcedon）"所界定的大公教理——以及他对传统新教教义的推崇，都令他广受福音派学生及同侪的肯定。[62] 他多次公然表示赞同原费城威斯敏斯特神学院葛富恩（Richard Gaffin）教授的许多观点，并显示对古典新教神学的熟悉与重视，这都得到了加州威斯敏斯特神学院霍顿教授颇为热情的认同。[63]

弗莱是杭星格教授在耶鲁大学的博士导师，他也在许多方面直接援用巴特的思想。巴特在第一次世界大战背景下与自由派神学决裂，以及其后在神学上反抗第三帝国（Third Reich），对于弗莱而言具有深刻的意义，而这显然与弗莱的德国犹太难民身份不无关系。弗莱在耶鲁大学的博士论文以早期巴特的启示论为主题，在其中他提出了巴特思想传记的"辩证"时期及"类比"时期的分别，与巴尔塔萨、T. F. 托伦斯（T. F. Torrance, 1913-2007）相互呼应。[64] 尽管"辩证"与"类比"的二分在当前巴特研究领域中受到了较为严肃的挑战与质疑，但弗莱对巴特的传统主义诠释，至今仍具有重要的影响力。

林德贝克的神学诠释学也深受巴特影响，特别是巴特对基督教传统的文本性（textuality）的处理。[65] 林德贝克从维特根斯坦（Ludwig Wittgenstein, 1889-1951）的著述中引进"文法"的概念，同时又避免将基督教神学约化为一个语言游戏。天主教

---

62. 见 George Hunsinger, *Philippians* (Grand Rapids: Brazos Press, 2020), xvii-xviii。

63. 见 George Hunsinger, *Disruptive Grace* (Grand Rapids: Eerdmans, 2000), 338-360。引用于 Horton, "A Stony Jar: The Legacy of Karl Barth for Evangelical Theology," in *Engaging with Barth*, 378。

64. Hans Frei, *The Doctrine of Revelation in the Thought of Karl Barth, 1909-1922* (Ph.D. dissertation, Yale University, 1956), 194.

65. 见 George Lindbeck, "Barth and Textuality," *Theology Today* 43 (1986):361-376。

神学家特雷西（David Tracy, 1939-　）将"林德贝克实质的神学立场"描述为"一个在方法论上深奥繁复的巴特派认信主义的版本。其双手或许是维特根斯坦及葛尔兹（Geertz）的手，但声音却是卡尔·巴特的声音。"[66]

当然，并非所有的后自由派神学家都会以传统主义或认信主义的形式沿用巴特的思想。侯活士的神学不论是对巴特还是对传统教义，都具有强烈的重构性。如果说巴特的政治神学在本质上属乎救赎论（亦即基督论）的范畴，那么侯活士的救赎论就在本质上属乎政治的范畴。侯活士借用巴特观点，强调基督在本体上已然先验地（*zum Vornherein*）胜过了恶，并在这基础上建构了一套政治性的救赎论。他将救赎定义为"上帝将整个受造界挽救回基督主权之下的工作"。[67]救赎乃"关乎击溃那些在上帝护理之外篡夺治理权的权势"。[68]罗马帝国标志着这些与基督为敌的政权，而教会胜过罗马的方式，就是以殉道的形式重演基督在十字架上已然成就的胜利。[69]如此，在侯活士那里，巴特神学当中的"圣经见证"与"教会见证"之间的区别就变得相当模糊了，而相较于杭星格教授的后自由派神学，侯活士也就不那么重视教会教理的规范性。

在后自由派之外，天主教的新神学（*Nouvelle théologie*）是另一个深受巴特影响的二十世纪学派。事实上，新神学对

66. David Tracy, "Lindbeck's New Program for Theology: A Reflection," *The Thomist* 49 (1985), 465. 引用于 Howland Sanks, "David Tracy's Theological Project: An Overview and Some Implications," *Theological Studies* 54 (1993), 725。
67. Stanley Hauerwas, *After Christendom?* (Nashville: Abingdon, 1991), 37.
68. Ibid.
69. Ibid., 38.

后自由派的发展有直接的贡献。这个天主教神学运动的第
一代领军人物有亨利·德·吕巴克（Henri de Lubac, 1896-
1991）、伊夫·康加尔（Yves Congar, 1904-1995）、卡尔·拉
纳（Karl Rahner, 1904-1984）、让·丹尼耶鲁（Jean Daniélou,
1905-1974）、巴尔塔萨、亨利·布伊亚德（Henri Bouillard,
1908-1981）等。后来成为教宗本笃十六世的约瑟夫·拉辛格
（Joseph Ratzinger, 1927-2022）与孔汉思（Hans Küng, 1928-
2021；另译"汉斯·昆"）则属于新神学运动的第二代。后自
由派与新神学有许多相互呼应之处，譬如，后自由派反对教义
神学的过度系统化，而新神学在后自由派之前，就已经对第一
次梵蒂冈会议（First Ecumenical Council of the Vatican，1869-
1870）后主导着天主教神学的新经院主义（neo-scholasticism）
之系统提出了批判。[70]

拉纳在十九世纪德国观念论背景下发展的三一论神学与巴
特有许多相通之处，而二者的三一论路线也因此成为比较研究
二次文献中经常探讨的课题。[71] 当代美国天主教巴特主义神学
家莫尔纳（Paul Molnar）教授指出，莫尔特曼、潘能伯格、云
格尔（Eberhard Jüngel, 1934-2021）等一众二十世纪神学家，在
三一论的发展上都同时受到了巴特与拉纳的影响。尽管巴特与

---

70. 关于第一次梵蒂冈会议背后的历史以及它在教义史上的意义，见拙文 Shao Kai Tseng, "Church," in *The Oxford Handbook of Nineteenth-Century Christian Thought*, ed. Joel Rasmussen, Judith Wolfe, and Johannes Zachhuber (Oxford: Oxford University Press, 2017), 621-624。

71. 例：Bruce Marshall, *Christology in Conflict: The Identity of a Saviour in Rahner and Barth* (Oxford: Blackwell, 1987)。参 James Buckley, "Barth and Rahner," in *The Wiley-Blackwell Companion to Karl Barth*, ed. George Hunsinger and Keith John (Oxford: Wiley-Blackwell, 2019), 607-617。

拉纳都十分强调三一上帝的动态本质，但正如莫尔纳教授所指出的，巴特拒斥了拉纳那种将本体三一等同于经世三一的路线，并在上帝不可改变的三一本质与外在于本体（*ad extra*）的行动之间作出明确的区分。[72]

拉辛格是在 1950 年代透过孔汉思的博士论文开始了解巴特的，这篇论文探讨的是巴特的称义论。1967 年，拉辛格以学者的身份造访巴塞尔，并与巴特见面。访问期间，拉辛格出席了巴特带领的研讨会，讨论第二次梵蒂冈会议（Second Ecumenical Council of the Vatican, 1962-1965）关于"上帝话语"（*Dei verbum*）的教理。拉辛格所代表的新神学，对那次会议有很深的影响。巴特研究泰斗埃伯哈德·布许（Eberhard Busch, 1937-   ）时任巴特助理，根据他的报导，那次巴特与拉辛格的对谈显示了双方对彼此的尊敬，以及两人神学观点之间许多相似之处与基本差异。[73]

在新神学家当中，在思想及生活上与巴特互动最为密切的当数他两位瑞士同胞，巴尔塔萨与孔汉思。孔汉思是 1992 年卡尔·巴特奖得主，他博士论文的主题是巴特的称义论，而这部研究成果得到了巴特自己的赞许。[74] 当然，我们必须了解巴特的性格：他经常毫不客气甚至无礼地痛斥那些恶意抨击他的人，但只要在字里行间对他释出一些善意，那么他就会大方地赞许

72. 见 Paul Molnar, "The Function of the Immanent Trinity in Karl Barth: Implications for Today," *Scottish Journal of Theology* 42 (1989):367-399。

73. 见 Eberhard Busch, *Meine Zeit mit Karl Barth* (Göttingen: Vandenhoeck & Ruprecht, 2011), 229-235。

74. Hans Küng, *Justification: The Doctrine of Karl Barth and a Catholic Reflection*. Philadelphia: Westminster Press, 1981.

他的批评者，而这些批评者的诠释不一定都是正确的。[75]

许多人称巴特与巴尔塔萨为"巴塞尔双星"，但巴塞尔其实并非巴尔塔萨的故乡，他只是后来定居于巴塞尔。巴尔塔萨 1951 年出版的《卡尔·巴特：其神学的样貌与意义》（*Karl Barth: Darstellung und Deutung Seiner Theologie*）设立了巴特研究领域的第一个主导范式，在英语学界由弗莱及托伦斯沿用并修改，直到 1980 年代才在德语学界受到挑战，其主导地位要到 1995 年才由卡尔·巴特奖得主布鲁斯·麦科马克（Bruce McCormack）的范式所动摇。[76]我们下一章会更详细地讨论巴特研究的几种主流范式，以及巴尔塔萨在今天仍具有影响力的一些洞见。在此只需指出，巴尔塔萨不仅自身就是一位独创型的建构神学家，他同时也是一位重要的巴特学者，而他在自己的神学建构当中与巴特有频繁的互动。他在评论巴特著名的"信仰类比"（*analogia fidei*）一说时，提出了自己作为天主教神学家的回应，主张"人类求知过程的自发性属乎它自身的天性，这天性并未被罪毁灭"。[77]在许多方面，巴特对于巴尔塔萨来说就像一面镜子，照映出巴尔塔萨自己的思想，让他更深刻地认识自己的天主教身份。[78]

比起巴尔塔萨与孔汉思的国际影响力，布伊亚德研究巴特的

75. 参 Trevor Hart, "Barth and Küng on Justification: 'Imaginary Differences'?" *Irish Theological Quarterly* 59 (1993):94-113。

76. Hans Urs von Balthasar, *The Theology of Karl Barth*, trans. Edward Oakes (San Francisco: Ignatius, 1992).

77. Balthasar, *The Theology of Karl Barth*, 160.

78. 论及巴尔塔萨与巴特就"类比"这一问题的异同，见 Hans Boersma, *Nouvelle Théologie and Sacramental Ontology* (Oxford: Oxford University Press, 2009), 131-134。

作品，在法语神学以外的圈子较不为人知。然而，巴特 1962 年访美期间对《时代》杂志记者特别提到，在当时"探讨他作品最佳的批判性研究……是由法国耶稣会的布伊亚德与巴塞尔的巴尔塔萨所完成的"。[79] 布伊亚德在 1950 年因他新神学的立场，遭到富维耶山（Fourvière，位于法国里昂）的耶稣会神学院解聘，其后他开始了一次大型研究计划，成果是一部厚重的巴特研究论文，并由巴特亲临答辩现场。这篇论文于 1957 年出版，共二卷，是法语巴特研究与天主教巴特受容史上的重要里程碑。[80]

巴特对天主教神学的影响持续至今，方兴未艾。稍早已经提到莫尔纳教授，他在全球巴特研究及英语天主教神学界，都是泰斗级的人物。特雷西是另外一例，不过他的性质又不同于莫尔纳及新神学。他尝试建构一套典型现代天主教的诠释学来处理"类比"的问题，而他的论述让我们看见，巴特在这课题上是不容忽略的人物。[81] 在讨论类比想象（analogical imagination）的概念时，特雷西提及三种基督教回应当代处境的范式，其中之一就是以巴特为代表的"宣告"（proclamation）范式。[82] 特雷西自己的进路既非采取巴特范式，亦非拒斥之，而是将多元的神学范式带入一种对话关系当中。在这意义上，特雷西可以说是将巴特的思想当作对话的对象，纳入了自己的神学。

巴特对"实体类比"（*analogia entis*）的批判，至今仍是天

79. "Witness to an Ancient Truth," *Time* 89, No.16 (April 20, 1962), 59.
80. Henri Bouillard, *Karl Barth*, 2 vols. (Paris: Aubier, 1957).
81. 见 David Tracy, *The Analogical Imagination: Christian Theology and the Culture of Pluralism* (New York: Crossroad, 1981)。
82. 见 Sanks, "David Tracy's Theological Project: An Overview and Some Implications," 717.

主教神学最为关注的重点之一。美国圣母大学（University of Notre Dame）神学家约翰·贝兹（John Betz）2023 年出版近 800 页巨著，探讨皮兹瓦拉（Erich Przywara, 1889-1972）与巴特关于"类比"的辩论，以重申托马斯主义（Thomism）传统的"类比形而上学"（analogical metaphysics）在当代的适切性。[83] 贝兹一方面驳斥巴特对"实体类比"的误解，另一方面也诉诸巴特"先知性的论点"，为当代类比形而上学的发展设置边界。[84]

相较于巴特在天主教当中较为正面的受容，正教神学家对巴特经常带有敌意，原因之一在于他对正教"成神"或"神化"（theosis）教义的误解与批评。正教学者通常将巴特视为新教与正教的合一对话当中必须克服的障碍。[85] 当代正教学者加夫里柳克（Paul Gavrilyuk）指出，巴特是以字面上的错误联想，将正教的"成神"概念当成了某种"伊便尼派基督论"（Ebionite Christology，伊便尼派是最早出现的基督教教派之一，其成员以犹太人为主，主张素食主义，其中一部分成员反对"童女生子"的教义，而巴特所指的就是后者的基督论）。[86] 但倘若巴特对正教基督论的批评是出于误解，那么或许巴特自己的基督论与正教其实会有更多的相通之处，而事实正是如此。这正是杭星格教授向学生推荐加夫里柳克著作的原因，而加夫里柳克后来也为杭星格教授论述巴特的著作写了荐语。[87] 事实上，在新

---

83. John Betz, *Christ, the Logos of Creation: An Essay in Analogical Metaphysics* (Steubenville: Emmaus Academic, 2023)

84. Ibid., 29.

85. Paul Gavrilyuk, "The Retrieval of Deification: How a Once-Despised Archaism Became an Ecumenical Desideratum," *Modern Theology* 25 (2009):647–659.

86. Ibid., 648.

87. George Hunsinger, *Reading Barth with Charity: A Hermeneutical Proposal* (Grand Rapids: Baker Academic, 2015).

教与正教的比较研究当中，巴特经常被选作二十世纪新教神学的代表，跟约翰·齐齐乌拉斯（John Zizioulas, 1931-2023）等近期正教神学家进行比较。[88]

四、巴特思想的全球受容史

以上的讨论已然暗示了巴特全球性的影响。除了巴尔塔萨、云格尔、孔汉思、莫尔特曼、潘能伯格等已然提及的德文名讳，拜恩特克（Michael Beintker）、科罗特克（Wolf Krötke）、施弗伯尔（Christoph Schwöbel）、斯毕克曼（Ingrid Spieckermann）、汤马斯（Günter Thomas）、提兹（Christiane Tietz）、维恩里希（Michael Weinrich）、维尔克（Michael Welker）等一众德语神学大师、宗师、泰斗，都曾以某种方式与巴特的思想进行过深度互动。英国神学亦然：毕加尔（Nigel Biggar）、费德斯（Paul Fiddes）、福特（David Ford）、根顿（Colin Gunton）、哈特（Trevor Hart）、托伦斯以及他的一众家族成员、沃尔德（Graham Ward）、韦伯斯特（John Webster）、威廉斯（Rowan Williams）等。北美则有布克利（George Buckley）、弗莱、侯活士、杭星格、詹森、林德贝克、马歇尔（Bruce Marshall）、麦科马克、米格里欧瑞（Daniel Migliore）、普拉切尔（William Placher）、松德瑞格尔（Katherine Sonderegger）、坦纳（Kathryn Tanner）、提曼（Ronald Thiemann）、沃夫（Miroslav Volf，克罗地亚裔）、尤达（John Howard Yoder）等。

---

88. 例：Paul Collins, *Trinitarian Theology West and East: Karl Barth, the Cappadocian Fathers, and John Zizioulas* (Oxford: Oxford University Press, 2001)。

1930 年代，巴特的名声已经响彻匈牙利及特兰西瓦尼亚（Transylvania，今罗马尼亚中西部）。1936 年，他在这地区的巡回讲演造成了不小的轰动。巴特对荷兰神学也造成了深远的影响，在 1920 年代，荷兰的保守加尔文主义者甚至一度视他为思想上的盟友。然而，从 1926 年开始，以海特耶马（Theodoor L. Haitjema, 1888–1972）为首的荷兰巴特主义者大肆抨击新加尔文主义，到了 1930 年代，这些"巴特主义者"就成了"新加尔文主义最严肃的对手"。[89] 当时荷兰两个阵营之间许多口水战都是出于意气之争，相互之间甚少试图彼此理解；到了 1951 年，巴特亲自加入这场混战，在尚未认真了解新加尔文主义的情况下，就怒斥荷兰加尔文主义者为"愚蠢心硬、不值得我们去聆听的人"。[90] 然而，巴特后来阅读了柏寇伟诠释并介绍巴特思想的《巴特神学中恩典的胜利》一书，虽然巴特认为这本书当中有些诠释上的严重错误，却赞扬了柏寇伟严肃认真且尽量客观地阅读文本的进路，并为先前"用一竿子打翻一船人（*in globo*）的方式大肆抨击荷兰新加尔文主义者"的言论公开道歉。[91]

在当时，巴特仍对荷兰及美国荷兰裔新加尔文主义者当中的"基要主义者"充满敌意，称他们为"屠夫与食人族"。[92] 然而，当巴特终于在 1962 年访美期间见到新加尔文基要派代表人物范泰尔时，他主动上前与范泰尔握手，表达了善意。在那之

---

89. George Harinck, "How Can an Elephant Understand a Whale and Vice Versa?" in *Karl Barth and American Evangelicalism*, ed. Bruce McCormack and Clifford Anderson (Grand Rapids: Eerdmans, 2011), 19, 28.

90. *CD* III/4, xiii.

91. *CD* IV/2, xii.

92. *CD* IV/2, xii.

后，范泰尔特地写了一封信给巴特，表达诚挚的敬意，并强调他从未指控巴特为异端。在这封信结尾的署名处，范泰尔用德文笑称自己为"一个食人族"(*ein Menschfresser*)，可谓一笑泯恩仇。[93] 这并未消弭两个阵营之间的敌意，一直到近二十年，双方才开始试图重新理解对方的立场。

巴特在东亚的受容史，对于汉语学界其实较为陌生，反而不如汉语学者对欧美巴特研究的关注。这一方面是出于语言的隔阂：汉语巴特学者通常精通英文及德文，却少有能用汉语之外的亚洲文种阅读学术文献的学者。另一方面，这也是因为欧美神学至今仍主导着全球学术动向。基于同样的原因，欧美学者对于东亚巴特研究的发展也并不熟悉，唯有韩国是个例外。出于种种历史及文化因素，韩国巴特学者在英语学界十分活跃，他们许多前沿研究都会用英文发表。郑美贤（정미현/Meehyung Chung）是卡尔·巴特奖的首位女性得主，也是亚洲巴特研究的泰斗。她多部著作被翻译成英文、德文，在女性神学、政治神学领域享誉国际。韩裔学者郑成旭（정성욱/Sung Wook Chung）在英美学界相当出名，他虽是土生土长的韩国人，却被视为英美福音派巴特研究的领军人物之一。我在牛津大学的学长金镇赫（김진혁/Jinhyok Kim）也在英语学界受到相当高的重视。韩国巴特研究以及巴特主义建构神学诚然拥有傲人的传统，而韩文更是少数拥有巴特《教会教理学》完整翻译的语文。[94]

93. Cornelius Van Til, *Cornelius Van Til Papers*, Montgomery Library, Westminster Theological Seminary, Philadelphia. Cited in Harinck, 41.
94. 见 Young-Gwan Kim, *Karl Barth's Reception in Korea* (New York: Peter Lang, 2003)。

巴特思想几乎是在同一个时期传入中国及日本的，但不同于汉语学界的是，巴特在日本的受容未曾间断过。到了1950年代，巴特在日本已吸引了众多追随者，以致他感到自己必须公开写信给日本基督徒，提醒他们不要跟随自己，只要跟随基督。这封信的起因是1956年巴特70岁生日的庆祝活动。该年二月份，《福音与世界》期刊编辑写信给巴特，表示这是"两千万日本基督徒当中"订阅率最高的刊物，而他们"正在筹划一辑特刊，其中有多篇论述巴特以及他的神学的论文，将于1956年5月刊登，庆祝他的70岁生日"。[95]

巴特写信回复他"亲爱的日本朋友们"：

> 不要宣扬我的名！因为只有一个名讳是值得宣扬的，而这名讳之外所有的名字一旦被高举，就只会导致错谬的献身，并在人们中间搅动无谓的嫉妒以及拒绝悔改的心。也不要不经分辨地从我这里习取任何一句话，而是要用独一、真实的上帝话语来衡量我的每句话。祂的话语是我们所有人的审判者以及至高的教导者！[96]

巴特在日本的名声，很大一部分是出自上述《福音与世界》主编之一井上良雄的努力。井上自己也是一位有原创思想的神学家，在日本甚至有井上良雄研究的次领域。[97] 他在1959-1988

95. Karl Barth, *Offene Briefe 1945–1968*, in *Gesamtausgabe* 5:15 (Zurich: Theologischer Verlag Zürich, 1984), 370.
96. Ibid., 375.
97. 见雨宫荣一、小川圭治、森平太编：《井上良雄研究》，东京：新教出版社，2006年。

年间完成了《教会教理学》第四卷的翻译。[98] 另外三卷的译者则是吉永正義（1925-　　）。[99] 日本巴特学会则于1986年在井上的追随者小川圭治主导下成立。

井上吸引了许多同侪与门生，包括吉永、小川、雨宫栄一（1927-2019）、村上伸（1930-2017）等，在他们的努力下，日本巴特研究在一些特定领域中，甚至比英语巴特研究更加先进，特别是巴特的政治神学。早在《福音与律法》(*Evangelium und Gesetz*, 1935)、《称义与正义》(*Rechtfertigung und Recht*, 1938；亦可作《称义与法律》)、《基督共同体与公民共同体》(*Christengemeinde und Bürgergemeinde*, 1946) 在1960年被翻译成英文之前，井上就已经发现这三部作品对于理解巴特政治神学思想发展的重要性。[100] 井上在1952年出版了《福音与律法》的日文版，又与蓮見和男（1925-　　）共同翻译了《称义与正义》以及《基督共同体与公民共同体》，并在1954年出版。[101]

巴特的政治神学与他神学方法在政治上所隐含的意义，在日本神学及哲学界都具有很大的影响力，也造成了耐人寻味的分化。这当然与二次世界大战以及战后的日本政治处境息息相

---

98. カール・バルト（Karl Barth）：《和解論（教会教義学）》，井上良雄译，东京：新教出版社，1959-1988年。

99. カール・バルト（Karl Barth）：《神の言葉（教会教義学）》，吉永正義译，东京：新教出版社，1975-1977年；カール・バルト（Karl Barth）：《神論（教会教義学）》，吉永正義译，东京：新教出版社，1978-1983年；カール・バルト（Karl Barth）：《創造論（教会教義学）》，吉永正義译，东京：新教出版社，1980-1985年。

100. Karl Barth, *Community, State, and Church*, translator unspecified (New York: Anchor Books, 1960).

101. カール・バルト（Karl Barth）：《福音と律法》，井上良雄译，东京：新教出版社，1952年；カール・バルト（Karl Barth）：《教会と国家》，井上良雄、蓮見和男译，东京：新教出版社，1954年。

关。不论左翼自由派或右翼军国主义者，都曾试图从巴特的著述中寻找素材。井上的立场非常坚定地体现出德国认信教会的精神。1935 年，他曾遭检举触犯恶名昭彰的治安维持法，这法律现已被废，却曾是大日本帝国用以压迫左翼人士的手段。尽管井上最后获不起诉处分，但他在军国主义处境下所受到的排挤可想而知。

倘若井上代表着巴特主义的左派抗争精神，那么在全球哲学界赫赫有名的京都学派则代表另一种路线：京都学派在战前以及战争初期曾支持过日本军国主义。学派创办人西田幾多郎（1870-1945）在建构"神"的哲学概念时从巴特神学取材，在德语学界一直广为人知，但英语学界一直到 2010 年左右才开始探讨西田哲学当中的巴特思想元素。[102] 田边元（1885-1962）是西田的门生，与西田共同创办京都学派，在其早期哲学建构"种的逻辑"（種の論理）的过程中，采用了巴特辩证法的一些素材。[103] 二战期间，京都学派的哲学家断章取义地从巴特的著述中找到了一些支持军国主义的思想，这是巴特自己不可能接受的。

到了二战后期，田边开始批判日本军国主义及国族主义。他发展出一套罪咎与忏悔的哲学，并用希腊字源自创了 *metanoetics* 一词，用日本汉字"懺悔道"表达之。田边的战后思想取材自许多不同的来源，包括基督教、佛教、康德主义等。在这时期，巴特是田边的对话对象之一。田边与稍早提及的京都神学家北森嘉

---

102. Curtis Rigsby, "Nishida on God, Barth and Christianity," *Asian Philosophy* 19 (2009):119-157.
103. 廖钦彬："田边元的宗教哲学"，载《政治大学哲学学报》第 32 期（2014）：57-91。

藏相似，认为巴特的神学对于历史个殊性缺乏聚焦，但田边也时常会诉诸巴特的思想与生活来照亮"忏悔的道路"。[104]

滝沢克己（Katsumi Takizawa, 1909–1984）是井上良雄那一代著名哲学家与神学家，他曾直接受到西田与巴特的影响。滝沢在学生时代主修哲学，他早年一篇论述西田哲学发展脉络的文章吸引了西田的注意，后来滝沢就在西田的推荐下远赴德国深造。1933年，滝沢在波恩大学（Rheinische Friedrich-Wilhelms-Universität Bonn）投入巴特师门，并在巴特指导下完成了一篇论文，1935年发表于德国顶尖期刊《福音神学》（Evangelische Theologie）。[105] 滝沢后来发展出著名的"以马内利哲学"（インマヌエル哲学），结合了巴特与西田思想的许多内容。

相较于日本、韩国，我国的巴特受容史就没有那么丰富而悠久的传承了。这背后有许多历史、文化、社会等因素，在此不赘。值得注意的是，我国新教在二十世纪上半叶出现了许多大布道家、奋兴家，但留下影响后世之著作的神学思想家却少之又少。

二十世纪上半叶少数有资格被称为神学家的前辈当中，赵紫宸先生无疑是执牛耳者。赵先生在范德堡大学（Vanderbilt University）求学时主攻社会学，他早期神学试图结合基督教与儒家思想，与新康德主义路线的自由派神学颇为相似。二战期间日本侵华所造成的恶果，迫使赵紫宸重新审视这种自由派神学的乐观主义。他在巴特与蒂利希（Paul Tillich, 1886–1965）

---

104. 吴汝钧：《纯粹力动现象学：续篇》，台北：台湾商务印书馆，2008年，第244–246页。

105. Katsumi Takizawa, "Über die Möglichkeit des Glaubens," *Evangelische Theologie* 2 (1935):376–402.

的神学中找到了神学转化的基本素材。他于 1939 年发表《巴德的宗教思想》虽然已是过时的文献，但对于汉语巴特研究而言仍具有一定的历史意义。[106]

赵紫宸之后，一直到 1970 年代，汉语新教几乎就没有再出现过真正的学术神学家。这在很大程度上是主流华人教会的敬虔主义与分离主义（"耶路撒冷与雅典"的那种分离）所造成的结果。"神学"一词在这传统当中被当成"使人自高自大"的"知识"，属乎所谓的"不信派"。

主流华人教会在 1970 年代开始接受学术神学，这与一群 1960 年代毕业于费城威斯敏斯特神学院（Westminster Theological Seminary）的教会领袖有很大的关系。在他们的努力下，中国神学研究院（以下简称"中神"）在 1975 年于香港成立，并推动了香港、台湾、南洋等地华人神学教育的变革。第一代毕业于中神以及其他香港神学院的精英学生纷纷远赴西方深造，成为了汉语神学的中流砥柱。

那一代香港神学家当中最有影响力的三位，都在不同程度及方式上沿用了一些巴特神学的方法与内容，他们分别是余达心先生（1949-　）、温伟耀先生（1952-　），以及已故的杨牧谷先生（1945-2002）。他们反映了巴特思想在 1980 年代透过英伦神学在汉语基督教界造成的影响，当然，这种影响主要是间接的。余达心先生 1981 年完成于牛津大学的博士论文在方法论上很大程度地采用了巴特知名的苏格兰门生 T. F. 托伦斯的

---

106. 赵紫宸：《巴德的宗教思想》，上海：青年协会书局，1939 年。

思想。[107] 温伟耀先生也在牛津大学完成哲学博士学位，他 1984 年的博士论文是巴特与蒂利希神学人论的比较研究。[108] 虽然温教授后来的著述较少直接涉及巴特，在方法论上也较为贴近蒂利希，但无疑还是能够隐约看到巴特的身影。

杨牧谷先生与余达心院长、温伟耀教授不同，他既没有中神的背景，也不是牛津的校友，但无疑也是那一代香港神学人的代表。他曾经在爱丁堡大学投入托伦斯师门，亲受大师指点，其后于 1981 年完成剑桥大学哲学博士学位。他的《复和神学与教会更新》建基于巴特《教会教理学》的复和论，主要神学方法取自托伦斯，旁征博引，将复和（reconciliation/*Versöhnung*）的思想应用于现代语境以及中国文化处境。[109]

继余达心、温伟耀、杨牧谷之后，赖品超先生是另一位出生于香港而享誉国际的神学大师。他毕业于香港中文大学，1987 年获崇基神学院道学硕士，后于 1991 年完成英国伦敦大学国王学院（King's College, London）的哲学博士学位。虽然赖品超先生并非专攻巴特的学者，但在英语巴特学界，但凡论及巴特的宗教神学（theology of religion），或是当巴特学者涉足比较宗教（comparative religion）领域时，都必然提及赖品超先生的作品。

汉语基督教的诸多流派当中，福尔摩沙神学（Formosan Theology）在 1990 年代之前的发展，较未受到早年主流华人新

107. Carver Yu, *The Contrast of Two Ontological Models as a Clue to Indigenous Theology* (D.Phil. dissertation, University of Oxford, 1981).
108. Milton Wan, *Authentic Humanity in the Theology of Paul Tillich and Karl Barth* (D.Phil. dissertation, University of Oxford, 1984).
109. 杨牧谷：《复和神学与教会更新》，香港：种籽出版社，1987 年。

教敬虔主义的影响。早在 1960 年代，两位神学家就已将福尔摩沙神学带上了国际舞台。宋泉盛先生（1929-2024）于本书第一版出版不久后过世，至今仍在国际上被视为亚洲神学（Asian Theology）的主要代表人物之一，他 1964 年获颁哥伦比亚大学附属纽约协和神学院（Union Theological Seminary in the City of New York）哲学博士学位，以巴特与蒂利希的比较研究为论文主题。[110] 宋泉盛早年深受巴特影响，但也以巴特"道成肉身的神学"为出发点，试图摆脱以巴特为代表的"欧美教会"神学传统的"束缚"。[111] 1965 年接替黄彰辉先生出任台南神学院院长后，宋泉盛与巴特神学渐行渐远，并向拉丁美洲解放神学靠拢。事实上，巴特与蒂利希之间的矛盾，正是许多殖民地以及后殖民神学家眼中最需要被克服的难题，而这是宋泉盛在求学期间就已经开始思考的问题。

黄彰辉先生（1914-1988）毕业于剑桥大学，他是宋泉盛先生的好友，但两人的神学路线差异甚巨。黄彰辉的思想始终保留了浓厚的巴特传统主义（Barthian traditionalism）色彩，托伦斯等英伦巴特主义者也因此对黄彰辉赞誉有加。由于黄彰辉神学思想深受巴特影响，宋泉盛曾戏称其为有待解放的"巴比伦囚禁"。黄先生 1965 年旅居海外，辞去台南神学院院长一职，由宋泉盛先生继任，但黄先生的路线一直是福尔摩沙神学的中流砥柱。

林鸿信教授与欧力仁教授在许多方面继承了黄彰辉先生的

---

110. Choan-Seng Song, *The Relation of Divine Revelation and Man's Religion in the Theologies of Karl Barth and Paul Tillich* (Ph.D. dissertation, Union Theological Seminary, 1964).

111. 宋泉盛：《教会的反省与使命》，台南：台湾教会公报社，1970 年，第 92 页。

神学路线。欧力仁教授于苏格兰圣安德鲁斯大学（University of St. Andrews）师从英语巴特研究巨擘哈特（Trevor Hart）教授，他的著作与文章在华人地区的影响颇为广泛，更培养了不少后进巴特学者，包括我的好友吴国安博士。林鸿信教授在华人地区神学、哲学领域都广为人知。他在莫尔特曼的指导下于图宾根大学完成了第一个博士学位，除了神学以外还广泛涉猎其他领域，包括较为传统的基督教神学，以及耶儒对话等。尽管他并非巴特主义者，亦非专攻巴特研究，但他在许多方面或直接或间接地采用了巴特思想的许多内容，并与稍早提及的后自由派叙事神学有许多相似之处。

在中国大陆，学术神学是在 1980 年代随着改革开放后的基督教研究热潮兴起的。大陆学者最初关注的并非基督教神学本身，而是基督教在西方经济、社会发展中所扮演的角色，但到了 1980 年代后期，基督教研究热潮渐渐地产生了对基督教自身的学术兴趣，包括基督教的神学、历史、教会、哲学、文化、社会、跨宗教等维度。汉语神学运动在这时期开始成形，主导者有刘小枫教授及何光沪教授，他们开创了一种跨学科的基督教研究范式。1992-1995 年，汉语基督教文化研究所在现任总监杨熙楠先生的筹备与推动下成立于香港道风山。此后汉语神学运动在华人地区乃至世界各地开花结果，除了北大、清华、复旦、浙大等大陆高校纷纷开展基督教研究，台湾的中原大学宗教研究所也成为汉语神学第二个重镇，创办了《汉语基督教学术论评》，成为《道风》、《哲学与文化》（辅仁大学，天主教背景）之外，最具国际影响力的哲学与宗教类汉语学术期刊。

中原宗研所发展初期，形塑其汉语神学路线最关键的学者有马来西亚籍曾庆豹教授，以及知名巴特学者欧力仁教授。

汉语神学运动的神学维度，早年深受刘小枫影响。他曾赴巴特故乡巴塞尔深造，1993 年获巴塞尔大学博士学位，论文研究对象是德国哲学家舍勒（Max Scheler, 1874–1928）。刘小枫早年思想取材自许多不同的来源，但他神学范式的主体基本上属于某种形态的巴特主义。在他的影响下，汉语神学的早期发展笼罩了浓厚的巴特主义色彩，早期汉语神学著述在诸多作者或有意或无意的安排下，使用了大量的巴特主义词汇，而巴特的门生托伦斯更是早期汉语神学最常被提及的西方神学家之一。[112] 瞿旭彤教授曾撰文提出，刘小枫后期放弃汉语神学，以尼采主义的进路取代巴特主义，对于当代汉语基督教研究造成了一大挑战。[113]

不论如何，今日汉语基督教研究已发展成一把大伞，涵盖许多不同的领域，从景教研究到晚清基督教与科学的对话，从马里翁（Jean-Luc Marion）的现象学到齐齐乌拉斯的现代东正教神学，形成了庞大的学术版图。汉语基督教学者在个人思想上的立场也相当多元，有天主教、东正教、信义宗、圣公会、循理会、浸信会、长老会、改革宗教会、自由派、新正统派、后自由派、福音派、新加尔文派等，也有学者并无个人信仰，当然也有马克思主义者，甚至有从汉语神学转而倡导印度教瑜伽智慧的无神论学者。然而，汉语基督教研究发展至今，巴特

---

112. 见何光沪、杨熙楠编：《汉语神学读本》，香港：道风出版社，2009 年。
113. 见瞿旭彤："尼采以后——今天我们如何做汉语神学？"，载《道风：基督教文化评论》第 50 期（2019）：155–182。

研究已长年稳坐学界显学地位，与奥古斯丁研究等分庭抗礼。

张旭教授是开拓汉语神学巴特研究领域的关键人物，他2005 年的大作《卡尔·巴特神学研究》是继赵紫宸先生之后，第一部深入而全面地为汉语世界引介巴特思想的专著。[114] 张旭教授著书之时，欧美巴特研究的新范式尚未全面影响学界，而这范式所引发的争议，也要到 2008 年才大规模爆发。[115] 也正是因有这些近期研究的辩论，才令本书得以避开画蛇添足之嫌，否则在张旭教授的大作之后撰写引介巴特思想的书籍，似乎已经没有太大意义。而张旭教授在书中所提出的观点，也并未因时过境迁而失效。张旭教授与欧力仁教授在 2000 年代，横跨海峡两岸相互辉映，带起了华人地区巴特研究的热潮。自此，汉语神学不只是间接受到巴特启发，如同在刘小枫等第一代汉语神学人中间那样，而是正式开创了专业巴特研究的学术领域，且在国际上具备一定的影响力。汉语巴特研究发展至今，《道风》期刊 2022 年的编辑委员当中，足有三位以巴特研究为主要专业领域，包括我两位好友洪亮、瞿旭彤，以及我本人。2019 年的《中国神学年刊》（ Yearbook of Chinese Theology ）以巴特与汉语神学为主题，充分显示了巴特对汉语神学的影响。[116]

巴特在汉语世界的受容史相当丰富多彩，在西方学界却

---

114. 张旭：《卡尔·巴特神学研究》，上海：上海人民出版社，2005 年。

115. 这争议始于《剑桥巴特指南》当中两位作者的观点：George Hunsinger, "Karl Barth's Christology: Its Basic Chalcedonian Character," and Bruce McCormack, "Grace and Being: the Role of God's Gracious Election in Karl Barth's Theological Ontology," in *The Cambridge Companion to Karl Barth*, ed. John Webster (Cambridge: Cambridge University Press, 2000), 127–142 and 92–110。

116. 见 Thomas Xutong Qu and Paulos Huang, eds., *Yearbook of Chinese Theology 2019* (Leiden: Brill, 2019)。

较鲜为人知。同样地，我国学者或许较为熟悉英语及德语学界的巴特研究，但对于巴特思想在日本、韩国、拉丁美洲、非洲（碍于篇幅，本书并未介绍巴特的非洲受容史，特别是南非神学在荷兰教会的影响下如何与巴特进行互动）的受容，却并不十分清楚。这说明了一个事实：巴特全球性的影响，很可能远比我们大多数人所想象的更为广泛。许多国内读者在 1990 到 2000年代美国福音派著述的误导下，以为巴特神学早已时过境迁，这显然是出于一种相当狭隘的美国中心视野，与事实相去甚远。

五、巴特与今日福音派神学

如上所述，国内学术圈外的读者对巴特的了解，大多源于较早期的英美福音派神学。[117] 然而，英美福音派近二十年来与巴特及巴特主义的互动，对于多数国内非学术界的读者而言，却较为陌生。美国福音派学者在 1990 年代以为巴特的影响已经不复当年，就连楚门教授等旅居美国的英伦学者都曾有这样的印象，但是在 2000 年前后，就开始陆续有北美福音派人士投入巴特研究，而这现象在短短数年间就变得非常密集。郑成旭主编的《巴特与福音派神学：交集与歧异》(*Barth and Evangelical Theology: Convergences and Divergences*, 2006) 充分显示了 2000 年代巴特在福音派的多元受容。[118] 大卫·吉布

---

117. 关于基要派与福音派的历史渊源，见拙文曾劭恺："附录：入世而不属世"，收录于卡尔·亨利：《现代基要主义不安的良心》，陆迦译，上海：上海三联书店，2018 年。

118. Sung Wook Chung, ed., *Karl Barth and Evangelical Theology: Convergences and Divergences* (Grand Rapids: Baker, 2006).

森（David Gibson）及丹尼尔·斯特朗吉（Daniel Strange）主编的《与巴特交锋：当代福音派的批判》（*Engaging with Barth: Contemporary Evangelical Critiques*, 2008）则代表英语福音派保守改革宗神学家在 2000 年代重新诠释巴特的努力，全书以加州威斯敏斯特神学院迈克尔·霍顿教授的论文为总结，指出了保守改革宗福音派与巴特主义在未来共同努力的方向。

时至今日，英语福音派巴特研究已然硕果累累，其成就在 2019 年出版的《布莱克威尔卡尔·巴特指南》（*Blackwell Companion to Karl Barth*）这部权威编著当中可见一斑。普林斯顿神学院后自由派神学家杭星格教授是二位主编之一，如上所述，他向与福音派交好；另一位主编是福音派高等学府惠顿学院（Wheaton College）的神学教授强森（Keith L. Johnson，不是福音联盟的 Keith E. Johnson）。编著作者有多位不接受巴特主义的福音派学者，除本人以外，还有吉布森、加州威斯敏斯特神学院教授格隆斯鲁德（Ryan Glomsrud）、拜欧拉大学（Biola Universtiy）教授詹森（Matt Jenson），以及我在普林斯顿的学长与挚友、华人女婿希伯（Nathan Hieb）。此外还有我在牛津的学长金镇赫，现任教于首尔的福音派神学院三一火炬大学（Torch Trinity University），是一位带有巴特主义倾向的韩国福音派神学家。

英语福音派当中，还有许多像金镇赫那样尝试将巴特主义融入福音派神学的学者。作为加拿大维真学院（Regent College, Vancouver）的校友，我立刻会想到两位维真学者，哈斯亭斯（Ross Hastings）教授以及斯宾塞（Archie Spencer）教授。

尝试整合巴特主义与福音派神学的早期福音派学者当中，布罗米利（G. W. Bromiley, 1915–2009）的影响力几乎无出其右。他与托伦斯共同主编英文版《教会教理学》，更是其主要译者。布罗米利自己采取了主流福音派的启示论，主张逐字默示（verbal plenary inspiration）的教义。[119] 他认为巴特论述圣经之人性的方式深具启发性，但同时又反对巴特在申述圣经的人性时"坚持圣经有误"的说法。[120]

杰克·罗杰斯（Jack Rogers, 1934–2016）与唐纳德·麦基姆（Donald McKim, 1950–　）的路线有别于布罗米利。布罗米利坚持圣经无误与逐字默示，而罗杰斯与麦基姆则用"新正统"（neo-orthodoxy）的标签形容巴特主义的启示观，并采取了介乎主流福音派与新正统之间的某种中间立场。[121] 后来美国福音派滥用"新正统"这标签，就是源自罗杰斯与麦基姆的用法，这也在我国造成了混淆。罗杰斯与麦基姆用近乎解构的方式重新诠释了宗教改革的教义史，试图辩称他们所采取的立场承袭了宗教改革的主流传统，而这种论述在今天仍旧影响着许多福音派的圈子。

李克德（Kurt Anders Richardson）教授是我的忘年之交，深爱中国文化，在我国学术界十分活跃。他2004年出版的《阅读巴特》（*Reading Karl Barth*）提出，巴特能够为北美神学指

---

119. 见 G. W. Bromiley, "Karl Barth's Doctrine of Inspiration," *Journal of the Transactions of the Victoria Institute* 87 (1955):66–80。

120. Ibid., 80.

121. 见 Donald McKim and Jack Rogers, *The Authority and Interpretation of the Bible* (Eugene: Wipf and Stock, 1999)。

出的新方向，包括福音派神学。李克德教授的关注点不同于布罗米利、罗杰斯、麦基姆那个时代的北美神学，他并未在巴特启示论与福音派或天主教的圣经无谬论之间的歧异上多作着墨。[122] 他将焦点放在"与基督联合"（*unio Christi*）的概念，并以此作为巴特主义以及福音派之间的共通点，建议福音派认真处理巴特在圣灵论框架下所建构的"与基督联合"概念，将神学方法论的出发点从圣经论转移到基督中心论。[123]

约翰·博特（John Bolt）教授是国际知名的新加尔文主义者，英文版的巴文克（Herman Bavinck）《改革宗教理学》（*Reformed Dogmatics*）就是由他主编。他用巴文克的改革宗批判兼容主义（Reformed eclecticism）精神，在批判前提下沿用巴特思想的一些特定内容。[124] 郑成旭评论说博特试图"将巴特神学整合到福音派神学的架构中"，其实很容易误导读者。[125] 博特仅仅是选择性地取材自巴特神学。他提出，"就连像巴特这么有问题的神学家，都能为福音派带来有用的洞见"。[126] 这与巴文克处理自由派鼻祖施莱尔马赫的方式并无二致。[127] 博特正确地观察到，巴特的基督中心本体论使得创造在本体上依附于

122. Kurt Anders Richardson, *Reading Karl Barth: New Directions for North American Theology* (Grand Rapids: Baker, 2004), 105-106.

123. Kurt Anders Richardson, "*Christus Praesens*: Barth's Radically Realist Christology and its Necessity for Theological Method," in *Barth and Evangelical Theology*, 136-148. 另见 Richardson, *Reading Barth*, 83-87。

124. 见 John Bolt, "Exploring Barth's Eschatology: A Salutary Exercise for Evangelicals," in *Barth and Evangelical Theology*, 209-235。

125. Sung Wook Chung, "Foreword," in *Barth and Evangelical Theology*, xx.

126. Bolt, "Exploring Barth's Eschatology: A Salutary Exercise for Evangelicals," in *Barth and Evangelical Theology* 211.

127. 见 Cory Brock, *Orthodox Yet Modern: Herman Bavinck's Use of Friedrich Schleiermacher* (Bellingham: Lexham Press, 2020)。

救赎。[128] 然而我认为，博特批判巴特本体论模糊了"造物主与受造者的区别"，乃出于错误的解读（见本书第二、三章）。[129]

　　且不论博特教授对于巴特的诠释是否全然正确，我自己作为一名新加尔文主义者，十分赞同他处理巴特神学时所采取的批判兼容主义精神与进路。倘若福音派人士能够容许加尔文批判欧西安德（Osiander）的同时又正面采用他的洞见，又容许爱德华兹（Jonathan Edwards）以批判兼容的方式采用经验论哲学家洛克（John Locke）的思想，那么他们又有何理由将巴特神学全然拒之门外呢？

　　不论如何，巴特在今天已经不是英语福音派能够继续忽视的思想家了。楚门教授在 2008 年就已指出，"巴特在福音派的正面受容正迅速延续"，而"跟巴特作为一位与严肃议题摔跤的伟大思想家互动，无疑会带来巨大的助益"。[130] 在我个人看来，我完全同意楚门教授的观点：对于巴特所处理的那些典型现代的难题，"巴文克……提供了更好的资源"。[131] 杭星格教授也提出，"凯波尔（Abraham Kuyper）与巴文克的观点"能在福音派与巴特主义、后自由派之间带来"更有果效的对话"。[132] 在巴文克与凯波尔之外，我还会加上霍志恒（Geerhardus Vos）。

　　本书第四章将诉诸巴文克及霍志恒，以及约翰・欧文

---

128. Bolt, "Exploring Barth's Eschatology: A Salutary Exercise for Evangelicals," in *Barth and Evangelical Theology*, 216–217.

129. Ibid., 217.

130. Trueman, "Foreword," in *Engaging with Barth: Contemporary Evangelical Critiques*, 15.

131. Ibid., 15.

132. Hunsinger, *Disruptive Grace*, 340.

（John Owen）等古典改革宗神学家，作为我自己与巴特思想互动的参照点。在此同时，我会采取他们的批判兼容主义精神：巴特并不只像楚门教授所暗示的那样，在我们"被迫与他激情地摔跤"而令我们"自己的思想被厘清并坚立"时才"带来帮助"。[133] 正如巴文克会正面采用康德、黑格尔、施莱尔马赫，甚至费尔巴哈的思想，我自己作为一名新加尔文主义者，也认为巴特神学有许多值得正面学习的地方。[134] 然而，在任何批判与学习之前，我们必须先尽量客观公允地诠释巴特的著述，而这样的诠释必须尊重文本的字义，且正视文本的思想史以及思想传记背景。为了达到这目的，我们在第二章会提供一套阅读巴特的诠释框架，并在第三章罗列并厘清一系列关于巴特的迷思。

---

133. Trueman, "Foreword," in *Engaging with Barth: Contemporary Evangelical Critiques*, 15.

134. 见 Cory Brock and Nathaniel Gray Sutanto, "Herman Bavinck's Reformed Eclecticism: On Catholicity, Consciousness, and Theological Epistemology," *Scottish Journal of Theology* 70 (2017):310–332。

第二章
读懂巴特：上路前的一张地图

一、巴特的思想生平

我的硕士论文导师杭星格教授曾将《教会教理学》比作法国的沙特尔主教座堂（Chartres Cathedral）。初入这座大教堂的人，双眼需要一段时间方能适应昏暗的环境。然而一旦目光适应了环境，繁复的建筑、装置、艺术作品、彩绘玻璃，会令人目不暇接、叹为观止；每个细节都值得细细品味，而整体的结构又如此宏伟。汉语读者或许会联想到苏东坡笔下的庐山西林壁，或是北宋院画大家郭熙眼中的山水："山有三远：自山下而仰山巅，谓之高远；自山前而窥山后，谓之深远；自近山而望远山，谓之平远。"不论是苏轼眼中的西林壁、郭熙眼中的山水，或是沙特尔的主教座堂，视觉对环境的适应，乃是欣赏并赞叹这些奇景的前提。

同样地，《教会教理学》这部移步易景的著作，初读时也需要一段适应的时间。倘若读者一开始觉得枯燥难懂，不需感到挫折。我曾与一位哈佛大学座席教授交谈，他是学术地位崇高的哲学家，而就连他亦坦言，他感到巴特著作极为艰涩难懂。巴特结合古典基督教神学术语及现代德意志哲学用语，其著述中一层层的辩证含义，若非抽丝剥茧般细细体会，则难窥其精妙之处。他的瑞士背景使得他的德文带着一种较为古雅的修辞方式，而环环相扣的子句在在显示他思想的复杂程度。

我在初学阶段阅读《教会教理学》时，曾花了足足一个小时，才读懂其中一个长句。当时我在爱因斯坦生前经常造访的冰淇淋店，一面喝咖啡，一面咀嚼这句话。终于读懂时，才发现冰淇淋已融化在桌上，咖啡也早已凉了。试图理解那句话时，心中着实苦闷，然一旦豁然开朗，那股雀跃却是难以言喻。

当时，杭星格教授教导我们阅读《如何读懂巴特》(*How to Read Karl Barth*, 1991)一书，为我提供了重要的导览，使我不致迷失在巴特著述的迷宫当中。对我最有帮助的是第一、二章，杭星格教授在其中列举了巴特神学的六大母题。在他发表那部著作时，学界仍有一些关于巴特诠释的重要辩论尚未浮出水面，因此他的表达在一些地方仍有失精准。我在下文中，会在前沿巴特研究最新发展的背景下，重新呈现这六大母题。这些新发展，主要是围绕巴特思想生平的相关辩论，因此我在此会先行简述我对巴特思想生平的理解。我基本上会将巴特的思想生平分为以下几个时期。

（1）巴特早年求学于德国马尔堡（Marburg），而他早期神学诚然受到了马尔堡新康德主义一定程度的影响。然而正如先前所见，巴特在 1920–1930 年代一系列思想史课程的讲稿中指出，在他的学生时代，他与在马尔堡的同学都已经认定，立敕尔旗帜之下的新康德主义既不对基督教神学构成挑战，也无法为基督教神学提供出路：他们甚至在当时进一步指出，现代神学真正的挑战与启发，乃是源自黑格尔及施莱尔马赫，而非康德或新康德主义。[1] 当前巴特研究有几派学者十分强调巴特的马尔堡背景，最有影响的是麦科马克学派。我认为过度强调巴特的马尔堡背景，会令我们在诠释巴特文本时失去正确的焦点。[2] 巴特于 1914 年与自由派神学以及他在马尔堡的师长们决裂，并开始寻找新的神学出发点。根据麦科马克的说法，巴特到 1920 年代初期，都仍旧使用他在马尔堡所学到的新康德主义思维模式（*Denkform*），包括以"行动"定义"存在"的实动主义，以及本体与现象间的"实在辩证"（*Realdialektik*）等。为了强调巴特早期神学的新康德主义基调，麦科马克否认了克尔凯郭尔式的（Kierkegaardian）辩证法在 1910 年代末期形塑了巴特整体的思维模式：麦科马克甚至否认巴特在那个阶段读过克尔凯郭尔的著作。然而，巴特在一封写给图尼森（Eduard Thurneysen）的信件中，清楚表示自己在 1919 年之前就读过克尔凯郭尔的《哲学片段》（*Philosophische Brocken*），而近期研究也显示，克尔凯郭尔"无限本质差异"的思想主导了巴特《〈罗马书〉释

---

1. *PTNC*, 640–641.
2. 这派诠释的奠基著作是 Bruce McCormack, *Karl Barth's Critically Realistic Dialectical Theology* (Oxford: Clarendon Press, 1995), 236。

义》第二版（1922年出版）的整体辩证。[3]巴特在《〈罗马书〉释义》第二版所提出的"永恒-时间"辩证，主要是克尔凯郭尔在康德"本体-现象"区隔的基础上建构的思维模式，而不是某种新康德主义的"实在辩证"：这个词汇在巴特笔下几乎未曾出现，更遑论有系统的使用。[4]

（2）巴特1921年受聘为哥廷根大学（Universität Göttingen）神学系的改革宗神学教席教授，他的主要职责是讲授改革宗教义，而这迫使他恶补过去并不熟悉的改革宗认信神学史。他对正统时期（特别是十七世纪）改革宗神学的理解或多或少受到了海因里希·海博（Heinrich Heppe）及亚历山大·史怀哲（Alexander Schweizer）等现代学者的误导，但他仍掌握了改革宗的经世圣灵论（economic pneumatology）或救恩论（soteriology），以及改革宗特有的基督论：亦即在"有限者无可承载无限者"（*finitum non capax infiniti*）的基础上，特别强调神人二性之间不可磨灭的区别，拉丁文谓之 *extra Calvinisticum*（外分加尔文主义）。他学习古典改革宗神学的成果，体现在1924年的教理学讲义当中，学界一般称之为《哥廷根教理学》（*The Göttingen Dogmatics*）。巴特将"启示"分为客观与主观面：

---

3. 见 *Barth-Thurneysen Briefwechsel 1913–1921*, in *GA* 3, 461。详见 Søren Kierkegaard, *Philosophical Fragments*, ed. and trans. Edna Hong and Howard Hong (Princeton: Princeton University Press, 1985), 38–42。驳 McCormack, *Karl Barth's Critically Realistic Dialectical Theology*, 235–237。另参 Sean Turchin, "Kierkegaard's Echo in the Early Theology of Karl Barth," *Kierkegaard Studies Yearbook* 2012, no.1 (2012):323–336; Cora Bartel, *Kierkegaard receptus I: Die theologiegeschichtliche Bedeutung der Kierkegaard-Rezeption Rudolf Bultmanns* (Göttingen: Vandenhoeck & Ruprecht, 2008), 141–170。

4. 见 Sigurd Baark, *The Affirmations of Reason: On Karl Barth's Speculative Theology* (Cham: Palgrave Macmillan, 2018), 15。

客观面即是道成肉身，而主观面则是圣灵在当下施行救恩的经世之工。[5] 麦科马克正确地（且不论他倾向于过度强调康德对早期巴特的影响）指出，巴特在此时期，以改革宗特有的方式，重新阐述了上帝自我"隐藏及显明的辩证"（dialectic of veiling and unveiling）：

> 当巴特在……1924 年发现古代非位格–位格内（anhypostatic-enhypostatic）基督论，并开始吸收传统改革宗对基督神人二性之间**非直接**（*indirect*）关系（亦即由"位格合一"形成中介）的教导时，他就不再需要康德了……因此，在 1924 年之后，启示之非直接性的断言，便不再是康德主义的断言，而是典型改革宗的断言。[6]

（3）巴特神学从 1921–1924 年开始的教理转向时期，会一直持续到他在明斯特（Münster）任教的年间，直至他 1931 年于波恩（Bonn）发表《安瑟尔谟：信心追求理解》（*Fides quaerens intellectum: Anselms Beweis für die Existenz Gottes*）时，完全进入教理（dogmatics）及类比（analogy）的阶段。麦科马克正确地指出，巴特在后期神学发展当中，从未扬弃辩证法。[7] 然而，麦科马克错误地否定了《安瑟尔谟》对于巴特后

---

5. 详见拙文曾劭恺："巴特《哥廷根教理学》的主体—客体辩证：宋明儒学与欧陆神哲学批判比较"，载《汉语基督教学术论评》第 22 期（2016）：141–174。

6. Bruce McCormack, "Afterword: Reflections on Van Til's Critique of Barth," in *Barth and American Evangelicalism*, 372.

7. 参 McCormack, *Barth's Dialectical Theology*, 421–441。

期神学的重要性。[8] 巴特诉诸安瑟尔谟 "我信以求理解"（*credo ut intelligam*）的思辨法，同时反驳新康德主义的实证主义（neo-Kantian positivism）以及后康德时期德国观念论（形而上的历史主义 [metaphysical historicism]）的神学进路，坚持三一上帝在启示及救赎之工当中不可扬弃的主体性（unsublatable subjectivity）。[9] 巴特在 1930 年左右发展的安瑟尔谟辩证法，令他放弃了明斯特时期开始的教理学写作计划，包括 1927 年出版的《基督教教理学（第一卷）》（*Christliche Dogmatik im Entwurf*）。他在 1932 年出版的《教会教理学》I/1 序言中表示，他在《基督教教理学（第一卷）》问世不久后，便开始意识到他 "迫切需要那本论述坎特伯雷的安瑟尔谟的小书"，因为他的神学思想迫使他采取一个新的思维模式，以 "用一种非常不同的方式表达同样的内容"。[10] 莫尔特曼精辟地指出，巴特 "使用反思结构（the reflection structure）以确立上帝主体性（subjectivity）、主权（sovereignty）、自我（selfhood）、位格性（personality）的方式"，正是 "1932 年《教会教理学》中的新进路"。[11] 此进路旨在克服自由派神学两大路线所带来的挑战，亦即新康德主义的实证主义，以及形而上的历史主义。在 1931 年至 1936 年之间，巴特仍未开始形容上帝为 "行动中的存在"

---

8. 参拙作 Shao Kai Tseng, *Trinity and Election: The Christocentric Reorientation of Karl Barth's Speculative Theology, 1936–1942* (London: Bloomsbury T&T Clark, 2023), 25–82。

9. 这是巴科（Sigurd Baark）在其 2018 年重要著作中的核心立论：*The Affirmations of Reason: On Karl Barth's Speculative Theology* (Cham: Palgrave Macmillan, 2018)。

10. *CD* I/1, xi.

11. Jürgen Moltmann, *The Trinity and the Kingdom* (Minneapolis: Fortress Press, 1993), 142.

（being-in-act/*Sein-in-der-Tat*）：他担心这会导致黑格尔、施莱尔马赫，以及其他十九世纪观念论者所犯的神学错误，将上帝的存在约化为历史过程，并将历史现象提升至神圣的地位。在此时期，他仍旧保留了哥廷根–明斯特时期的概念，以"行动中的启示"为核心，展开他的神学论述。

（4）巴特的安瑟尔谟辩证法在 1936 至 1942 年间，透过基督中心论（Christocentrism）转向，臻至完全成熟的时期。他在 1936 年于日内瓦（Geneva）参加国际加尔文神学大会（*Congrès international de thèologie calviniste*），受到好友茂理（Pierre Maury）一篇演讲的启发，开始将"道成肉身"当作"拣选"的外在基础、将"拣选"当作"道成肉身"的内在基础，并在此意义上宣称道成肉身就"是"拣选。这套基督中心论思想，最初发表于 1936 年底出版的《上帝恩典拣选》（*Gottes Gnadenwahl*）。这是巴特生涯当中第一次言说上帝为行动中的存在，尽管他成熟时期的实动本体论术语在 1936 年尚未完全成形。在 1940 年出版的《教会教理学》II/1 当中，巴特以黑格尔"绝对性"（*Absolutheit*，即主体、客体、行动的合一）术语描述上帝内在（*ad intra*）及外在（*ad extra*）的存在模式：三一本质是上帝的第一绝对性，而上帝三一之爱的流溢（*Überfluss*），就形成了祂本体之外的第二绝对性，亦即上帝在耶稣基督里的自由之爱。在 1942 年出版的《教会教理学》II/2 当中，巴特进一步提出，"拣选"并非仅是上帝意志的行动、上帝的"绝对谕旨"（*decretum absolutum*）："绝对自由"不应当是意志在本性之外纯粹偶发的运作，而是本性与意志在主体性与客体性之间完美的对应。耶稣基督作为拣选人的上帝（拣选的主体）、被拣选的人（拣选的客体），以及拣选本身（拣选的实动性），乃是上帝外在于本体绝对的存在模式，对应于上帝三一本质的行动中之存在。换言之，拣选乃是上帝的第二种存在模式，是上帝的第二绝对性，以上帝的三一本质的第一绝对性为基础。巴特在 1936 至 1942 年间所发展的基督中心拣选论，完成了他思辨哲学的基督中心转向。[12] 他在拣选人的上帝与耶稣基督之间所设定的同一性，并非 1942 年才提出的，也从来没有推翻他在 1942 年之前的观点：巴特始终未曾声称"拣选"这意志的行动构成了上帝三一的"存在"及"本质"。[13]

二、"如何读懂巴特"：核心神学母题

上述思想生平概述涉及当前欧美巴特研究一些热议的论题。我所采取的是以杭星格、莫尔纳为代表的"传统主义"，并拒斥以麦科马克为首的诠释范式——杭星格与莫尔纳称之为"修正主义"（revisionism）。[14] 依照麦科马克的范式，诠释巴特的关键

---

12. 驳 Bruce McCormack, "The Actuality of God: Karl Barth in Conversation with Open Theism," in *Engaging the Doctrine of God*, ed. McCormack (Grand Rapids: Baker Academic, 2008), 213; Matthias Gockel, *Barth and Schleiermacher on the Doctrine of Election* (Oxford: Oxford University Press, 2006), 167。

13. 驳 Bruce McCormack, "Seek God where He May Be Found: A Response to Edwin van Driel," *Scottish Journal of Theology* 60 (2007):64。

14. 麦科马克不承认"修正主义"的标签。他认为自己对巴特的诠释并非"修正"，而是忠于巴特研究的传统，并声称这传统以云格尔等德语神学泰斗为代表。 参 Bruce McCormack, "Election and the Trinity: Theses in Response to George Hunsinger," *Scottish Journal of Theology* 63 (2010):204; 另参 Tyler Frick, *Karl Barth's Ontology of Divine Grace* (Tübingen: Mohr Siebeck, 2021), 17–31; Paul Nimmo, *Being in Action: The Theological Shape of Barth's Ethical Vision* (London: T&T Clark, 2007), 3–6。麦科马克与修正派的论辩对于透过韦伯斯特的介绍及翻译认识云格尔的英语读者来说，会显得难以理解。韦伯斯特评论道："云格尔坚持，（转下页）

在于（一）批判实在主义（critical realism）、（二）实在辩证法（*Realdialektik*）。笔者 2018 年的专著与巴科《对理性的肯定：论巴特的思辨神学》（*The Affirmations of Reason: On Karl Barth's Speculative Theology*）几乎同时发表，反驳了修正主义的诠释。[15] 在我 2022 年发表的专著当中，我进一步探讨巴特"思辨神学"的思想史背景，以及其于 1936 至 1942 年的基督中心论转型。[16] 在此基础上，我将在下文当中重新阐述杭星格教授于《如何读懂巴特》一书中所提出的巴特神学核心母题：（一）实动主义（actualism）、（二）个殊主义（particularism）、（三）客观主义（objectivism）、（四）位格主义（personalism）、（五）实在主义（realism）、（六）合理主义（rationalism）。一旦掌握这六个母题，那么巴特的文本就不会显得那么难以捉摸了。

（一）实动主义：实动主义是巴特神学自 1910 年代起便已主导他整体思想的母题。如杭星格所言，"巴特言必及'生成'（occurrence）、'发生'（happening）、'事件'（event）、'历史'（history）、'决定'（decision），以及'行动'（act），而但凡他以

（接上页）［对巴特而言］'生成'乃附属于上帝，反之不然（'becoming' is a function of God, not vice versa）"，见 John Webster, "Translator's Introduction," in Eberhard Jüngel, *God's Being is in Becoming: The Trinitarian Being of God in the Theology of Karl Barth*, trans. John Webster (Grand Rapids: Eerdmans, 2001), xix. 韦伯斯特对云格尔的诠释是正确的。云格尔自己清楚地表明，在巴特的神学本体论当中，上帝内在的三一本质是拣选之外在行动的基础：巴特强调，"上帝为我们之所是（God's being-for-us）并不定义上帝之所是，而是在祂为我们之所是当中诠释上帝之所是"。原文上下文："... *dass Gottes Sein für uns in Jesus Christ Ereignis ist. Dieses Ereignis heisst Offenbarung und ist als solche Selbstinterpretation Gottes. Gottes Für-uns-Sein definiert nicht Gottes Sein, wohl aber interpretiert Gott in seinem Sein für uns sein Sein.*" 见 Eberhard Jüngel, *Gottes sein ist im Werden* (Tübingen: Mohr Siebeck, 1986), 117.

15. Shao Kai Tseng, *Barth's Ontology of Sin and Grace* (London: Routledge, 2019).

16. Shao Kai Tseng, *Trinity and Election: The Christocentric Reorientation of Karl Barth's Speculative Theology, 1936–1942* (London: Bloomsbury T&T Clark, 2022).

此术语进行言说时，它［实动主义］临在［于他的思想］。"[17] 以"实动"形容巴特神学，意思是它"大可被描述为动态关系的神学（a theology of active relations）"。[18] 在他成熟时期（大约于 1937 至 1938 年间开始）的著述当中，"行动中的存在（所是）"（being-in-act/*Sein-in-der-Tat*）这一概念成为他实动主义神学的核心思想。

巴特的实动本体论在《教会教理学》II/1-2 当中得到最完整而成熟的表述。许多人以为巴特的实动主义否认上帝内在三一的永恒、不变、自存，其实不然。事实上，他不遗余力为上帝不可改变之三一本质的绝对必然性辩护，认为这是上帝借由祂在基督里的自由之爱向我们映现出的永恒本质。[19]

巴特受奥古斯丁《论三一》（*De Trinitatis*）第 8–9 卷"三一圣痕"（*vestigium Trinitatis*）一说的启发，从"上帝就是爱"（约壹 4：15）这宣告来思考上帝的自由，乃至上帝的绝对存在与本质。[20] "爱"即上帝之所是：这是上帝的本质，爱的实动性（actuality/*Wirklichkeit*）对祂而言是必然且不可改变的。换言之，上帝并非为自己选择了"爱"作为祂的存在方式；祂在其自身，必然地就"是"爱。但另一方面，整本圣经或直接、或间接、或以命题、或以叙事、或以命令的方式，向我们揭

---

17. Hunsinger, *How to Read Barth*, 30.
18. Ibid.
19. 见 Baark, *The Affirmations of Reason*, 255。另参拙文 Shao Kai Tseng, "Barth on Actualistic Ontology," in *The Wiley-Blackwell Companion to Karl Barth*, ed. George Hunsinger and Keith Johnson (Oxford: Wiley-Blackwell, 2019), 739–751.
20. 详见拙文曾劭恺：《奥古斯丁"三一圣痕"主题变奏：卡尔·巴特论"行动"与"关系"中之"所是"》，载《哲学与文化》48 卷 10 期（2021）：75–94。

示：上帝是自由的，在其自身、为其自身（in and for Godself/ *an und für sich*）如此（神学上称作上帝的"绝对权能"[*potentia absoluta*]），在与我们的关系当中亦是如此（神学上称作上帝的"定旨权能"[*potentia ordinata*]）。[21] 如此，我们又当如何理解上帝在耶稣基督里为我们揭示的真理：上帝自由地爱，而祂在必然的爱中又是自由的？

在回答这问题时，巴特采取了典型奥古斯丁传统的自由观，这种自由观深深影响了康德及整个后康德时期的德国观念论传统。简言之，这观点主张，"自由在乎从专断性（arbitrariness）当中得到释放，而'专断性'可由纯粹偶发的意志活动（*Willkür*）所构成，也可以是被外在的因果力量所左右"。[22] 假如意志的活动都是由外在因素所决定的，那么意志当然没有自由；但自由也不是任意而为。奥古斯丁及康德传统在"本性与自由"（nature and freedom/*Natur und Freiheit*）的问题上，与儒家有些异曲同工之妙：自由乃是"从心所欲，不逾矩"。但问题是，我们当如何具体地理解上帝在爱中的自由呢？

在回答这问题时，巴特诉诸奥古斯丁的洞见，指出"爱"的实动性必然包含爱的主体、爱的对象、爱的行动。这三者但凡缺乏其中之一，那么"爱"就只是潜动的（potential），而潜动的爱仍不"是"爱，仅是尚待"成为"爱的某种潜能。譬如，在我遇见我妻子之前，我经常幻想婚后的生活，幻想自己如何

---

21. 巴特从哥廷根时期开始采用这术语，并且在《教会教理学》当中继续使用它，例：*CD* I/1, 37。

22. Michael Rosen, *The Shadow of God: Kant, Hegel, and the Passage from Heaven to History* (Harvard: Harvard University Press, 2022), 23.

与妻子相爱，也知道自己有能力爱我将来的妻子，但既然没有爱的对象，那么就算出于爱的潜能而开始付诸行动（譬如去读一些与夫妻沟通有关的书籍、改变自己生活习惯以在将来更有效率地融入二人生活），我在当时的爱也是未实现的，仍不能在严格意义上说那已经"是"爱。

巴特跟随奥古斯丁指出，上帝就"是"爱，而这意味着在上帝的本质里面，有永恒不变的主体、对象、行动。巴特并非由此推论上帝的三一，而是从耶稣基督里的启示看见圣父、圣子、圣灵之间如何彼此相爱，进而以此来理解"上帝就'是'爱"的宣告，并理解上帝在爱中的自由。上帝在爱中是自由的，因为作为三一上帝，祂不需要在祂本体之外创造爱的对象来实现祂的爱。在祂的三一本质内，有无限而永恒的主体、对象、行动：祂自身就"是"爱。

三一上帝的自在性（aseity），乃是祂作为爱之永恒必然行动中的存在的自足性，而这就是上帝自由的首要含义。巴特用黑格尔的哲学术语来拒斥黑格尔的观点。黑格尔认为，上帝需要创造世界作为上帝行动的对象，才能够自我实现为上帝：若无世界，上帝就不"是"上帝。一反黑格尔，巴特坚持说："上帝的自由……，祂的第一绝对性……的真理与现实，在于圣父与圣子借由圣灵的内在三一生命。"[23]

此处"绝对性"一词借自黑格尔，是指某个主体自我实现为"自在自为之存在"（being-in-and-for-itself/*An-und-für-sich-*

---

23. *CD* II/1, 317.

Sein），他用这个概念来定义自由。黑格尔说，绝对自由就是"自我实现"（self-actualization/*Selbstverwirklichung*）为绝对者："自由正是……在他者当中与自身完全融洽。"[24] 这听起来很艰涩，我们不妨打个比方来解释"绝对自由"（absolute freedom/*absolute Freiheit*）的概念。

在我认识我妻子之前，只身在英国留学时，下厨总是专断的（arbitrary）。我会按照自己的喜好下厨。忙起来的时候，我可能煮一大锅咖喱、一大锅意大利番茄肉酱，吃上一个礼拜，而这些都是我爱吃又吃不腻的。有时我突然莫名其妙地想吃韭菜盒子，有时突然想吃台式麻油鸡、卤肉饭、排骨饭，我就会去华人商店购买食材自己做。我每天用饭时间都不一样，饿了就吃，有时则潜心研究，废寝忘食。这种单身的自由，听起来十分"自在"（in oneself/*an sich*）。或许是某种意义上的自由，但这种自由相当片面，黑格尔会称之为"主观自由"，亦即"自在"的自由。

刚认识我妻子时，我们分别进入了另一种专断性当中：某种被他者所局限的专断性。她的吃饭时间相对来说较有规律，不像我，吃饭时间完全由论文进度来决定。去吃英国炸鱼时，我理所当然认为应该搭配薯条，她却觉得那样太腻，她受不了，想要将配菜改为沙拉。种种生活饮食习惯上的差异，都意味着我们必须彼此迁就、彼此适应。此时我们才发现，我们在"自

---

24. G. W. F. Hegel, *Encyclopedia of the Philosophical Sciences in Basic Outline, Part 1: Logic*, ed. and trans. Klaus Brinkmann and Daniel Dahlstrom (Cambridge: Cambridge University Press, 2010), 60.

为"或"为自己"（for oneself/*für sich*）点餐、下厨、生活时，因着双方的差异（otherness/*Anderssein*），变得不再像从前那般"自在"了。然而这种不自在，其实也是一种自由的实现：我在过去总是被自身的饮食习惯、生活习惯、偶然的饮食欲望所左右，没有去发现自身之外其他的可能性。我没有发现，原来英国炸鱼配沙拉，其实别有一番风味。我没有发现，原来按时吃饭，而且跟自己最爱的人一起吃饭，是多么美好的一件事。在过去"自在"的状态中，有许多我可以自我突破、可以踏出自己舒适圈的可能性，都没有被发现。当我进入二人亲密关系之后，我才发现原来还有这种"客观自由"（objective freedom/*objektive Freiheit*）。

婚后多年，我们已经建立了一种默契。我们不需要彼此商量，就能在最合适的时间开饭。她的那块牛排总是七分熟，我的那块三分熟。炒菜时如果不小心多加了一把盐，我就知道她当晚会从那盘子里少夹几口菜。过去我不喜欢喝汤，不爱吃蔬菜，口味重，现在饮食习惯却已然改变；她也变得更能吃辣（虽然她是成都人，口味却没我重），也变得会欣赏我祖母传给我的山东面食。我们在亲密的二人关系中，感到全然"自在"。这就是黑格尔所说的"在他者当中与自身完全融洽"的绝对自由。

这种绝对自由对于婚姻而言，听起来很有吸引力，但一旦用于社会群体，那就意味以集权抹杀个体，而当黑格尔声称上帝透过世人来实现自身的绝对自由时，就更加危险了，因为他在上帝与世人之间设定了某种终极的同一性。这会意味世上

的民族、政权、伟人都可以是上帝不完美的显现（appearance/
Schein），具有某种内在的或临在的（immanent）神圣性：在巴
特以及卡尔·洛维特（Karl Löwith, 1897–1973）等一众同代基
督教思想家看来，恰恰就是黑格尔的这种思想，为希特勒的崛
起提供了神学上的合理性。巴特认为，黑格尔笔下那绝对自由
的上帝，不过是人按照自己形象投射出来的偶像，并不是真的
上帝。

一反黑格尔，巴特坚持，上帝不需要自己之外的他者来实
现绝对自由的本质：作为永不改变的三一上帝，祂在祂所"是"
的爱中，必然就是绝对自由的上帝。如上所见，巴特称此为上
帝的"第一绝对性"（primary absoluteness/*primäre Absolutheit*）。
在创世以先，在任何决定以先，上帝已然是在自由中相爱的存
在。在上帝的存在当中，"本质"与"行动"是同样基本的：事
实上，这也是范泰尔三一论的核心。[25] 一言以蔽之，上帝在绝
对的自由当中就"是"爱，而祂在必然不变的爱中是绝对自由
的。在祂第一绝对性的自由当中，上帝是自存的（*a se*），"就
算没有［上帝与人在基督里的］这段关系，就算在祂之外没有
任何他者，祂依然是爱"。[26]

然而，按照西方神学的正统，上帝在本质上（*per
essentiam*）是不可知的：巴特坚持改革宗基督论的神人二性区
分（例：*extra Calvinisticum*［外分加尔文主义］），背后的核心

---

25. 参 Lane Tipton, *The Trinitarian Theology of Cornelius Van Til* (Libertyville:
Reformed Forum, 2022)。
26. *CD* II/2, 6.

原则正是"有限者无可承受无限者"(*finitum non capax infiniti*)。上帝三一本质的爱是无限的爱,无法被有限的受造物直接认知,不论是用智性或感官皆然。上帝的无限本质,只能透过有限的、受造的、可用感官认知的媒介,如同镜像般映现给我们。我们在第三、四章会看到,巴特在这点上与巴文克是全然一致的,而范泰尔其实也采取同样的立场,反对戈登·克拉克及卡尔·亨利的启示论。范泰尔误以为巴特坚持启示的非直接性,是在表达某种现象主义诠释下的康德思想,但我们稍早已经解释过,巴特从未用这种英美搭配荷兰的特有方式来解读康德。而在"上帝的本质不可知性"(essential unknowability of God)的观点上同意康德的论述(不是被极端现象主义曲解后的康德,而是康德自己文本清楚表明的立场),并不意味巴特就是康德主义者,因为康德的这个思想,一开始就是从新教借来的。正如巴文克所言,"当康德说我们的知识无法逾越我们的经验时,他是完全正确的"。[27]

现在的问题是:既然人的知识被局限于有限、受造、可感知、不断改变的范围,那么我们如何能够认识上帝无限、自存、不可感知、不改变的本质呢?巴特承认,我们"人类的可变性"意味我们只能在历史现实当中认知上帝的"行动",而无法直接认知上帝永恒的本质。[28] 但这难道不就回到黑格尔及施莱尔马赫那里去,将上帝的本质约化为历史行动与过程吗?

一反黑格尔、施莱尔马赫等德国观念论者,巴特坚持,"我

27. *RD*, 2:50.
28. Barth, *Gottes Gnadenwahl*, 48.

们必须在人的可变性当中仰望上帝的不可变性"。[29] 上帝不变的本质，是借由"成为"肉身彰显给我们的：上帝成为人，祂之为上帝的一切却未曾改变。在成为肉身的改变过程中，我们凭信认识那不改变的道。以信心为出发点，我们就知道"成为"肉身的那一位就"是"上帝，而也"唯有借由信心，我们才能言说上帝的不变、信实、同一性"，亦即上帝在自在性以及为我性（promeity）当中的两种存在之间的同一性。[30]

自在的上帝成为"为我而在"的上帝，祂之为自在的上帝之所是，却未曾改变：这正是上帝在爱中的自由的第二绝对性（secondary absoluteness/*sekundäre Absolutheit*）。上帝在祂与我们的关系当中，依然是绝对自由的，因为祂拣选了这关系作为祂第二种存在的模式，而在此存在模式当中，耶稣基督作为拣选人的上帝、被拣选的人、拣选的行动，依然是爱的主体、爱的对象、爱的行动。

巴特用康德的术语表达奥古斯丁的自由观："上帝的自由当中没有任何无常的意志（*Willkür*）。"[31] 自由并非意志偶然随机的运行，而是与内在本质的完美对应（*Entsprechung*）。当然，这是整个后康德时期德国观念论的共识，而黑格尔提出"绝对自由"之说，也是要强调，自由并非肆意妄为。但一个需要世界才能自我实现为上帝的主体，并不是真正自由的。再者，假如这个上帝创造世界的决定是出于突发奇想，而上帝在创世前

---

29. Ibid.
30. Ibid.
31. *CD* II/1, 318; *KD* II/1, 358.

并没有明确界定的本质，那么这个上帝所行使的便仍然是无常的意志：无常的意志并非自由。而假如这个上帝之所以创世，是受到祂在历史终末所将实现的绝对本质性（essentiality/Wesentlichkeit）驱使，就像树苗的成长乃是被将来成为参天大树的本质性所命定，那么黑格尔笔下的上帝也仍旧是不自由的，因为他成为绝对者的过程都被专断的终末本质性所决定。

巴特坚持，上帝三一本体的绝对自由，乃是在基督里拣选人之主权的基础。上帝可以选择不成为在基督里拣选我们的上帝，但上帝的拣选与创造也不是突发奇想，而是三一上帝内在本质最深刻也最贴切的外在表达；上帝在基督里的圣约之爱，完美地对应于圣父、圣子、圣灵之间的爱。在这里我们看到，巴特的实动主义不同于黑格尔、施莱尔马赫等观念论者或科恩等新康德主义者之处就在于，巴特未曾将"存在"约化为"行动"：上帝是"行动**中**的存在"（being-*in*-act），而非"**作为**行动的存在"（being-*as*-act）。[32] "行动中的存在"预设一个动态的本质，在其自身已然是完整且实存的，不需要由外在的决定或行动来构成。

---

32. 虽然巴特曾偶然提出上帝"之为"（as）行动或事件的说法，但他并未将上帝的存在约化为行动或事件。上下文显示，他的用意纯粹在于强调上帝是又真又活的上帝，见 *CD* II/1, 263–264; *CD* IV/3, 47。麦科马克声称，巴特的实动主义传承自马尔堡犹太裔新康德主义哲学家赫曼·科恩（Hermann Cohen）："对科恩来说……人单纯**是**他或她一辈子的认知行动的总和。更广阔地说：人就是他或她的所作所为。从这里到将神性视为实动进行反思，只有一小步的距离——巴特在发表第二版《〈罗马书〉释义》两年半之后就会开始为这一点建构基督论的基础。"见 Bruce McCormack, *Orthodox and Modern: Studies in the Theology of Karl Barth* (Grand Rapids: Baker Academic, 2008), 12。这种诠释有许多牵强的地方，但相关讨论涉及太多前沿巴特研究的问题，在此无法细说，详见拙作 Tseng, *Election and Trinity*, Chap. 1 and 2。

上帝与人在基督里的圣约关系，不是内在于上帝、构成上帝本质或存在的关系，而是"无疑是外在（*nach außen*）于上帝的关系；因为那人以及在他里面被代表的人类子民（*Menschenvolk*）皆是受造者，而非上帝"。[33] 然而这关系却不只是上帝与他者间的互动而已，这关系乃是上帝在不变的三一本体之外所设定的第二种存在方式："这是一段无可收回的关系，因此一旦上帝定意要进入它，并且实际进入了它，祂就不能没有它而仍作上帝。这是一段上帝在其中自我规定（*bestimmt*）的关系，以致这定规性（*Bestimmtheit*）之属于祂，不下于祂在自在自为（*an und für sich*）之所是的一切。"[34]

麦科马克等修正学派读者将此处"规定"（英译：determination）一词误解为"构成"（constitution），造成了严重的误读。[35] 此处"规定"及"自在自为"都是借自黑格尔的词汇。在黑格尔那里，"规定"是指某主体透过与他者互动的历史，在这关系当中确立自我定位的过程。譬如，我在我自身（"自在"）什么都不"是"：透过与父母的关系，我被规定为人子；有了妻子，

---

33. *CD* II/2, 7; *KD* II/2, 6.

34. *CD* II/2, 6; *KD* II/2, 7.

35. 见 Bruce McCormack, "Karl Barth's Christology as a Resource for a Reformed Version of Kenoticism," *International Journal of Systematic Theology* 8 (2006):247; Matthias Gockel, "How to Read Karl Barth with Charity: A Critical Reply to George Hunsinger," *Modern Theology* 32 (2016):260。巴特并未使用康德的 *das Bestimmen*，而是用 *Bestimmung* 以表达"规定"，而麦科马克也承认，此处巴特是借用"德国观念论"的"词汇"。然而麦科马克从未厘清过这词汇的定义，偶尔指出其德国观念论来源时，引用的竟是弗雷德里克·拜塞尔（Frederick Beiser）的通识读本《黑格尔》：Frederick Beiser, *Hegel* (London: Routledge, 2005), 60, 74–75；见 McCormack, "Election and Trinity," 211。麦科马克等修正学派学者从未深究"规定"一词在黑格尔及巴特笔下的含义，因为一旦他们这么做，那么他们赖以声称在巴特笔下"拣选构成上帝三一本质"的文本，就会释出与此相反的含义。

我才成了人夫；有了学生，我才被规定为人师。黑格尔认为，世上万物都是在历史关系中被外物所规定，而精神则是自我规定的：精神创造了世界，并进入世界，透过世界历史当中与他者的关系，规定自身为上帝，亦即绝对精神。这绝对性就是精神的本质性，这本质性并非精神一开始就有的，而是精神终将成为的形态。

巴特坚持，上帝的三一本质本就是绝对的、自在自为的，并非由外物所规定。上帝由拣选的行动所规定的并非祂内在的本质，而是外在于祂本质的第二种存在模式，亦即道成肉身的上帝、造物的上帝、与人立约的上帝。[36] 巴特在上面那段引文中清楚区分上帝"自在自为"之所是（亦即上帝的三一本质），以及上帝"自我规定"之所是：这两者是同一的主体上帝，却是这同一的主体两种不同的存在方式，中间有不可磨灭的区别。上帝内在于三一的必然之爱，是上帝圣约之爱的基础，前者属乎上帝的必然意志（*voluntas necessaria*），后者则出于上帝的自由意志（*voluntas libera*）。

上帝定意与人立约的永恒行动，是全然自由的，但上帝的自由并非"暴君无常的意志"（*Willkür eines Tyrannen*）。[37] 上帝外在的自由意志完美地对应于上帝内在本质的必然意志，而这本质乃是三一上帝"自由且自足、不受条件限制的爱"（*freie und nicht genötigte, nicht bedingte Liebe*）。[38]

---

36. 参 George Hunsinger, *Reading Barth with Charity: A Hermeneutical Proposal* (Grand Rapids: Baker Academic, 2015), 139–142, 127–136。
37. *CD* II/2, 43; *KD* II/2, 22.
38. *CD* II/2, 10; *KD* II/2, 8.

　　换言之，上帝在爱中的自由，在祂三一本质的第一绝对性之外，还有第二层意义上的绝对性：上帝对人的爱乃是绝对自由的，并非由上帝之外的因所驱动，而全然取决于祂自己的决定，此决定并非独断无常的意志，而是上帝三一本质自由的"流溢"（*Überfluß*）："上帝在从爱的主体转变为异于祂自己的被爱者的过程当中的爱之行动，乃是上帝在其自身之爱的流溢……这爱的行动就是上帝在时间及永恒当中之所是。"[39] 不论在三一本质之内，或是在圣约关系当中，上帝的存在都是祂在爱的行动中自由的所是：这是巴特成熟时期"实动主义"最关键的概念。

　　巴特亦将这套以基督为中心的实动本体论用于人论及创造论。他坚持，人并非绝对者，也永远不能成为绝对者：一个人之所"是"，都是被他者所规定的，但终极而言，人类本质的规定，就是上帝在基督里借由拣选的行动与人类所立定的圣约。这是"从上而来"（*von oben*）的规定，是人在本质上的存在。但另一方面，人也"从下方"（*von unten*）被种种历史现象所规定，而世界历史以及每个国族、每个家庭的历史，以至每个人的一生，都是亚当堕落的历史。

　　巴特认为，人的存在（existential being/*Sein*）全然从上方被恩典所规定，同时也从下方全然被罪的行动、抉择、历史、关系所规定，但后者并无任何本质（essential being/*Wesen*），也全然外乎上帝造人时所赋予人的天性（nature/*Natur*）。而既然亚

---

39. *CD* II/1, 280; *KD* II/1, 319.

当不能胜过基督，那么罪对于人来说，就是本体上的不可能性（ontological impossibility/*ontologische Unmöglichkeit*）。这并不是说罪恶都是假象，而是在说，罪恶的诸般现象没有任何所"是"可言：它既非受造者，更非自存者，而在自存的上帝以及受造的万物之外，什么都没有、什么都不"是"。这"什么都不是的东西"（that which is not/*das Nichtige*，翻译成 nothingness 或"虚无"会造成误解）只能够以非理性的方式寄生于上帝所造的世界，但它始终不可能"是"任何事物，因为万物都是上帝所造的。

此处我们再次看见，巴特的实动主义并不排除"本质"与"天性"的范畴，也不把"本质"或"存在"约化为外在于实体的行动、过程、抉择、关系等现象。人在罪恶行动中的存在，完全无关乎本质与实体，但人在上帝恩典行动中的存在，却在本体意义上规定人的本质与天性。巴特笔下"行动中的存在"，不应被误解为"作为行动的存在"，否则当他说罪恶是"本体上的不可能性"时，这断言就毫无意义了。[40]

实动主义在巴特神学当中的地位举足轻重。巴特贯彻"有限者无可承载无限者"以及"罪人不能承受上帝话语"（*homo peccator non capax verbi divini*）的改革宗神学公理，坚持认为上帝的话语必须以受造物为中介，以历史、行动、关系等可感知的形式赐予人，同时又坚持主张上帝的存在不能被约化为这

---

40. 关于巴特人学本体论及神学本体论，见拙文 Shao Kai Tseng, "Barth and Actualistic Ontology," in *The Wiley-Blackwell Companion to Karl Barth*, ed. George Hunsinger and Keith Johnson (Oxford: Wiley-Blackwell, 2019), 739–751。

些过程与现象。[41] 道"成"肉身的圣子耶稣基督就"是"上帝完整的本质：耶稣基督作为上帝在历史行动中的存在，为我们映现出三一上帝在永恒之爱的行动中的存在。

（二）个殊主义：就像实动主义那样，巴特的个殊主义并非一种僵化的神学思维模式。巴特神学当中，纲领原则的形式维度，始终是由具体的内容所主导的。他从不采取一套抽象的纲领原则作为出发点，把这套思维形式硬套在具体、个殊的神学内容上。反之，他总是从基督教信仰的个殊内容出发，以发展他的思维形式。

"就纲领原则而言"（Programmatically），"个殊主义"是指巴特"一以贯之地从殊相（the particular）出发移向共相（the universal）的努力，而非从共相出发移向殊相"。[42] 在 1936 年发展出基督中心拣选论之后，巴特个殊主义的主导原则乃是"一种近乎不顾一切的个殊性，将想象力聚焦于一点，且单单聚焦于这一点：耶稣的名字，祂之为'这一位'的绝对特殊性，是首先的、末后的、至为纯一的"。[43]

巴特用个殊主义回应西方思想史最古老的难题之一，亦即"一与多"或"共相与殊相"的问题。传统上，殊相一般被视为具体（concrete）者，而共相则是由抽象方法（method of abstraction）被人的理智所认知。黑格尔受到新教神学的启发，认为上帝的真理并非一套抽象的形而上学命题，而是具体地启

41. *CD* I/1, 407.

42. Hunsinger, *How to Read Barth*, 32.

43. John Webster, *Karl Barth* (London: Continuum, 2004), 62.

示于历史当中那又真又活的神圣主体。在这一点上，巴特认同黑格尔对传统形而上学的批评，他也采取了黑格尔对"具体"一词的定义（巴特笔下关于"具体"的经典论述可见《教会教理学》II/2，第 602 页），但巴特认为黑格尔的神学乃是按照人类形象造神的伪神学，其所导致的乃是偶像崇拜，因此巴特试图透过黑格尔回到安瑟尔谟乃至宗教改革的正统。[44]

黑格尔认为，所谓的"具体"，是指殊相与共相的结合，也就是在一个定规的殊相当中实现共相的一切。终极的（consummate/*vollendet*）具体性是属乎历史终末的事件，我们当下只能透过反思历史现象来映现终末的具体者，但同时黑格尔也认为，历史的许多个殊现象，都是具体共相（the concrete universal/*das konkrete Allgemeine*）的显现（appearance/*Schein*），而这具体共相就是在历史终末自我规定并自我实现为上帝的绝对精神。哲学家用理性，从历史殊相映现出具体共相的概念，并用此概念来诠释诸般历史现象的意义以及合理性，而这就构成一套世界观（worldview/*Weltanschauung*）的体系。在这套哲学世界观当中，历史上所有合理的殊相在终极意义上都彰显着普遍的神性，而上帝则被约化为一个"绝对者"的共相概念，是人类理性能够测透的。

在黑格尔学者当中，"绝对者"（the absolute/*das Absolute*）这核心概念，采用了名词化形容词，亦即在 *absolut* 这形容词前面加上定性冠词，以作名词使用，而这文法暗示了主语及谓语

---

44. Hunsinger, *How to Read Barth*, 32.

之间的颠倒。西方神学传统经常以"绝对"一词形容上帝或祂的旨意，"上帝是绝对的"或"上帝旨意是绝对的"这样的谓述，或者以"绝对"当做形容词来构成"绝对谕旨"（absolute decree/*decretum absolutum*）这样的术语，在西方神学著述当中十分常见。黑格尔主张"生成"规定"存在"，一个东西"是"什么，乃是由它的行动、历史、抉择、与他者的关系所规定的，在这样的过程之前，这个东西什么都不"是"，也因而并无真正的存在。这就意味，"成为绝对者"这过程是先于上帝的存在的；在自我规定为绝对者之前，上帝什么都不"是"。换言之，上帝并非永恒地、自在地就"是"绝对者。

因此，黑格尔言说上帝的方式，与传统西方神学有着耐人寻味的差异：传统西方神学说"上帝是绝对的"（God is absolute），而黑格尔则说"绝对者是上帝"（The absolute is God）。由于"绝对"一词本来是形容词，它在所谓述的主语之外，在其自身是抽象（亦即未实现、不存在）的。诚然，黑格尔也会以形容词的方式使用"绝对"，譬如他讲述"精神"如何自我规定为"绝对精神"，但他也会说，精神这主体在这自我规定的过程之前，是未被谓述而抽象的。为了避免抽象思考（亦即设定一个不具主语的谓语，或是一个不被谓述的主语），黑格尔在"绝对"等名词化形容词以及其所谓述的一切主语之间，设定了终极的同一性，并强调谓语所描述的过程在本体上先于主语。

巴特严厉拒斥黑格尔颠倒主谓关系的哲学。当我们说"上帝就是爱"，却又采取黑格尔这套思维模式时，我们就会以

"爱"人世间诸般的个殊现象为出发点,去推论出"爱"的具体共相,然后说这个共相就是上帝。换言之,基督教坚持"上帝就是爱",黑格尔的这种思维方式,却导致十九世纪一众神学家的神学言说在实质上变成"爱就是上帝"。

巴特坚持,上帝是爱,但爱不是上帝。上帝不是人按照自己个殊的形象可以去臆测得出的共相。在一切涉及"上帝是"的谓述当中,主谓关系是不能颠倒的。巴特的个殊主义意味,他"从不先在普遍的基础上去问什么可能是真实或有意义的,进而将神学谓述塞进这套框架当中"。[45] 在任何涉及"上帝是"的谓述当中,上帝始终是主语,祂的主体性是不可扬弃的。

譬如,在"上帝是存在"(God is being)这谓述当中,主谓次序万不可颠倒:"被赋予纯一性(Einfachheit)和纯粹实动性(reine Aktualität)的存在并非上帝,反之,上帝是存在(Gott is das Sein)。我们信心与祈祷的对象并非存在,而是上帝。"[46] 在本体层面上赋予谓语优先于主语的地位(以及让"生成"来规定"存在"),无非是重蹈黑格尔的覆辙。巴特指出,"黑格尔笔下那活着的上帝……,其实就是活着的人"。[47]

巴特反对黑格尔试图透过"具体共相"来发展世界观的那套哲学,并诉诸施莱尔马赫的洞见,坚持说神学必须始终聚焦于**个殊性**。施莱尔马赫在生涯早期已经开始发展个殊主义,主张说宇宙的无限性乃见于"殊相当中最细微之处",因为"直

---

45. Ibid.
46. *CD* II/1, 564; *KD* II/2, 635.
47. *PTNC*, 405.

观的领域正是因这独立的殊相而如此无限"。[48] 到了成熟时期，施莱尔马赫将他神学出发点的个殊性聚焦至"救赎主的个殊生命"，发展出一套以基督为中心的个殊主义。[49]

然而，巴特早在 1936 年以基督论修正拣选论之前，就已经洞悉到施莱尔马赫的谬误：施莱尔马赫的个殊主义会导致殊相在普遍的宇宙事件当中彻底被溶解，因为他始终将有限的殊相及无限的共相视为一体的两极。这是典型的浪漫主义思想，英国诗人柯勒律治（Samuel Taylor Coleridge, 1772–1834）说"一粒尘埃包含着宇宙"（a grain of sand includes the universe），布雷克（William Blake, 1757–1827）在"纯真的启示"（Auguries of Innocense）一诗中的"一沙一世界，一花一天堂"，都是在表达这种浪漫主义的泛神论世界观。这与道家"太仓见稊米"的思想，颇有异曲同工之妙。

巴特在 1936 年《上帝恩典拣选》一书中提出，施莱尔马赫这种浪漫主义思想的错谬在于，施莱尔马赫用"人类历史的体系"来阐述基督的个殊性，而这无非是一种基督一元论或泛基督论（Christomonism：基督就是世界的本质、人类历史的本质）的"思辨世界观"（spekulative Weltanschauung）。[50] 所谓"世界观"是指对世界的"直观"（intution/Anschauung），也就是对世界"直接的认知"。康德指出，人的智性无法直观事物自身；

48. Friedrich Schleiermacher, *On Religion: Speeches to its Cultured Despisers*, ed. and trans. Richard Crouter (Cambridge: Cambridge University Press, 1996), 27.
49. Friedrich Schleiermacher, *The Christian Faith: A New Translation and Critical Edition*, trans. Terrence Tice, Catherine Kelsey, and Edwina Lawler (Louisville: WJK, 2016), 751.
50. Barth, *Gottes Gnadenwahl*, 25.

人心灵当中的概念，都是先由感官去直观外物，再由智性及想象力去整合出来的。唯有上帝能够用全知的智慧来直观祂所造万有的本质。施莱尔马赫在早期著作当中提出，宇宙无限的本质其实能够被我们直观到，因为有限者与无限者其实是一体的两极。诚然这不是智性直观，而是感性直观，但每次直观都与某种感受（Gefühl）相连。直观周遭世界时所带来的绝对依赖的宗教情感，以及需要被救赎的感受，让我们与基督产生联结。按照巴特的理解（也可能是误解），施莱尔马赫在晚期著作当中说，诚然只有在基督里，人才能找到救赎，因为这种宗教救赎的情感唯有在耶稣基督这人里面无与伦比地被彰显出来，而这种情感能够透过圣灵实现于信徒的生命当中。蒙救赎的选民被赋予基督的生命，能够借由直观世间敬虔气氛的个殊表现而感受到无限的上帝。如此，在施莱尔马赫笔下，他不遗余力去强调的基督个殊性，就难免在"世界观"的概念当中化解为"关乎恩典终极而普遍地胜过审判、关乎渐进而于终末获胜的万物复原的断言"。[51]

巴特在成熟时期的拣选论当中，试图贯彻施莱尔马赫的个殊主义，并克服施莱尔马赫所面临的难题。许多学者都未能发现，当巴特从 1936 年开始提出"众人"（指全人类）在基督里蒙拣选时，他笔下的"众人"是指被圈在不顺服中的亚当族类的抽象共相，而"基督"则是借由怜恤众人的恩典拣选，扬弃这罪恶共相的个殊者（参罗 11:32）。

---

51. Ibid.

　　换言之，巴特笔下"全人类在基督里蒙拣选"一说，并非普遍主义或普救论（universalism）的宣告。反之，这是个殊主义（particularism）的宣告：全人类皆在**基督**里蒙拣选，而基督所受的弃绝，就扬弃了"全人类"的抽象普遍性。若不强调基督在祂的个殊性中为我们所受的弃绝，那么任何关于全人类所蒙之拣选的陈述，都会被化解为某种普遍主义、普救论的抽象共相。

　　抽象共相性不属乎基督，而属乎亚当："当我们论及亚当的罪时，我们是在论述我们众人的罪。亚当的名字告诉我们，我们全人类的现实是什么。"[52] 抽象共相性只能描述上帝将众人所圈在的不顺服之牢笼。"基督的名讳并不涉及这意义上的'众人'。"[53]

　　基督的名讳是绝对个殊的。"在这名讳当中早已蕴含了那个殊性：这个人、受膏者、基督！它乃在乎［从众人中］被拣选出来（Auswahl）。"[54] 上帝并未直接拣选全人类。上帝是从受咒诅的芸芸众生（massa perditionis）中拣选了这一个人，然后才在祂里面使我们间接与祂同蒙拣选。

　　"拣选指涉从众生之普遍性（Gesamtheit aller）中被呼召出来，而它因此指涉运动（Bewegung）与事件"，亦即从十字架跋涉至复活的运动与事件。[55] 倘若众人是直接蒙上帝拣选，那么众人所蒙受的拣选就无异于化解特殊性的万物复原事件了。

---

52. Ibid., 45.
53. Ibid.
54. Ibid., 45–46.
55. Ibid., 46.

众人（普遍性）在**基督里**（特殊性）所蒙的拣选，乃是基督之为上帝独特选民的个殊性扬弃众人不顺服之牢笼的事件。这彻底排除了普遍主义的拣选论，亦即普救论："上帝将众人都圈在不顺服之中，特意要怜恤众人（罗 11:32）。众人：从上下文的含义看来，这无疑是指：众人，即祂在耶稣基督里定意要而且必定会怜恤的人——因此关于永恒万物复原的臆测在此没有任何空间。"[56]

当然，还是有人会问：既然全人类都在基督里被拣选了，这岂不意味巴特虽然批评普救论，但他仍主张全人类都将蒙救赎？关于"巴特是普救论者"的迷思，我们在下一章会讨论这问题，但简单的答案是：巴特自 1936 至生涯末期，都一贯主张，上帝在基督里的启示清楚显明，当基督再临时，蒙拣选与被弃绝的人将会被分开。而他论证这主张的方式，虽然并不尊重圣经文本的字义，但在神学论证上也并不自相矛盾。

（三）**客观主义**："客观主义"这母题，是指耶稣基督所成就的一切，都是"在我们以外"（*extra nos*）客观成就的，亦即在我们主体认知、经验、存在之外已然成立，不在乎我们主观的信心与顺服。这母题"有两个重要的向度。其一关乎对上帝的认识，其二关乎基督里的救恩"。[57]

巴特的客观主义是在 1920 年代学习古典改革宗神学时逐渐成形的。他发现改革宗教义区分救赎的客观面与主观面，亦即救赎的成就与施行（redemption accomplished and applied）。救

56. Ibid., 27.
57. Hunsinger, *How to Read Barth*, 35.

赎论（doctrine of the atonement）探讨基督"在我们以外"已然成就的救赎，但正如加尔文所言，只要我们仍在基督以外，那么祂为我们所成就的一切，就于我们没有任何益处。唯有当全然败坏的人因圣灵使人重生的工作蒙赐信心，使信徒因信与基督联合时，基督所成就的一切才会归予信徒。救恩论（soteriology）所探讨的，就是圣灵"在我们里面"（*in nobis*）施行救赎的工作。

巴特将古典改革宗的教义应用于认识论，以克服现代哲学的挑战，特别是德国观念论。他诉诸路德维希·费尔巴哈（Ludwig Feuerbach, 1804-1872）及大卫·弗里德里希·施特劳斯（David Friedrich Strauss, 1808-1874）的论证，揭示了黑格尔与施莱尔马赫的偶像崇拜。费尔巴哈与施特劳斯都曾以黑格尔的追随者自居，也都深受施莱尔马赫的影响。他们二人以黑格尔及施莱尔马赫的核心思想为出发点，最后都得出了唯物论的结论。

费尔巴哈的用语，在巴特笔下尤为频见。费尔巴哈从黑格尔及施莱尔马赫的神人同一性概念出发并总结道，神学的本质不外乎"人学"（*Anthropologie*，对人性的研究），而宗教的本质——至少基督教的本质——不过是偶像崇拜。费尔巴哈的论证大致如下。黑格尔说，所有的主语都被谓语所定义或规定；一个缺乏谓语的主语或主体，是抽象而空洞的。施莱尔马赫说，每个有限个体，都是那无限者的局部彰显。但假如我们接受黑格尔的出发点，那么"上帝"或"神"这概念就是由源于物质世界的诸般谓语所定义的。譬如，在"上帝就是爱"这谓述当中，"上帝"的概念，无非是由世间诸般爱的行动所投射出来的共相。而倘若我们接受施莱尔马赫的出发点，那么基督徒所敬拜的上帝，无非就是人性自身的无限性，从个体的有限性被释放出来。如此，基督教的本质就是偶像宗教：人按照自己的形象投射出一个假客体，并称之为上帝。而这意味，基督教神学所研究的神性，无非就是人类自己的天性。换言之，诚然每个人都是有限的，但既然有限者的本质就是无限者，那么所谓的"神性"，其实就是人类的天性。

巴特有句名言："正确神学的起始点，正是费尔巴哈与施特劳斯所揭示的难题被看穿且被嘲笑的那一点。"[58]此开端正是神学知识——人对上帝的认识——的客观性之成立，以拒斥后康德时期观念论的神学主体转向（theological turn to the subject；简单来说，就是以人为主体，以致神学与以基督为名的宗教沦为"人找神""人按照自己形像造神"的偶像宗教）。这正是巴特"客观主义"的关键所在。

巴特神学发展至成熟时期，用基督中心拣选论结合了客观主义的认识论及救恩论向度。巴特主张，人类的救赎在本体上全然由基督"从上方"（from above/von oben）的恩典所定义或规定，这与施莱尔马赫及后来十九世纪盛行于德国神学那种"从下方的基督论"（Christology from below/Christologie von unten）大相径庭。"从下方"的神学主张，上帝一切所是，都是被世界、被历史所定义的，而巴特强调，受造的世界以及任

---

58. Barth, *Protestant Theology*, 554.

何历史现象，皆无法改变上帝在基督里已然预定的恩典。圣经所揭示的圣约历史，亦即耶稣基督临在的历史，从降生到升天，直至将来再临，不但是信徒真实得救的客观基础，也构成了信徒认识上帝之行动与本质的客观基础。至此，圣经也被描述为客观的见证，其之为上帝话语，并不取决于读者的回应。我们下一章讨论巴特的圣经观时，会进一步说明。

（四）位格主义：此处"位格"亦有"人际"的意思，我通常会交替使用"位格主义"及"关系主义"（relationalism），但我们必须注意，这并不是黑格尔或当代社会三一论（social trinitarianism）那种否定实体，或将"本质"与"实体"的概念彻底约化为关系与行动的那种关系主义。巴特的位格主义所强调的是，上帝乃是又真又活的主体，而不是一套抽象真理；祂是实体，祂有本质，但祂是具体的实体，不是抽象的实体；祂的本质乃是三一位格永恒互动中的本质。换言之，巴特的位格主义与实动主义，乃是相辅相成的。

位格主义提醒我们，在解读巴特文本的时候，不可单方面强调他在救恩论上的客观主义。这是柏寇伟以及许多福音派读者常犯的错误。柏寇伟称，"在巴特的救恩论当中，我们直面恩典凯旋之普世性［亦即普救论］的问题"。[59] 根据柏寇伟的说法，如果基督胜过罪、恶、死亡的现实是已然客观成就的永恒现实，从上方定义了人类以及万有的本质，那么我们的生命以及世界历史的结局都已然被预定，这样一来，信与不信这存在意义上

---

59. Gerrit Berkouwer, *The Triumph of Grace in the Theology of Karl Barth*, trans. Harry Boer (London: Paternoster, 1956), 262.

的（existential）现实，就不具任何意义了：换言之，不管一个人信或不信，都必然得救，因为人生下来在本质上就已经联于基督，不需要借由信心与基督联合。[60]

这种诠释忽略了巴特赋予"本质"一词的位格际含义，亦即这概念的关系主义维度。稍早提到，巴特强调上帝的三一本质，有永恒不变的位格际关系与互动。这既是不变的本质，亦是动态的本质。内在于上帝的三一本质，是圣约关系的原型（archetype/Urbild），亦即上帝与人类在耶稣基督神人二性的位格及历史中所立定的圣约。巴特在《教会教理学》III/2 当中提出，耶稣基督就是上帝赋予人的上帝形像（imago Dei）。"'形像'一词"意指"两种关系之间的对应（correspondence/Entsprechung）及相似性"，亦即"上帝之所是的内在关系"，以及"上帝之所是与人之所是之间［的关系］"。[61] 这"不是一种本质上的对应或相似，不是实体类比（analogia entis）"，而是一种"关系类比"（analogia relationis），此类比能够成立，乃在乎一个"事实"，亦即"上帝借之设定祂自己为三一上帝的自由，与祂借之作为人类的造物主、人能够作祂的受造物的自由、造物主–受造物的关系能够被造物主确立的自由，乃是同一的自由"。[62]

巴特坚持，上述"造物主–受造物的关系"并非一种抽象的共相概念，而是一段个殊的关系，亦即基督作为拣选人的上

---

60. Ibid., 296.
61. *CD* III/2, 220.
62. Ibid.

帝以及被拣选的人之间的关系：内在于三一本质的关系乃是这外在关系的"原版"（Urbild），而基督的神人二性则是三一本质的"复刻"（Abbild）。[63] 基督就"是"原初的上帝形像，这不只是因为祂与父同质（正如古典西方神学已经提出的），更是因为三一本质与基督位格之间的关系类比。

此处巴特是在发挥古典改革宗传统当中至关重要的"复刻神学"（ectypal theology），以及其所预设的"原版–复刻之分"（archetype-ectype distinction）。弗朗西斯科·优尼乌斯（Franciscus Junius, 1545–1602）的《论真神学》（De vera theologia）是十七世纪改革宗经院学派几乎所有学生必读的课本，他在其中提出，神学知识必然是"类比"（analogical）知识，而这类比在乎"原版神学"及"复刻神学"之间："神学要不就是原版的，这无疑是上帝自己的智慧，要不就是复刻的，由上帝所创造形塑。"[64] "原版神学"（theologia archetypa）是指上帝的自我认识，这是人一切知识的源头，然而人对上帝以及万有的认识，只能类比于上帝的智慧，却在本质上始终不同于上帝的智慧。"原版神学是上帝关于神圣事物的智慧。诚然，我们只能敬畏仰望之，而不试图将它勾勒出来。"[65] "复刻神学"（theologia εκτυπος）则是信徒基于信心，从上帝以受造媒介赐予的自我启示所得到的类比知识。"复刻神学，不论在其自身，或如一些人所说的，在与他者的关系当中，都是关于神圣事物

---

63. *KD* III/2, 262.

64. Franciscus Junius, *A Treatise on True Theology*, trans. David Noe (Grand Rapids: Reformation Heritage Books, 2014), 104.

65. Ibid., 107.

的智慧，这是上帝为了自己的荣耀，按照祂自己作为原版，透过恩典的传递所创造形塑出来的。"[66]

在奥古斯丁以降的整个西方神学传统当中，上帝的自我认识乃是以上帝的三一关系本质为基础的：上帝是这神圣知识的主体、对象、行动，正如上帝就是爱。而改革宗神学的"复刻神学"，也因此具有强烈的关系主义维度，正如优尼乌斯在上述引文中所言，复刻神学同时具有"在其自身"（本质）以及"与他者的关系"的维度。而人之所以能够拥有神圣知识的复刻，是因为上帝按祂的三一形像造了人。一反当代一些福音派学者所言，这种观点是西方古典神学以及改革宗正统的传统观点，而不是现代关系主义神学以及所谓"新正统"神学的发明。古典改革宗神学在启示论上预设了造物主–受造者之间在本体层面上的原版–复刻类比关系，并在这意义上使用"上帝形像"一词。

巴特的创见在于，他主张唯有耶稣基督在严格意义上就是古典西方神学以及改革宗正统所说的"上帝形像"，而全人类都是按照基督神人二性的圣约关系受造的。"在这［基督里的圣约］关系中，上帝在祂本质之外（nach außen，亦即 ad extra）重复了在祂内在神圣本质当中专属于祂自己的关系。祂进入这［外在］关系，并创造了祂自己的复刻（Nachbild）。"[67] 人的本质既是（如古典神学所言）由上帝形像所形塑的，而（如巴特所主张）上帝形像就是耶稣基督，那么耶稣基督这人与上帝的关系，

---

66. Ibid., 113.
67. *KD* III/2, 260.

就是人之为人的本质。正如父、子、圣灵是在绝对自由当中彼此相爱的位格，也正如三一上帝是在绝对自由当中爱我们的上帝，巴特所论述的"这人性本质（*dieses Menschen Wesen*）彻头彻尾"是由"为上帝而存在"（*für Gott zu sein*）的相爱关系所"构成"的。[68]

上述三一位格际关系的"重复"（repetition/*Wiederholung*），并不止于道成肉身。人类的本质**全然**是由上帝与耶稣这人的关系所规定的，这本质诚然外在于每个人自身（*extra nos*）的主观处境而成立（客观主义），但每个人在自己生命当中与上帝的关系，也**全然**取决于圣灵在我们每个人里面（*in nobis*）一次次重演并实现基督在我们以外已然成就的信心及顺服（实动主义）。换言之，基督在彼时彼处已然完美成就的工作，由圣灵在每个信徒作为位格人，于其在基督里对上帝信靠顺服的相爱关系中，一次又一次地以一种复刻的、类比的方式不断上演（位格主义、关系主义）。

我们可以用三个时态来理解人与上帝的关系。在救恩的完成式（perfect tense），亦即上帝在基督里已然一次成就而永远有效（once for all）的现实当中，人之为人的本质就是上帝立约的对象、上帝的圣约伙伴，这预定（预先规定：*vorherbestimmt*）的现实，是我们生命与人类历史当中任何现象、事件都无法撼动的。在救恩的现在式（present tense）当中，圣灵一次又一次（again and again）在每个信徒以及基督新妇（教会）身上重

---

68. *KD* III /2, 82.

新上演、重新实现耶稣这人对上帝的信靠与顺服。这并非尼采笔下那种无意义的永恒轮回，因为救恩还有第三个时态，亦即未来式（future tense）：圣灵在人类历史上不断重现的圣约历史乃是有终极目的进程，正如圣灵在每个信徒身上一次次重复从死亡到复活的生命道路，乃是与日俱增（more and more）的天路历程。就救恩的完成式而言，人之为人的本质（essence/*Wesen*），就是上帝与我们在基督里的圣约关系，这是已然成就而不可改变的。就救恩的现在式而言，信徒与上帝的关系，全然取决于每个人在圣灵的带领下，每日与基督同行那通往复活的道路。论及救恩的未来式，我们的本质性（essentiality/*Wesentlichkeit*）乃是尚待实现的现实，亦即我们作为上帝儿女却仍在等候的儿女名分、我们已然脱离取死身体却仍在等候身体得赎的盼望（参罗 8:23–25）。

当然，巴特的论述虽然看上去与改革宗救恩论的"已然、未然"（already but not yet）十分相似，但他本体论的基督中心论、客观主义、实动主义维度仍令人好奇：究竟每个信徒在当下的个人生命中与上帝的关系，亦即英美福音传统传承自约拿单·爱德华兹（Jonathan Edwards, 1703–1758）与约翰·卫斯里（John Wesley, 1703–1791）的敬虔生活重心，是否会影响那人在将来审判宝座前的名分？巴特的答案其实是肯定的，但他的神学本体论，却难免使得他关于成圣、顺服的说辞略显苍白无力。我们在第三章会详细讨论这点。

（五）实在主义：巴特强调，人类对上帝的知识是复刻知识，必须以历史的现实（historical reality）为媒介，因此启示不可能是非历史性的（ahistorical）。圣经所叙述的事件，必须真实地在我们所处的历史时空当中发生过。然而，巴特拒绝用现代历史学科的批判方法来判断圣经历史断言的真实性（本书下一章会详述巴特关于启示与历史现实以及圣经叙事的看法）。信徒对上帝的认识既是以上帝历史性启示为媒介的复刻知识，那么类比神学（analogical theology）的认识对象，就是实在的对象，而不是人类语言或心灵的杜撰：这就是巴特的"实在主义"，类似于安瑟尔谟的"实名论"（realism）。虽然巴特神学保留了唯名论（nominalism）对宗教改革的一些重要影响，但巴特绝非范泰尔所说的那种极端唯名论者或怀疑论者（sceptic）。

最近三十年，巴特的实在主义在稍早提到的修正学派影响下，在学界变成了一个较为复杂的课题。修正学派承认巴特的神学偏向实在主义，但他们严重忽略甚至否认了安瑟尔谟对巴特的影响，又过度强调新康德主义在巴特思想中的重要性，以致他们主张，巴特的实在主义乃是一种"批判实在主义"（critical realism）。根据他们的理解，我们的经验乃是以时间及空间为条件形式，而那些在我们经验当中看似实在的事物，并非真正、客观地实存在我们的经验以外（这是一种现象主义形态的康德主义，或新康德主义）。当然，修正学派的学者有时又会说，根据巴特所传承的康德主义思想，我们的经验全然是从外物而来的。正如瞿旭彤所言，究竟巴特所传承的康德主义是由经验实在主义所主导的古典康德主义，抑或现象主义形态的马尔堡新康德主义，以麦科马克为首的修正学者似乎在这问题上摇摆不定。[69] 不论如何，修正学派认为，对于"什么才是实在的"这问题，巴特从（新）康德（主义）所学到的答案是：唯有上帝的智慧是这问题的客观参照点，但这参照点却在历史时空之外，也因此在我们可知的范围之外。如此一来，我们如果能够客观实在地认识上帝以及祂所造的一切现实，那么我们就必须在上帝的存在、上帝的本质里面设定一个超越性与时空临在性之间的"实在辩证"。[70]

这种诠释无非是在巴特主要文本之外重构了一个"历史上的巴特"以及"他"的思想生平，这做法相当类似保罗新观（New Perspective on Paul）用重构的"历史上的保罗"来解构保罗文本。针对麦科马克关于"实在辩证"的论点，巴科指出，除了"在第一代辩证神学家中间以及周围的人当中"出现过"少数几次提到这概念"的文本，包括巴特与图奈森的一次通信，其中图奈森偶然论及，"在巴特其他的作品当中它从未被提到，也没有任何迹象显示它在巴特笔下有系统化的用途，以主导他的神学计划"。[71]

我们还可以继续着墨于修正学派所谓的"批判实在主义"，但这会涉及许多巴特研究前沿的学术问题，而这显然不符本书的目的。有兴趣深入研究这问题的读者，可以参考巴

---

69. Thomas Xutong Qu, "Kritischer musste Kants Kritik sein: Eine nachkantische Interpretation von Barths Beziehung zu Kant unter besonderer Berücksichtigung der Religionskritik Barths," in *Gottes Gegenwarten: Festschrift für Günter Thomas zum 60. Geburtstag*, ed. Markus Höfner and Benedikt Friedrich (Leipzig: Evangelische Verlagsanstalt, 2020), 56.

70. 见 McCormack, *Barth's Dialectical Theology*, 130。

71. Baark, *The Affirmations of Reason*, 15.

科 2018 年的专著《对理性的肯定》，以及笔者 2022 年的研究成果《三一论与拣选》（*Trinity and Election*），它们在前文已经简单介绍过。总之，我们只需记得，巴特的实在主义乃是他在原版-复刻类比的启示神学基础上，对启示的历史实在性的肯定。

（六）**合理主义**：亦可译为"理性主义"。杭星格教授坦言，这并不是个理想的词汇，因为它会令人联想到启蒙运动的唯理论（rationalism），而这种始于笛卡尔的思辨法，恰好是巴特诉诸安瑟尔谟以拒斥的。[72] 杭星格教授用"合理主义"来形容巴特的神学，是为了显示巴特对理性的肯定。巴特坚持，人的理性虽因有限而无可承载无限的上帝，更因堕落而无法承受上帝的话语，但上帝在耶稣基督里的启示，透过圣灵所实现的信心及顺服，就在信徒的理性当中形塑出复刻知识（ectypal knowledge）。这复刻知识并不直接类比于上帝的自我认识，亦即原版知识（archetypal knowledge），而是首先透过圣灵实动的工作而类比于耶稣之为人，在完美的信心与顺服当中对上帝的认识。基于改革宗"外分加尔文主义"（*extra Calvinisticum*）的基督论原则，以及《迦克墩信经》（Chalcedonian Creed）驳斥亚坡里拿流主义（Apollinarianism）而宣告基督同时拥有上帝的智慧以及人的"理性灵魂"的教理，巴特提出，耶稣之为人（as a man）对上帝的认识，也是复刻知识而不是原版知识。耶稣基督之为人对上帝的认识，类比于祂之为上帝（as God）的自我

---

72. Hunsinger, *How to Read Barth*, 49.

认识，亦即圣子对圣父、圣灵的认识，而祂之为上帝的智慧，才是神圣的原版智慧。[73]

但既然上帝已然在基督里借由圣灵透过圣经将自己启示给教会及信徒，那么隶属于教会的教理学，就真的是一门理性知识的学科，能够客观地类比于上帝的原版智慧。[74]巴科也正是在这意义上，将他论述巴特的专著定题为巴特"思辨神学"（speculative theology，亦即类比神学）"对理性的肯定"。

巴特坚持，神学是一门以上帝为研究对象的"科学"（Wissenschaft）。事实上，这并非他的创见。在巴特之前，巴文克就已经开始宣扬这观点。徐西面博士2022年发表于德国权威学术出版社的巴文克研究大作，书名正是《神学作为上帝的科

---

73. "外分加尔文主义"一词，是十六世纪路德宗神学家对加尔文基督论思想的谑称，后被改革宗神学接纳。路德主张，基督神人二性的"属性相通"（communicatio idiomatum）包含了"权能相通"（genus maiestaticum），亦即将上帝"不可归予的属性"（attributa incommunicabilia）归予基督的人性，致使基督不但按神性拥有无限的权能及智慧，按人性说，亦被赋予全能、全知的属性。路德称，基督升天后，身体与宝血亦被赋予了全在性，因此能够同时在全能父上帝的右边，又临在于圣餐桌上。加尔文坚持，"有限者无可承载无限者"（finitum non capax infiniti），而耶稣有限的人性不可能承载无限的神性。诚然耶稣之死是圣子之死；诚然耶稣之为人的母亲马利亚是上帝之母。但这是由于基督的位格不能不一分为二，因此祂所是（genus idiomatum）以及所做（genus apotolesmaticum）的一切，都是对于整个位格的谓述。但我们必须强调，被钉死于十字架的那一位**是上帝**（is God），却并非**作为上帝**（as God）被钉死的。同理，基督作为人，始终不可能被赋予全知、全能、全在、自存、不变等属性。祂之为人（as a man）对上帝的认识，始终是复刻知识，尽管祂之为上帝（as God），拥有上帝完美无限而直接的原版自我认识。至于基督究竟只拥有上帝的智慧，抑或也有人的理性，是《迦克墩信经》清楚界定的：基督按人性说，有"理性的灵魂"。后来中世纪的"基督一志论"（monothelitism）主张基督只有上帝的意志而没有人的意志，也被定为异端。这在神学上不会有任何争议（至少不该有任何争议）。

74. 见 Hunsinger, *How to Read Barth*, 49–53。

学》(*Theology as the Science of God*)。[75] 那么他们为什么要称神学为科学呢？他们所谓的"科学"，又是什么意思呢？

简单来讲，欧洲语言当中的"科学"一词，并非单指自然科学，而是指各门以特定场域为研究对象所构成的知识体系。物理学研究物理现象，数学研究数学概念，语言学研究语言现象，符号学研究语言符号等。这些学科的研究对象，都能被人认知，而由于这些对象所属的场域都有特定的合理秩序，因此人们对这些对象的研究，能够构成知识（ *das Wissen* ），乃至知识的体系（ *Wissenschaft* ）。

神学是一门科学：这意思是，上帝不但是人应当信靠的对象，也是人能够认识、理解的对象。而既然上帝就是原版的智慧、原版的理性（上帝是纯一的，因此祂不止"拥有"智慧，祂更"是"智慧自身），那么人就能够用复刻的理性去研究上帝，并且建构一套关于上帝的知识体系。英文的 science 源于拉丁文的 *scientia* ，大致上就是"知识体系"的意思，而自中世纪乃至十八世纪中叶，不论是教会的启示神学，抑或理性神学、自然神学作为哲学意义上的形而上学至高分科，都具有不可撼动的科学地位。

然而到了十八世纪下半叶，神学的科学地位在欧陆及英伦开始受到一些特定启蒙运动思潮的挑战，尽管多数启蒙运动大思想家都坚信神学是一门科学，也致力于发展学术神学。康德在现代思想史上，是重要的分水岭。尽管他为启示的必要性辩

---

75. Ximian Xu, *Theology as the Science of God: Herman Bavinck's* Wetenschappelijke *Theology for the Modern World* (Göttingen: Vandenhoeck & Ruprecht, 2022).

护，并将信心的理性确据置于知识之上，并极力拒斥早期现代欧陆唯理论那种试图以上帝视角看上帝、试图以人的理性为出发点建构正统神学家所谓"原版神学"的傲慢，但康德对人类理性的批判，却遭到了广泛的误解及误用，以致在康德之后，受过高等教育的欧洲人广泛地认定，"上帝"不但是不可测透的（incomprehensible），更是个不可知的（unknowable）概念。确实，正统神学主张上帝在本质上（per essentiam）不可知，但正统神学在启示的基础上指出，人可以借由上帝透过受造媒介的自我启示，获得对上帝的复刻知识。其实这正是康德要申论的论点，但由于他的著作对于当时的哲学家来说过于艰涩，因此遭到了误解：人们以为，康德的哲学彻底否定了神学的科学性。[76]

在康德之后，欧陆许多新教神学家及哲学家出于护教的动机，为神学的科学性提出了各种解释，但十九世纪出现的诸般欧陆学术神学，几乎清一色地采取了一个策略：把不是上帝的东西说成是上帝的一部分、上帝的显现等，然后声称研究这些不是上帝的对象，其实就是研究上帝。渐渐地，所谓的"神学"，就不再以上帝为研究对象了，学术神学这门学科，在本质上变成了历史研究、思想史研究、教义史研究、文本研究、宗教现象研究、社会研究等。在巴特看来，这就是所谓自由派神学的共相，而这样的学问固然具有科学性，却不是关乎上帝的学问：如稍早所述，他诉诸费尔巴哈的洞见，指控这种学术学

---

76. 见拙作 Tseng, *Immanuel Kant*, 14–16。

科为伪装成神学的人学。

值得一提的是，巴特在 1940 年出版的《教会教理学》II/1当中赞扬巴文克："在较新的教理学著作中我只知道一位，就是荷兰改革宗神学家巴文克，似乎认知到了上帝的不可测透性。"[77] 巴特认为，在他所知的所有现代教理学家当中，只有巴文克真正以上帝为学术神学研究的对象，因为巴文克所建构的乃是建基于上帝话语、上帝启示，并预设上帝不可测透性的复刻神学。可惜，巴特不谙荷兰文，只能凭着他德语、英语、拉丁语的知识，略读巴文克的著作。不论如何，巴文克的那种学术神学，正是巴特自早期开始便意图建构的。

巴特 1915 年与自由派决裂后，就开始寻找建构以上帝为研究对象的学术神学的方法。如稍早所述，他一度着迷于克尔凯郭尔在"无限本质差异"的基础上所建构的辩证法，后来发现了改革宗正统。而按照巴特自己的说法，"真正记录我彻底转离以哲学或人学的基础［建构］基督教教义的作品……是我 1931年论述安瑟尔谟的上帝存在论证的那本书"。[78] 安瑟尔谟"信心追求理解"的类比法，强调上帝自身远大过人类心灵所能承载的"上帝"概念，人对上帝的认识，只能够是类比的认识。根据巴特对安瑟尔谟的解读（我认为是正确的），安瑟尔谟不似笛卡尔那样从人类理性当中的"上帝"概念出发，去论证上帝

---

77. *KD* II/1, 208; *CD* II/1, 186.

78. 见 Karl Barth, "Parergon: Karl Barth über sich selbst," *Evangelische Theologie* 8 (1948):272。巴尔塔萨引用过这段话：Balthasar, *The Theology of Karl Barth*, 93。麦科马克否定了这段引文的重要性，而巴科 2018 年的专著有力地驳斥了麦科马克的论点。参 McCormack, *Barth's Dialectical Theology*, 2, 421–441; Baark, *The Affirmations of Reason*, 4, 14–19。

的存在，而是要申论，假设圣经所指向的上帝不存在、假如上帝不是圣经所揭示的上帝，那么我们就无法理解自己心灵当中"无限者"的概念。对安瑟尔谟来说，任何抽象的"无限者"概念，都可以合理地被我们推论为不具有实存指涉的概念；"无限者"的概念套用在任何上帝之外的事物上，都会变得自相矛盾。譬如，安瑟尔谟的论证形式，并不能用来证明有一座无限大的岛屿存在，因为"岛屿"在概念定义上就是四面环海的陆地，而一旦这陆地变得无限大，它就无法被大海包围，也就不再是岛屿了。这套论证，只能用来证明圣经所启示的上帝是存在的。如此，安瑟尔谟乃是先用信心认识了圣经所启示的上帝，再进一步去解释自己理性当中的"无限者"概念，并以此理解圣经所启示的上帝。

巴特发现了安瑟尔谟的类比法后，决定放弃当时已然开始书写的教理学巨著，重新以《教会教理学》为题，开始他神学生涯最重要的计划。巴特在《教会教理学》当中，用安瑟尔谟"信心追求理解"的"追求"（quaerere）一词，定义神学之为科学对上帝的"研究"（inquiry/Forschung）。[79] 巴特在《教会教理学》I/1 当中重申他在《安瑟尔谟》一书中的论点：神学研究"预设，基督教论说上帝的真实内容能够被人认识。它提出这预设，因为它在教会里、与教会一同相信耶稣基督作为上帝对人的启示性以及复和性（亦即救赎性）言说"。[80]

耐人寻味而经常引起误会的是，巴特虽然主张人的理性能

---

79. *KD* I/1, 10; *CD* I/1, 11.
80. *CD* I/1, 13.

获得对上帝的类比知识或复刻知识，也主张说这套知识能被称为"科学"，但他却反对将我们对上帝的理论知识建构成一套"体系"或"系统"（System）。这导致他的一些批评者误以为他在《教会教理学》当中仍接受克尔凯郭尔的观点，认为上帝的真理悬置人的理性，而上帝的自由不受非矛盾律等逻辑定律限制。关于这点，我们在下一章会详细解释。在此只需说明，事实上，巴特否定神学的"体系"或"系统"时，是有特定语境的。他所否定的有二：（一）他否定十八世纪唯理论的神学系统，这种系统预设了"理性的必然真理"（necessary truths of reason）以及"历史的偶然真相"（contingent truths of history）之间的对立，并让理性的傲慢近乎无上限地膨胀，乃至将上帝的真理约化为一套建构式命题（architectonic propositions），忽略了理性的有限，也忽略说上帝唯有透过圣约历史来启示自己，有限而堕落的人才可能认识上帝；（二）他否定十九世纪德国观念论的思辨形而上学体系，简言之，这种体系就是稍早提到的"世界观"（Weltanschauung）。然而，巴特并未拒斥荷兰新加尔文主义在"原版-复刻"的区分下所建构的那种以救赎历史为轴心的世界观——尽管他的神学在这方面仍有不足之处（第五章会详细讨论）。

三、总　结

本章简述了（一）巴特的思想生平，以及（二）巴特神学思维模式当中的六大指导原则或母题。在这里我必须重申，这是我认为诠释巴特最合理的进路，但这不是学界唯一的诠释模型或范式。任何大思想家的著述，都会令后人尝试解读的时候争论不休。从哲学界的康德研究、黑格尔研究，到神学界的路德研究、加尔文研究，都有许多学派，采取不同路线的诠释。

这并不意味这些大思想家未能清楚地表达他们的思想，也不意味他们的文本不具有清晰客观的含义。华人保守主义阵营，特别是范泰尔学派，经常批评巴特用词刻意模棱两可，但这其实只是在用功不够的情况下无法理解巴特的用语，就像过去许多巴文克学者无法读懂他的哲学用语。

更重要的是，我认为任何负责的读者（不论是不是专业学者），都必须接受两个相关的前提：（一）巴特的著述可以有几种不同的解读方式，而每个人都必须承认自己可能解读有误，特别是还不熟悉巴特文本的读者更应该如此（以我自己为例，我在 2022 年的专著当中，对我自己 2017 年论述巴特的专著提出了一些重要的修正，因为我发现自己在过去误读了巴特的一些文本）；（二）在许多诠释巴特的路线当中，必定有一者是最为客观并正确的，而我们必须尽力找到那样的诠释（这也是我自己不断在这门学问上自我修正的原因）。

在范泰尔学派当中，有好几位我个人十分熟悉的师友提出，上述诠释的努力并不重要，因为我们应该关注的乃是杜绝巴特的神学预设所造成的结果，而不是巴特神学自身的内容。问题是，巴特神学有哪些预设？这本身就涉及了文本诠释，而本章所列举的巴特神学母题，显然与他们所认知到的一些预设有很大的出入。

他们会诉诸范泰尔前设论（presuppositionalism）的论点而

加以扭曲，主张说文本内容的证据本身没有任何客观中立的含义，同样的文本在不同的预设下，就会被解读出不同的结论。但首先，范泰尔从来没有坚持说自己对于巴特神学预设原则的理解必定是正确的——这点我们已经讨论过。再者，范泰尔从来没有混淆过"中立性"（neutrality）及"客观性"（objectivity）这两个概念。

今天多数人都会承认，每个人对现象及文本的认知，都是从那人主观的立场与角度出发，并无所谓绝对不变的中立性。在这点上，巴特、范泰尔、巴文克、凯波尔其实格外一致。他们都否认所谓的"中立性"，强调每个人都是从特定预设立场出发，进而诠释世上的诸般现象，以及各人所阅读的文本。但对他们而言，这并不意味真理、真相自身乃至语言文本的含义不具客观性。

在这"后真相"（post-truth）的时代，许多人已经放弃客观性，只求力挺自己所采取的立场。很可惜，许多范泰尔主义者在面对巴特神学文本时，打的是前设论的旗号，所行的却是后真相之实：他们只在乎自己先入为主地套在巴特头上的预设原则，然后声称文本的证据没有客观含意。这就导致他们强解文本，甚至有些人索性完全忽略文本，不读巴特。

在这里我们必须强调，虽然"中立性"是个迷思，但我们不应因此放弃追寻"客观性"。试想法庭开庭，辩方与控方各执一词，其间并无"中立性"可言。庭方审案时，一开始必须中立，聆听双方的论辩，但这目的是要在最后的判决上力求客观。人无知时必须中立，但求知的过程，就是采取立场的过程。

一旦庭方达到了对案件尽可能客观的认知，就不可能继续中立了：庭方必须在判决上采取立场。这例子说明，"客观性"有别于"中立性"，而任何追求知识且尊重内心道德良知的人，都应该力求客观。

追求客观，意味着不断审视、不断修正自己的认知。假如我们希望能够客观地解读巴特的作品，那么或许列举出一系列坊间常见的迷思，能够对我们起到一定的帮助。我们在下一章，会透过审视十二个关于巴特常见的迷思，进而对他的思想提出进一步的介绍。

第三章
重读巴特：破除迷思

　　前章介绍了巴特神学的六大母题（motifs）。许多读者在尚未读过巴特原典前，可能已对这位闻名遐迩一整个世纪的神学家有些初步的印象。或许前章关于巴特思想形式的介绍，已经颠覆了一些读者过去的认知。譬如，不少读者可能在一些科普读物的影响下，将巴特归纳为"唯信论"（fideism）。[1] 而我们前一章介绍巴特"合理主义"时就发现，他坚持神学是一门科学，关乎"理解"与"知识"，而绝非仅仅关乎"信心"与"信仰"。在此之外，坊间还有许多关于巴特的传言，有些可能并非完全错误，却不准确，容易误导人，还有一些则是违背客观事实的。不论如何，这些传言通常有一共通点：缺乏文本的根据，以及对巴特思想生平与时代文化背景的考证。本章将列举十二个关于巴特常见的迷思，亦即未经考证却广为流传的传言，并厘清

---

1. 参麦克格拉斯（Alister McGrath）：《科学与宗教引论》（*Science and Religion*），王毅译，上海：上海人民出版社，2000年，第46页。

相关的事实。

一、迷思（一）："巴特是新正统"

"新正统"（neo-orthodox/*neuorthodox*）这标签有些复杂：它不一定是错的，然而不同的群体在不同语境下，赋予了这词汇不同的含义，而这结果就是，当我们以"新正统主义"一词形容巴特时，往往无法准确找到巴特的神学在教义史上的定位，反而造成了不必要的混淆。譬如，张旭教授称巴特为"新正统"，林慈信博士也称巴特为"新正统"，但二人对这词汇的理解截然不同。林慈信博士跟随范泰尔，将巴特与布龙纳（Emil Brunner, 1889-1966）许多具有根本差异的思想内容混为一谈，然后在一种北美福音派的语境下称巴特为"新正统"，而我们以下就会一步步破解这错误的迷思。[2]

张旭教授在《卡尔·巴特神学研究》这部汉语巴特研究的经典著作中，以"新正统主义"描述巴特，综观全书内容，可见得作者在使用这标签时，充分掌握了巴特神学之"新"（亦即其现代性）以及"正统"（指巴特在安瑟尔谟的启发下所采取的传统类比法）。[3]然而，许多不明就里的读者被这标签误导，以为张旭教授笔下的"新正统"与美国福音派语境下的"新正统"无异，这或许是张旭教授始料未及的。尽管这并不能减损这部

---

2. 见林慈信主讲："《新现代主义：对巴特与布龙纳的神学评估》"，中华展望，https://www.youtube.com/playlist?list=PL9j-P-cHgBxku11W8XTYikPZCpt-4Eq0z（2022 年 8 月 25 日造访）；另参 Cornelius Van Til, *The New Modernism: An Appraisal of the Theology of Barth and Brunner* (Philadelphia: P&R, 1946)。
3. 张旭：《卡尔·巴特神学研究》，上海：上海人民出版社，2005 年。

经典著作的价值，但总体而言，我认为"新正统"一词在大多数的情况下，都是对巴特神学的错误形容，因此我建议读者不要透过这标签来理解巴特。以下我将列举"新正统"一词的多重含义，以解释我的这项建议。

（一）"新正统"一词有时被当作"辩证神学"（dialectical theology/*dialektische Theologie*）或"危机神学"（theology of crisis/*Theologie der Krisis*）的同义词使用。第一次世界大战前夕，一群与巴特同辈的德语神学家从时代的危机看到了神学的危机（*Krisis der Theologie*），大致上就是上一章所提到的"造偶像"的危机。这些神学家包括巴特、图奈森（Eduard Thurneysen, 1888–1973）、戈加登（Friedrich Gogarten, 1887–1967）、布龙纳等。由于这些神学家在早期皆诉诸某种意义上的基督教存在主义，以在某种意义及程度上回归新教正统关于上帝超越性以及自我启示的观点，因此人们就用"新正统"一词形容他们所带领的所谓神学运动或学派。巴特明确地表示，这样一个"学派"或"运动"纯粹是杜撰，并且在《教会教理学》I/1 的序言当中表明，他的思想并不能代表这群神学家。[4] 诚然，巴特的神学发展到 1930 年代时，已经与所谓"新正统派"许多知名人物的思想产生根本的矛盾，最知名的就是他与布龙纳的辩论，以及他 1934 年在他与图奈森主编的"今日神学存在"（*Theologische Existenz heute*）系列第十四卷标题上对布龙纳所宣告的"不！"（*Nein!*）。[5] 一言以蔽之，在学派、运动的意义上，

---

4. *CD* I/1, xv.
5. Karl Barth, *Nein!—Anwort an Emil Brunner* (Munich: Kaiser, 1934).

巴特并非"新正统派"。

（二）在德语神学语境下，"新正统"的标签最初被用于形容上述神学家，是要强调他们对始于十八世纪末的现代学术神学的反动，包括自由派神学从他们身上感到的敌意与威胁，以及他们用自由派眼中的前现代启示观、圣经观取代现代高等历史批判的意图。[6] 巴特自己在第二版《〈罗马书〉释义》当中提到，人们认为他主张古典新教的"圣经主义"（biblicism/ *Biblizismus*，亦即古典的"唯独圣经"论）而受到一些人的"指责"，又得到另一些人的"赞誉"，但其实双方都误解了他。[7] 他的《〈罗马书〉释义》并不是梅兰希顿（Philip Melanchton, 1497-1560）或加尔文那种人文主义式的、贴近文本的字义解经，也不是十九世纪高等历史批判的解经，而是一种新的神学式解经（theological interpretation）。巴特早期两版《〈罗马书〉释义》诚然是"唯独圣经"的呼吁，但这并非古典意义上的"唯独圣经"。

从 1920 年代开始，巴特在著述当中一直十分推崇宗教改革神学，尤其是加尔文以及十七世纪欧陆改革宗正统；1931 年出版《安瑟尔谟》一书后，更加深了许多自由派学者对他的"新正统"印象，亦即否定现代、回归古典的路线。麦科马克指出，这些自由派学者认为巴特是个"神学上的反动派（theological reactionary），想要推翻学术神学（scientific theology）自 1780

---

6. 参 Bruce McCormack, *Karl Barth's Critically Realistic Dialectical Theology* (Oxford: Clarendon, 1995), 25。

7. Barth, *Romans* II, 11.

年代所结出的果实……以回归一个旧时代的神学"。[8]这意义上
的"新正统"一词，显然是出于二十世纪上半叶一群思想还停
留在十九世纪的自由派神学家的偏见。巴特绝非避开现代以
回归古典正统，而是诉诸古典正统——或者至少从古典正统取
材——以回应现代性的挑战。

（三）上述德语神学语境下的"新正统"一词的含义，在
二十世纪下半叶有了转变。此时巴特已然不是冉冉升起的学界
新星，而是成了一方巨擘。在许多人眼中，他在思想史上的地
位足以与路德、加尔文分庭抗礼。倘若路德、加尔文开创了宗
教改革的正统，那么巴特绝非仅仅回归这旧正统，而是承袭了
宗教改革的传统，并开创了新的正统。这意义上的"正统"，是
指具有教义规范性的传统。换言之，新教神学过去有"路德主
义"（Lutheranism）、"加尔文主义"（Calvinism）为中流砥柱，
而现在又多了"巴特主义"（Barthianism）。

事实上，路德、加尔文都拒绝以他们自己的名讳或思想来
界定正统，而"路德主义""加尔文主义"原本的意思是"路德
教""加尔文教"，都是贬义词。同样地，巴特也极力反对"巴
特主义"之说。路德的神学本非"正统"，而是遭到当时的"正
统"所打压，后来才成为新的正统。在这意义上，路德是十六
世纪的"新正统"，而二十世纪下半叶，许多人期许巴特的神学
也像当年路德、加尔文那样，成为新的正统。

在此意义上，巴特会坚决反对用"新正统"一词来形容他

---

8. McCormack, *Karl Barth's Critically Realistic Dialectical Theology*, 25.

的神学。他坚持，"正统"只有一个，就是大公教会以圣经为本所制定的信仰规约（*regula fidei*）。每个宗派可以按照宗派的领受制定认信正统，但不能脱离大公正统。至于个别神学家的思想，在巴特眼中没有任何资格被称为"正统"。

"新正统"一词在二十世纪下半叶德语语境中的含义转化，也与荷兰及北美新教神学当中所谓"基要主义"（fundamentalism）不遗余力抨击巴特的现象有关。这些忠于新教认信正统的基要主义学者对巴特的批评不论是否正确，他们至少揭示了一个事实：巴特并不像二十世纪早期自由派神学家所说的那样，无视现代神学的发展，天真地回归十六、十七世纪的正统。

蒂利希从这现象出发，评论"新正统"一词作为对巴特神学的形容，可谓一语中的：

> 路德在他的时代，遭到［当时的］正统人士严重抨击，而在今天，巴特与他的学生对于基要派人士，也有一样的感受。从这里我们就可以看到，称路德为"正统"、巴特为"新正统"，并不完全正确。路德当时处于变成正统的危机，巴特亦然，而他们都不愿如此。二人都严肃地关注于重新发现圣经及传统中的永恒信息，并且对抗扭曲的传统以及机械化的圣经误用。[9]

---

9. Paul Tillich, *Systematische Theologie I-II*, ed. Christian Danz, trans. Renate Albrecht et al. (Berlin: De Gruyter, 2017), 8–9. 原版为英文：Paul Tillich, *Systematic Theology*, vol. 1 (Chicago: Chicago University Press, 1951). 此处使用德文译本，因为这是较新、较优越的批判编修版本，且翻译成作者的母语呈现，反而较原版更为精确、易读。

简言之，假如"新正统"是指"成为新的正统"，那么不论是路德、加尔文或巴特，都会严厉拒斥这样的形容。

（四）在美国福音派、基要主义语境下，"新正统"一词所强调的是"新"，而非"正统"：所谓"新正统"或"新宗教改革"（neo-Reformational/*neureformatorische*）神学，其实无异于"新派"（neo-Protestant/*neuprotestantische*）或"自由派"（liberal/*liberale*）神学，因为两者都接受高等历史批判的权威、现代哲学（特别是启蒙运动、康德）的世界观，否认圣经无误。

深深影响富勒神学院（Fuller Theological Seminary）的著名神学家罗杰斯将"新正统"（neo-orthodoxy）定义为"透过十六世纪改教家的洞见回归圣经，却不放弃自由主义（liberalism）发展的圣经批判学术研究"的神学路线。[10] 根据罗杰斯与麦基姆所勾勒出的一套"新正统主义"，上帝的启示诚然是无误的，但唯有基督才是严格意义上的启示，而圣经仅仅是对启示的有误见证。这并不是巴特自己的圣经观，而是北美福音派关于所谓"新正统"的迷思，将巴特、戈加登、布龙纳等人的思想混为一谈，1978 年被主流福音派写入《芝加哥圣经无误宣言》（*Chicago Statement on Biblical Inerrancy*）所拒斥的立场后，又由罗杰斯、麦基姆二人发表于 1979 年的《圣经的权威与诠释：一个历史的进路》（*The Authority and Interpretation of the Bible: An Historical Approach*），并引进福音派神学，成为无误

---

10. Jack Rogers, "Biblical Authority and Confessional Change," *Journal of Presbyterian History* 58 (1981):135.

论（inerrantism）之外的第二种福音派路线。[11] 罗杰斯与麦基姆声称，他们所谓的"新正统"是由巴特创立的，而他们试图在福音派的无误论与所谓"新正统"之间找到一条出路：承认圣经的可靠性（infallibility），同时拒斥圣经无误（inerrancy）。

问题是：巴特的启示论、圣经观，是否符合美国福音派所发明的这套"新正统"？笔者稍后将会回答这问题，但简单的答案是否定的。罗杰斯与麦基姆有自己的一套倡议，而他们从未下过功夫去诠释巴特。他们只不过是借用巴特的名字，支持自己的一套理论，试图开辟福音派神学当中的新路线。

（五）"新正统"一词最为复杂而令人头疼的用法，出自当前英美巴特研究由麦科马克所主导的修正学派（revisionism），我们在上一章介绍过这学派的主要观点。麦科马克主张，巴特并不是新正统，而他指责杭星格在耶鲁大学的恩师弗莱（Hans Frei, 1922-1988），以及深深影响杭星格的二十世纪苏格兰巨擘 T. F. 托伦斯，认为他们在"英美"（Anglo-American）神学界普及了巴尔塔萨诠释巴特的范式（见本书第二章），强调安瑟尔谟对巴特的影响，以及巴特从西方教会正统承袭的类比法，导致"新正统"的巴特诠释一度成了英美巴特研究的主流。[12]

修正学派使用"新正统"一词时，通常是采取了上述第二

---

11. Donald McKim and Jack Rogers, *The Authority and Interpretation of the Bible* (Eugene: Wipf and Stock, 1999).

12. McCormack, *Karl Barth's Critically Realistic Dialectical Theology*, 4, 24.

种含义，也就是巴特在神学生涯早期被贴上的标签。在这意义上，修正学派用"新正统"一词指涉巴尔塔萨、托伦斯、弗莱等早期学者对巴特的诠释，因为他们强调巴特 1931 年发表的《安瑟尔谟》一书，标示着他回归"信心追求理解"（*fides quaerens intellectum*）的原版-复刻（archetype-ectype）类比神学（analogical theology）传统，而在修正学派看来，这样一个"新正统的巴特"（neo-orthodox Barth），是"一个被剥夺了他辩证根源的巴特"（指巴特从马尔堡新康德主义习得的所谓"实在辩证"，见本书第二章）。[13]

在修正学派看来，所谓"新正统的巴特"完全无视现代性的现实，用鸵鸟般的心态回归过去的正统。的确，巴尔塔萨在强调安瑟尔谟对巴特的影响时，只注意到了巴特对笛卡尔的回应，而未能充分体现巴特神学的现代性，特别是巴特对康德以及后康德时期德国观念论的回应。但托伦斯已然注意到巴特对康德的批判，瞿旭彤甚至将托伦斯的模型归纳为"后康德"（*nachkantisch*）的巴特诠释路线之一。[14]

再者，杭星格承袭托伦斯、弗莱的传统主义（traditionalism）巴特诠释时，也强调巴特神学并非简单地回归旧时的正统，抑或全然拒斥现代性：巴特成熟时期的神学思维，自始至终皆由"黑格尔动相"（Hegelian moment）及"安瑟尔谟动相"

---

13. Ibid., 24.
14. Thomas Xutong Qu, "Kritischer musste Kants Kritik sein: Eine nachkantische Interpretation von Barths Beziehung zu Kant unter besonderer Berücksichtigung der Religionskritik Barths," in *Gottes Gegenwarten: Festschrift für Günter Thomas zum 60. Geburtstag*, ed. Markus Höfner and Benedikt Friedrich (Leipzig: Evangelische Verlagsanstalt, 2020), 54–56.

（Anselmian moment）的辩证作用所推动。[15] 笔者 2022 年的专著《三一论与拣选》，用了许多篇幅梳理巴特的现代思想史背景，以凸显他如何将古典神学应用于现代处境。简言之，正视安瑟尔谟类比法对巴特的影响，不见得就一定是修正学派所谓的 "新正统" ——只要我们能够同时正视巴特神学的现代性。

二、迷思（二）："巴特否认圣经是上帝的启示"

国内多数读者声称巴特是 "新正统" 时，采取了上述第四种定义，也就是北美福音派的非主流用天马行空的方式杜撰出来的一套 "新正统"。他们认为，巴特主张说 "圣经" 自身并非启示，"仅是对启示的见证（witness）"，唯有 "在相遇（encounter）当中才成为启示"，而圣经成为启示的 "有效性（validity）取决于人们的回应（responses）"（《芝加哥圣经无误宣言》，第三条）。我们稍早已经指出，这是 1970 年代，美国福音派所想象出的 "新正统"，并非巴特自己的观点，而是将巴特、布龙纳、戈加登等人的思想混为一谈。

《芝加哥圣经无误宣言》第三条提及的 "相遇"（encounter），并不是巴特的思想（其实《宣言》也没说它是，但很多人认定这就是在讲巴特等一众 "新正统" 神学家）。巴特偶尔会用这词汇，但它在巴特笔下并非特殊用语，也不具系统性的用途。这主要是戈加登与布龙纳提出的概念，而巴特相当严厉地拒斥了他们关于 "相遇" 的说法。

---

15. Hunsinger, *Reading Barth with Charity*, 136.

戈加登在 1920 年代受到犹太裔德语哲学家布伯（Martin Buber, 1878-1965）"我－你"（I-thou/*Ich-Du*）辩证的启发，发展出一套存在主义模式的神学，强调人之"我"（*das Ich*）与上帝之"你"（*das Du*）在信心的实存经验当中的"相遇"（*Begegnung*）。巴特在同一时期对这种神学路线提出严厉警告，认为这很容易"没头没脑地"跟着自由派神学"进入'我'与'你'彼此相融的中立界域"。[16] 到了 1937 年，布龙纳仍着迷于布伯的"我-你"辩证，并发表了一本具有代表性的书籍，题为《真理作为相遇》（*Wahrheit als Begenung*），这本书于 1963 年再版，标志着贯穿布龙纳神学生涯的关键思想。[17] 布龙纳在第二版中拒斥了巴特处理"客体-主体对立"（*Objekt-Subjekt Gegensatz*）的方式，并提议用"相遇"的存在主义概念来解决"客观主义"（*objektismus*）所遭遇的难题：他借用黑格尔的用语，主张"客体-主体的对立"在"圣爱"（Agape）的神人"相遇"中被扬弃。[18] 读者若掌握了前章介绍的"客观主义"作为巴特神学的核心母题之一，就能明白为何他从 1920 年代开始就认为这种"相遇"的概念是"不可容忍"的。[19] 巴特绝对不会主张说圣经在"与上帝相遇"的事件中"成为"上帝话语。

那么巴特的圣经观究竟样貌如何呢？若要明白巴特的圣经观，我们可以先讲个关于他的传奇故事。据说巴特 1962 年访美时，有听众请他用一句话总结他毕生的神学思考，而他引用了

---

16. *GD*, 62.

17. Emil Brunner, *Wahrheit als Begegnung* (Lübbenau: Zwingli-Verlag, 1963).

18. Ibid., 45–52, 67–86, 111–117.

19. *GD*, 62.

一句知名的英语儿童诗歌："耶稣爱我，我知道，因有圣经告诉我"（Jesus loves me, this I know, for the Bible tells me so）。有人说他们在芝加哥（Chicago, Illinois）亲耳听到巴特这句话，有人则声称在弗吉尼亚州的里士满（Richmond, Virginia）见证了这件事。关于这件事在哪里发生（或许发生过两次）、如何发生，许多见证人都有不同的说法，而当时并未留下影音资料，所以也无从考证。这些见证人的报道，无法用严格的历史批判法来审视，也因此无法被学者当成史实，写入严谨的巴特传记当中。然而许多巴特学者仍对这事件津津乐道。为什么？因为毕竟有许多在场的见证人报道了这事件，这显示巴特很可能真的说过这句话，而不论他究竟当时是怎么说的、有没有真的逐字引用那句儿童诗歌，并不是重点。重点是，这故事能够帮助我们了解巴特的神学思想，为我们揭示巴特神学的内涵。

对巴特来说，圣经作为上帝书写的话语，也有类似的特性。圣经是对圣约历史（亦即上帝在基督里与人立约的历史）的见证，而耶稣基督以及祂里面的圣约历史才是启示自身。圣经在见证、记录启示的历史时，采用了丰富的文学叙事，就像人们诉说巴特引用儿童诗歌的事迹那样，充分发挥了他们的想象力。假如我们跟着十九世纪高等历史批判学者去纠结于记史真实性（historical factuality）的细节，那么我们就错过了圣经所见证的启示了。同时巴特也强调，圣经的见证不同于一般人对一般事件的见证，因为圣经正典是在上帝的摄理掌管底下，在祂所拣选的信仰群体（亦即旧约以色列及新约教会）中成书的，具有神圣而至高的权威。

在这里必须说明，巴特区分启示自身以及圣经作为对启示的见证，并非他的发明，而是从改革宗正统传承的教理。在中世纪，所谓"启示"通常就是指"圣经"，二者几乎没有区分。改革宗正统则指出，严格来说"启示"是指上帝在基督里降卑并与人立约的历史。耶稣基督是"本质的上帝话语"（*verbum Dei essentiale*）、"位格之道"（*Logos hypostatikos*），因成为肉身而成为上帝对人的启示。圣经则是"书写的上帝话语"（*verbum Dei scriptum*）、"先知言说的道"（*Logos prophorikos*）。圣经是对启示的见证与记录，而以基督为中心所展开的圣约历史，才是启示自身。《威斯敏斯特信仰告白》（*The Westminster Confession of Faith*）明确区分上帝的启示自身，以及圣经作为启示的记录。严格来说，启示本身乃是上帝"借由圣约"（by way of covenant）而在"降卑"（condescension）时所成就的工作（7.1），祂在其中"多次多方启示祂自己"（1.1）。圣经则是作为被"笔之于书"的记录（1.1）、上帝"书写的话语"（the Word of God written）（1.2），指向上帝的自我启示。巴文克论及"圣经与启示的关系"时提出，"较早期的神学［应该是指中世纪］几乎完全将启示与默示……，亦即圣经，混为一谈"，而"现代神学正确地区分了启示与圣经"，尽管现代神学"经常落入相反的极端"，否定圣经是上帝以超自然的方式亲自默示的话语。[20]

总之，巴特偏离改革宗传统的地方并不在于区分"启示"与"圣经"。巴特偏离改革宗传统的地方在于他如何理解"书

---

20. *RD*, 1:381.

写的上帝话语"的记史真实性。关于这一点，我们在下一章会详细解释，并且提出对巴特的批评。

我们在这里要回答的问题是：巴特是否说过，圣经自身"不是"上帝话语，唯有在信心的行动与事件当中"成为"上帝的话语？圣经之为上帝话语的有效性，是否取决于读者的回应？

如此诠释巴特，确实是一种相当普遍的观点，不论在福音派或是巴特主义的圈子里，都有学者接受这样的诠释。[21] 毕竟巴特在《教会教理学》I/1 写道，当"上帝对人的行动成为一个事件……，而圣经掌握了人"的时候，"圣经……就成为上帝的话语"。[22] 巴特说，圣经与启示之间的同一性并非内在而必然的："其间的联合其实是个殊事件。"[23] 换言之，"上帝使圣经成为祂的话语、透过圣经说话：唯有在此意义上，圣经才是（is/ist）上帝话语……圣经在此事件中变成（becomes/wird）上帝话语，而在'圣经是上帝的话语'这句陈述中，'是'这个字即是指此'生成中之所是'（being in this becoming/Sein in diesem Werden）。圣经成为上帝的话语，不是因为我们相信它，而是因为它对我们成为启示。"[24]

然而，在这里我们首先就该注意到，巴特所讲的是"生

---

21. 例如：Kevin Vanhoozer, "A Person of the Book? Barth on Biblical Authority and Interpretation," in *Karl Barth and Evangelical Theology*, ed. Sung Wook Chung (Grand Rapids: Baker, 2006), 72; Bruce McCormack, "The Being of Holy Scripture Is in Becoming," in *Evangelicals and Scripture: Tradition, Authority and Hermeneutics*, ed. Vincent Bacote, Laura Miguelez, and Dennis Okholm (Downers Grove: IVP Academic, 2004), 66。

22. *CD* I/1, 109.

23. *CD* I/1, 113.

24. *KD* I/1, 113; *CD* I/1, 119–120.

成中之所是"（being-in-becoming），而非"作为生成的所是"（being-as-becoming）：这两者之间失之毫厘，差之千里，这在本书前一章已经重点解释过了。假如我们断章取义，单从上文这些片段去重构巴特的圣经观，声称说对巴特而言，圣经作为上帝话语的有效性取决于读者的回应、圣经自身不"是"上帝话语，那我们就会在诠释上碰到一些难以解决的问题。首先，这样一套圣经观，显然不符合巴特自己实际采用的解经方法。巴特固然对圣经文本的字义采取较宗教改革以降的古典新教神学更加随意的解经，经常无视圣经字义清晰的含义，将自己的神学思想加诸于圣经文本，但巴特的解经也不像初代教会或中世纪灵意解经的传统那么随意。 在巴特这里有一套信仰规约（regula fidei）内的阶级：（一）神学家的反思必须对应或类比（correspond/entsprechen）上帝话语的第三重形式，亦即教会的宣告（church proclamation/kirchliche Verkündigung），并受到它的规范；（二）圣经是上帝话语的第二重形式，而教会的宣告，包括大公信经、宗派认信、教理等，作为上帝话语的第三重形式，必须建基于圣经、服膺于圣经，成为圣经的复刻；（三）圣经作为上帝话语的第二重形式，是启示（revelation/Offenbarung）作为上帝话语之原版的复刻，而耶稣基督就是启示自身，是上帝位格的道、本质的话语成为肉身。

个人信心、神学家的言说是否类比于教会宣告，取决于圣灵在每个人内心的工作，也受到每个人主观处境的影响。教会宣告是否服膺于圣经，成为圣经的复刻，也始终是动态的：教会宣告自身并不"是"上帝话语，而是人对上帝话语的回应，在服膺于圣经、类比于圣经的时候，才"成为"上帝的话语。更确切地说，是成为上帝话语的出口。

但圣经正典与教会宣告有个根本差异："书写的话语"与"启示的话语"之间的对应关系或类比关系，并非动态的，不像教会有时忠于圣经、有时偏离圣经。巴特坚持，自从圣经正典形成之后，它对教会而言，就始终拥有至高的规约权威，而这权威是客观的，并不取决于历代教会或个别信徒的回应。巴特写道："上帝话语……在其之为圣经的书写性当中……，必须从教会传统纯粹属灵而口传的生命被区别出来，并被赋予高于教会传统的优先性。"[25]

徐西面博士 2021 年的大作《再论巴特的圣经本体论》(Karl Barth's Ontology of Holy Scripture Revisited) 发表于《苏格兰神学期刊》(*Scottish Journal of Theology*) 这份执学术神学之牛耳的学刊，对于我们现在讨论的问题十分重要。[26] 他用我对巴特本体论术语的"名词研究"(nomenclatural study) 的成果作为基础，指出巴特同时阐述了圣经在本质 (essential) 意义上以及实存 (existential) 意义上之所是 (being)。[27] 巴特用 *Wesen* 一词指涉前者，属于古典神学的用语，而 *Sein* 或 *Dasein* 则是黑格尔之后的用语，用以指涉后者。[28] 简言之，*Sein* 或 *Dasein* 乃是透过行动与事件才成为它之所是，而 *Wesen* 则是在经历任何事

---

25. *CD* I/1, 106.
26. Ximian Xu, "Karl Barth's Ontology of Holy Scripture Revisited," *Scottish Journal of Theology* 74 (2021):26–40.
27. Ibid., 28–33.
28. 参拙文曾劭恺：《巴特的实动本体论——实体与进程文法的辩证》，载《道风》第 52 期（2020）：263–289。

件之前就已然拥有的本质，它可以指涉自存自在、自有永有的上帝本质，也可以指涉上帝借由立约与创造的行动赋予人及万物的本质，这本质是堕落犯罪的历史所无法改变的。

徐西面仔细地查考巴特在上下文当中使用这两个词汇的方式，最后总结道，"对巴特来说，圣经的 *Wesen*（本质之所是）乃是对上帝独一永恒之道耶稣基督的见证，但凡是在这意义上，圣经就**是**上帝的话语；同时，只要圣经的 *Sein*（实存意义上之所是）是人对上帝话语的表述，圣经就在这意义上**成为**上帝的话语。"[29] 换言之，客观来说，圣经在其自身就"是"上帝书写的话语，为耶稣基督的圣约历史做见证；主观来说，当圣经文字与上帝启示在信心的事件当中产生读者认知上的联合时，上帝就借着圣经对读者说话，使圣经"成为"上帝话语。

这并不是说圣经在位格意义上就是上帝本质的话语：如先前所述，不但是巴特，就连改革宗正统也严格区分本质的上帝话语（*verbum Dei essentiale*）及书写的上帝话语（*verbum Dei Scriptum*）。书写的话语是外在于上帝本质（*ad extra*）的工作，它的形式、本质是受造的和有限的，而且是始祖堕落、巴别塔语音变乱后的人类语言，因此巴文克一方面坚持圣经有机默示（organic inspiration）以及全然无误，一方面也强调，圣经所采取的"形式"是"不完美且不完整的"（imperfect and inadequate）：它不但无法承载上帝无限的本质，而且无法将上帝自我启示的历史直接而完整地重现出来。[30] 唯有耶稣基督是

---

29. Xu, "Karl Barth's Ontology of Holy Scripture Revisited," 38.
30. *RD* 1, 380.

本质的上帝话语，因为唯有祂自己就是上帝、是圣子，在祂里面有上帝完整的本质。圣经是上帝的工作，就像上帝创造万物那样，而上帝之工绝非上帝本质的延伸。因此改革宗正统强调，**圣经并非本质意义上（essentially）的上帝话语，而是本源意义上（originally）的上帝话语**，意思是，圣经源于上帝自己外在于祂本质的行动，是上帝亲自书写的话语。当巴特提及圣经的 *Wesen* 时，他也不是在说圣经是本质的上帝话语，而是在强调圣经在客观上就是上帝的话语，不取决于读者的回应。

徐西面特别提到《教会教理学》I/2，§ 19，"圣经作为上帝话语"：巴特在其中强调，圣经"不只是"人的话语。[31] 巴特写道："因此，普遍而言，圣经对自身的见证，全然在乎它**作为对耶稣基督的见证的本质**（*Wesen*）。而对这自我见证的真理的认识，亦即对其独特权威的认识，全然与我们对耶稣基督作为道成肉身之圣子的认识相辅相成。"[32]

换言之，圣经不只是为基督作见证的人类话语。圣经在本质上就**是**上帝书写的话语，见证它自己的权威（"对自身的见证"），亦即它在"本质"上作为"对耶稣基督的见证"的权威。巴特写道："我们在教会里面，与教会一同认信：圣经拥有高于其他一切著述及权威的优先性，包括教会的诸般著述与权威。我们在教会里面，与教会一同认信：圣经作为对神圣启示原本而合法的见证，自身就是上帝的话语。"[33] 他补充道：

---

31. Xu, "Karl Barth's Ontology of Holy Scripture Revisited," 35.
32. *CD* I/2, 485; *KD* I/2, 538. 由徐西面引用、重译、加斜体，见 Xu, "Karl Barth's Ontology of Holy Scripture Revisited," 35。
33. *CD* I/2, 502.

"拥有"与"是"［现在式］二字……指涉上帝的安排、行动及决定。当我们提出这样的宣告来指涉这安排、行动及决定时，一方面我们必须回顾已然成就之事，另一方面我们也必须前瞻尚待成就之事……倘若我们断言，圣经现在拥有这优先性、它现在是上帝的话语，那么我们首先必须用"已然拥有"及"将会拥有"来取代"现在拥有"，并且用"已然是"及"将会是"来取代"现在是"。唯有当我们如此理解时，这两个字才会对应于我们能够真实知道并言说的：我们没有资格实现上帝的安排、行动及决定，或是将其佯装成我们自己的安排、行动及决定来处理。[34]

这段话显示巴特如何将它的实动主义（actualism）应用于圣经论。如我们在上一章所见，巴特的实动主义意味，上帝与人的关系涉及三个时态：上帝已然行动（完成式）、上帝正在行动（现在式）、上帝将会行动（未来式），而上帝现在与未来的行动，皆是上帝已全然成就之工的重复、类比、复刻。若非圣经在其自身就**是**上帝的话语——若非上帝已然说话（*Deus dixit*）——那么圣经就不可能一次次透过上帝的"安排、行动及决定"，对我们一次次**成为**上帝的话语。圣经**成为**上帝话语的主观事件，必须对应于圣经**之为**上帝话语的客观事实。[35] 只要我们回顾一下本书第二章介绍的"实动主义""客观主义""位

---

34. *CD* I/2, 502.

35. 驳 Katherine Sonderegger, "The Doctrine of Inspiration and the Reliability of Scripture," in *Thy Word is Truth: Barth on Scripture*, ed. George Hunsinger (Grand Rapids: Eerdmans, 2012), 21–22。

格主义",就不难理巴特所阐述的圣经观了。

如此诠释巴特的圣经观,也更加符合他在《安瑟尔谟》一书中所提出的类比法。在这本书中,巴特区分"在体"(ontic/ontisch)以及"纯理"(noetic/noetisch)的"理"(rationes)。这是源于中世纪经院哲学的用语。一个东西在其自身是怎样的,称作"在体性";一个东西主观地显为如何,称作"纯理性"。譬如,当我们将半支筷子放进一盆水里,它看起来就像在入水处折了,这是我们"纯理"的认知;这支筷子自身其实仍是直的,这是它"在体"的现实。与"在体–纯理"之区分相关的是约翰・邓斯・司各脱(John Duns Scotus, c. 1266–1308)所提出的"现实区别"(distinctio realis)及"理解区别"(distinctio rationis)。前者是在体性的区别;后者是纯理性的区别。譬如,上帝的公义与慈爱在人看来是可区分的两个属性,但这仅是我们纯理性的理解区别,这二者在其自身是没有在体的现实区别的。

这些古典西方神学的概念,深深启发了巴特,也让巴特更加深刻地掌握了他在 1920 年代所学习的改革宗经院主义(Reformed scholasticism)。巴特用上述这套区分来建构他的类比法。他解释道,"纯理之理"之所以是纯理的,在于它是"人用以产生概念及判断的官能的求知之理";"在体之理"则是"单属于信心的对象"。[36] 这两者皆可被称为"理",正如上帝的自我认识被称为智慧,而人对上帝的认识也被称为智慧。这两种智慧、这两种"理"之间有无限本质的差异,但其间又有

---

36. Barth, *Anselm*, 45.

一种类比的先后关系，亦即本书上一章所解释的"原版知识"（archetypal knowledge）及"复刻知识"（ectypal knowledge）。上帝的自我认识是直接（immediate/*unmittelbar*）而绝对客观的；人对上帝的认识，则是类比知识，必须以信心为出发点。当信徒的"纯理之理"对应并服膺于上帝启示的"在体之理"时，信心就得到了"理解"（*intellectum*）。而上帝的在体之理无穷无尽，因此复刻神学也是"信心"（*fides*）对"理解"永无止境的"追求"（*quaerere*）。巴特在《教会教理学》I/1 当中说，这"求问"意义上的"追求"，就是复刻神学作为一门科学的"研究"（*Forschung*）之所在。[37]

除了区分"纯理之理"与"在体之理"，巴特在《安瑟尔谟》当中又跟随古典西方神学，进一步区分两种"在体之理"，亦即"真理之理"（*ratio veritatis*）与"信心之理"（*ratio fidei*）。真理之理就是本质的上帝话语（*verbum Dei essentiale*）、作为上帝位格的圣道，"跟与父同质的神圣之道是同一的。它就是上帝的理"。[38]巴特传承拉丁神学的正统，强调上帝在本质上（*per essentiam*）是不可被受造之人直接认识的。真理之理必须采取人类可知的形式，成为信心的对象，人才有可能认识上帝。而这信心的对象，就是"信心之理"，亦即上帝用受造的样式对人的自我启示、自我言说。在这里需要特别厘清的是，所谓"信心之理"，意思不是"信心当中的理"，而是"客观上能够成为信心对象的上帝之理"。

---

37. *CD* I/1, 10; *KD* I/1, 11.
38. Barth, *Anselm*, 45.

巴特非常明确地将上帝在圣经当中的自我言说、自我见证归纳为"在体之理"当中的"信心之理",这也就意味,圣经在体而言(在其自身)就"是"上帝的话语。在信心的事件当中,圣经作为上帝的话语不但在客观上可以被信徒相信,它也实际地被信徒相信,因此就在纯理性的层面上"成为"上帝话语。圣经作为上帝话语的有效性,并不取决于读者的回应。反之,读者的信心取决于圣经自身作为上帝话语的有效性。圣经能够一次次(现在式:again and again)地对信徒说话,使得信徒的信心与理解与日俱增(未来式:more and more),是因"上帝已然说话"(*Deus dixit*)的事实是随着圣经正典的形成一次成就而永远有效的(完成式:once for all)。

三、迷思(三):"巴特否认基督复活的历史性"

这迷思并无任何复杂之处:它明显不符合事实,是一种对巴特文本的解构式诠释才可能带来的结论。这个关于巴特的讹传,又是另一个忽略或曲解他的实动主义,将他的文本放在一个主观重构的诠释框架下所造成的误读。巴特文本的表述没有任何模棱两可之处:

> 福音书透过强调——尽管不是过度强调——耶稣所受到的时间局限,将耶稣生平与宣告非时间性真理的神话区分开来。巴勒斯坦、加利利与耶路撒冷,是祂生平不可或缺的背景,让祂与当时的社会环境建立具体的关系,并赋予祂一个确定的历史定位(路 2:1-2;3:1-2)。《[使徒]信

经》纳入本丢·彼拉多的诸般用意之一，就在于教会定意将耶稣之死精确定位为时间当中的事件。[39]

卡尔·巴特：奇人其思

所谓"过度强调"，在这里是特指十九世纪现代史学的傲慢与偏见，我们稍后会解释。巴特坚持，基督的复活就如祂的死一样，真实地发生于我们所能感知的历史。巴特形容耶稣降生至受难的历史为"第一历史"，这是人类在亚当里堕落并受到上帝审判与刑罚的历史，这历史显然就是我们这世界的历史，而不是范泰尔加诸于巴特的某种神秘兮兮的所谓"启示历史"（revelational history）。[40]巴特又称"基督复活的历史"为"第二历史"，上帝的永恒透过它破门进入我们所在的世界历史。[41]这"第二历史"有它奥秘而超自然的维度——谁能说复活的事件没有任何奥秘而超自然之处呢？——但它也必须真实地以世界历史为外在基础，真实地发生在我们所在的时空当中，亦即能够用我们的历法去计算的时日：它是耶稣"复活至升天之间那四十天的历史"。[42]在这四十天当中，复活的耶稣乃是"祂的门徒们在这段时间里所听见、所看见、亲眼看过、亲手摸过的（约壹 1:1）"。[43]

巴特强调"基督复活的历史与基督复活的时间"真实地发生"在历史与时空的界域当中，完全不下于耶稣的言语、行动、

---

39. *CD* III/2, 441.
40. CD III/2.
41. *CD* III/2, 441–442.
42. *CD* III/2, 441.
43. *CD* III/2, 442.

甚至死亡"。[44] 基督的复活"不只是个永恒的概念"。[45] 它是由"那四十天的时间"所构成的历史"棱镜",永生的亮光透过它,照射到我们日常生活的时空当中,而凭着信,我们就可以透过那四十天来看到经过历史折射后的永生之光。[46] 如果没有基督复活作为永生的预象及应许,那么历史与人生都无法找到目的与意义。"使徒与他们所建立的教会,是借由这具体的回忆,而不是借由某种非时间、非历史的真理,活在耶稣与他们、他们与耶稣的各种关系当中。"[47]

正因如此,"强调并凸显……耶稣复活的叙事当中……所见证的历史的具体客观性",对福音书作者而言是"如此之重要"。[48] 巴特不遗余力强调,基督的复活是个客观、真实的历史事件,具体地发生在我们所属的可感世界上。"假设耶稣没有复活——身体上、可看见地、可听见地、可感知地,与祂受死的具体意义毫无二致地,正如福音书自身所揭示——假设祂[死了却]没有[在同样的历史意义上]又复活,那么我们所传的、所信的,都会变得虚空枉然。"[49]

巴特的文字当中没有任何模棱两可之处:"基督复活……是耶稣受死后自我彰显的具体历史事件。"[50] 诚然这是巴特所谓"耶稣基督的历史"当中的事件,有别于世人所属的"亚当历

---

44. *CD* III/2, 442.
45. *CD* III/2, 442.
46. *CD* III/2, 442.
47. *CD* III/2, 442.
48. *CD* IV/1, 351.
49. *CD* IV/1, 351–352.
50. *CD* IV/2, 146.

史"：耶稣基督的历史，乃是"上帝给我们的时间"（God's time for us/*Gottes Zeit für uns*），亦即上帝对我们的包容与忍耐。巴特接受西方古典神学关于"永恒"的论述：上帝是超越时间、创造时间的上帝，祂的永恒即是"非时间性"（timelessness）。[51] 另一方面，二十世纪对"时间"的理解，已然经历过康德、爱因斯坦、海德格尔的启发，不再将时间当成某种客观的存在，或是事物客观存在的形式与条件。简单来说，（一）时间在主观上是我们用以认知外物活动的形式；（二）客观来说，时间就是运动。上帝诚然超越祂所造的时间，以及祂用时间所造的万物；在这意义上，祂的永恒是"非时间"的永恒。但上帝永恒的本质里面却有永不止息的运动，亦即三一上帝内在的行动（*opera ad intra*）。在这意义上，上帝永恒本质里面是有"时间"的，也正是因着上帝本质内的"时间"，因此祂在自己的本质之外，可以对我们有永不止息、恒久忍耐的爱，正如上帝自身就"是"爱（参本书第二章关于"实动主义"及"位格主义"的介绍）。[52] 因此，巴特虽然在概念上赞同奥古斯丁用"非时间性"来定义"永恒"，但巴特并不喜欢这用语，因为它暗示对时间的否定，以及永恒与时间的对立。

我们可以这样理解巴特的论点。"上帝就是爱"（约壹 4:8、16）：这是上帝超越、自存、不变、不可参透的"时间"（如先前所述，在现代意义上，所谓"时间"，无非是对"行动"或

---

51. 详见拙作 Shao Kai Tseng, *Karl Barth's Ontology of Sin and Grace* (London: Routledge, 2018), 53–54。

52. 详见拙文曾劭恺：《奥古斯丁"三一圣痕"主题与变奏：卡尔·巴特论"行动"与"关系"中之"所是"》，载《哲学与文化》48 卷 10 期（2021）：75–94。

"运动"的一种描述与理解）。"上帝爱我们，差他的儿子为我们的罪作了挽回祭，这就是爱"（约壹 4:10）：对于我们，上帝不是没有时间的，祂有无尽的时间，用永不止息、恒久忍耐的爱来爱我们，这爱与时间，是上帝三一本质的复刻与流溢，是上帝在基督里的圣约之爱。在基督里，上帝从未否定我们在亚当里的时间、我们这堕落世界的历史。上帝在基督里的时间，是上帝自己内在永恒的时间与我们在亚当里的时间的联合。

如此，巴特所谓"耶稣基督的历史"绝非听不到、看不见、摸不着、在世界历史与日常生活之外的神秘维度。耶稣基督的历史，包括祂的复活，必须以我们受造的时间、受造的世界历史为外在基础而展开，那四十天必须是日历上的四十天。在那段期间，祂真实地与门徒同行，前往以马忤斯；祂被门徒看见、听见；祂也邀请多马用手摸祂。唯有如此，"我们才有可能认出"在"祂的历史里面"所成就的"复和之工"。[53]

巴特强调，如果基督的复活是上帝对人的自我启示，它就必须是上帝永恒的"圣道成为有效地对人言说的话语的事件"。[54] 如此，基督的复活必须是"在人类接收、经验、思想的界域当中，可以被人们认识，也确实被人们认识的事件"。[55] 对巴特来说，基督复活的历史性，是人能够认识上帝的先决条件。声称巴特否定或淡化基督复活的历史性，是毫无根据的讹传。

---

53. *CD* IV/2, 146.
54. *CD* IV/2, 146.
55. *CD* IV/2, 146.

四、迷思（四）："但巴特所谓的'历史' 并非一般人所理解的'历史'"

事实上，就连范泰尔都指出，对于巴特来说，"上帝与人类**必须**参与一个共同的历史"。[56] 因此范泰尔承认，巴特认为"基督的复活是肉身、历史意义上的复活"。[57] 然而，范泰尔却提出了一个诠释上的观点：他认为，对巴特而言，宣告基督复活的历史性，"只有在一个特定意义上才成立，就是说虽然它首先是启示历史（*Geschichte*），但它**也是**内在于世界的某种东西（an innerworldly something）"。[58] 如本书第一章所述，范泰尔并非唯一这样解读巴特的学者，潘能伯格以及许多欧美神学家，都提出过类似的非历史的（ahistorical）或反历史的（anti-historical）诠释。

这种非历史或反历史诠释的关键，在于许多学者加诸于巴特的"启示历史-普通历史"（*Geschichte-Historie*）对立二分。德文 *Geschichte* 一词源于 *geschehen*（发生），最直接的字义就是"发生过的事"，在一般语义上可指"故事""历史"。*Historie* 一词的字源是希腊文单词的拉丁音译 *historia*，简单来说是指"记史"，亦即对历史事件的叙述。虽然德文 *Historie* 与英文 history 字源相同，但主要的意指不太一样。简单来说，*Historie* 比较接近英文的 historiography（记史），而英文的 history 则与

---

56. Van Til, *Christianity and Barthianism*, 104.

57. Ibid., 25.

58. Ibid.

德文 *Geschichte* 较为相近。

范泰尔还有许多与他观点相似的学者认为，巴特笔下 *Geschichte* 一词，是特指发生在耶稣基督的时间里面的启示事件，上帝在这个神秘的时间界域当中，以一种动态、无常的方式与人相遇；他们又以为，*Historie* 一词在巴特笔下是指"作为过往的历史（history as the past），一般史学家——不论基督徒或非基督徒——所研究的历史"。[59]范泰尔的理解是，对巴特来说，"基督的复活必须在首要意义上是启示历史，其次才是普通历史"。[60]根据这样的诠释，基督的复活不能"直接等同于普通历史当中的任何事物"。[61]当巴特提及基督复活的历史客观性与真实性时，范泰尔认为巴特都是在讲启示历史当中的客观性与真实性，而普通历史对巴特来说，无法"为信徒的信心提供任何客观的基础"。[62]

这种诠释背后有诸多错谬及问题，其中最明显的就是，巴特在他的著述当中，从未在 *Geschichte* 与 *Historie* 之间划下任何对立二分。虽然巴特确实赋予这两个字不同的定义，但他的定义却跟上述诠释大相径庭。简单来说，在巴特笔下，*Geschichte* 泛指一切真实发生过的事件，而 *Historie* 则是史学家对这些事件的记录、叙述，亦即英文的 historiography。

巴特区分三种 *Geschichte*，稍早其实已经提及。第一种 *Geschichte*，就是上帝本质里面的所"发生"的一切，亦即三一

---

59. Ibid., 8.
60. Ibid., 25.
61. Ibid.
62. Ibid.

上帝内在的行动（*opera ad intra*），包括圣子永恒受生、圣灵永恒发出。第二种 *Geschichte*，是亚当受造并堕落后的世界历史（*Weltgeschichte*），我们作为亚当里的人，一切的认知都被局限在这可感知的历史现象界域当中。第三种 *Geschichte*，是耶稣基督的历史，也就是上帝在基督里与人立约的历史，在这历史当中，上帝让世界历史与他自己的历史联合。圣约历史是世界历史的内在基础，而世界历史是圣约历史的外在基础（巴特最完整的表述写在《教会教理学》III/1，§41）。

这意思是，上帝在创世以先与定意成为人的圣子所立的永恒之约就像一出剧本一样，而这出剧就是以世界历史为舞台上演的（这又是巴特"实动主义"的一个例子）。上帝的救赎历史并非发生在另一个世界上，而是以古近东文明与希腊化文明为背景展开，以埃及、迦南、亚述、巴比伦、波斯、罗马的帝国历史为舞台；万王之王生于伯利恒，是出于上帝的预定与掌管，也是出于罗马皇帝奥古斯都的谕令；而正如巴特所强调的，福音书与信经特别提及了本丢·彼拉多，也是为了强调世界历史是救赎历史的外在基础。耶稣基督的神人二性在一个位格内有不可分离的联合与不可磨灭的区别，上帝历史与世界历史在耶稣基督的历史当中亦然。上帝在创世以先已然与将成肉身的圣子立约（一次成就永远有效 [once for all]），而祂正是在这基础上，多次多方进入我们的时间，与挪亚、亚伯拉罕、摩西、大卫立约（一次又一次 [again and again]）。这圣约历史并非原地打转，而是不断渐进，从旧约指向基督降生，又以基督升天预告基督再临（愈发丰盛 [more and more]）。世界历史与圣约历史在基督里不可分离的联合，在《教会教理学》第四卷的救赎论或复和论（doctrine of reconciliation/*Versöhnungslehre*）当中占有尤为显赫的地位。[63] 总之，巴特笔下的 *Geschichte*，并不是范泰尔所谓"启示历史"，而是泛指一切真实发生过的事，这包括史学家所研究的世界历史，也包括救赎历史。

再者，巴特笔下的 *Historie*，并不是指过去发生过、可以被史学家研究的事件，而是特指现代历史学科的记史（modern historiography）。他所指的并不是范泰尔所说的"中立的史学家眼中的世界史实"。[64] 其实范泰尔自己也经常强调，没有任何记史是"中立"的。他其实同意巴特的观点（尽管他不知道这是巴特的观点）：人们可以在某种程度上客观地诠释史料，而这种客观性（objectivity）必须扬弃中立性（neutrality）。所谓客观的记史，就是在史料诠释上符合、对应于史实自身。范泰尔与巴特其实都坚持，只有上帝对历史的认知才是绝对客观的，而人类历史知识的客观性，只能是上帝原版历史知识的复刻知识。人必须以信心为出发点，透过救赎历史的启示，才能理解世界历史的前因后果以及目的和意义。

当然，历史学家都有责任力求客观。但没有任何史学家能够不带任何预设，中立地去研究、叙述历史。这些预设必然涉及形而上学的问题。譬如，"人是什么"这个问题，会决定一个史学家如何诠释战争的起因。马克思主义认为，对于这问题

---

63. 详见拙作 Shao Kai Tseng, *Karl Barth's Infralapsarian Theology* (Downers Grove: IVP Academic, 2016), 265–269。

64. Van Til, *Christianity and Barthianism*, 14.

的答案，基本上可分为唯物与唯心：究竟是唯物的人在唯物的现实内考虑唯物的利益问题，导致思想上的差异，抑或是精神在人里面所产生的不同思想、文明之间产生了碰撞，最终产生战争？

又譬如，"历史是什么"这问题，自身也会影响史学家对史料的诠释。有些史学家主张"历史趋势不可逆"，他们相信，历史的进程是自然规律所注定的。他们在解释古罗马与古迦太基争夺地中海霸主地位的"布匿战争"（Punic Wars）时，认为古罗马的发展顺应了历史趋势，迦太基却对抗历史趋势，因此迦太基注定覆灭。在这样的诠释之下，第三次布匿战争（公元前149-前146）前夕，老加图（Marcus Porcius Cato, 前234-前149）在元老院力驳反战派时使用的修辞"迦太基必须毁灭"，虽然表达的是罗马强权对迦太基在经济上展现重新崛起之态而需要恃强凌弱的理由，却在冥冥之中暗合了历史的宿命。最早提出这种史观的思想家也承认，他们的理论无非是将基督教的预定论（doctrine of predestination）、摄理论（doctrine of providence）、终末论（eschatology）现世化，以某种神秘的历史宿命及自然力量来取代上帝的预定与摄理。对历史采取这种形而上学预设的史学家，会强调自己对历史的解释是"中立客观"的：他们会罗列大量史料，让自己看上去貌似中立地、不带预设地叙述历史的前因后果，然后将这种表面的"中立性"当成是"客观性"。然而，"中立性"与"客观性"其实是不同的概念，不可混为一谈——我们很快就会回来解释这点。

这里的重点是，不论古代抑或现代，没有任何史学家是中立而不带预设的：他们必然带着形而上学的预设来诠释史料。而现代史学家声称古人没有能力客观地诠释自己的经验，并傲然宣称自己的记史才是客观的。事实是，现代史学家惯于使用大量的史料、证据（evidences）来掩盖自己的预设，让自己显得中立，进而利用"中立"与"客观"两个概念之间似是而非的同义性，声称自己是客观地呈现历史。

而终极而言，历史研究背后的形而上学问题都是神学问题，包括"什么是历史"这最根本的问题，其实也取决于神学。历史是有终极目的之进程吗？或者是天道的循环？抑或不可理喻的永恒轮回（ewige Wiederkunft）？或者说这些问题是无法回答的，因此史学家不该关注这些问题？关于"何谓历史"的形而上学问题，以及这些问题的答案究竟可知或不可知，都取决于上帝是否存在、祂是怎样的上帝、祂与世界是否有关系、这关系是怎样的关系、祂是否启示了祂自己等神学问题。正如加尔文所言，人若不认识上帝，就无从认识自己，而若不认识自己，也无从认识上帝。在巴特与范泰尔看来，这意味人对世界历史的认知，是认识救赎历史的外在基础：知道凯撒·奥古斯都、希律政权、本丢·彼拉多的职能，才能明白圣经记史当中，耶稣降生乃至受死的意义。同时，巴特与范泰尔都坚持，只有透过救赎历史认识了掌管历史的上帝，才能够客观地在正确的预设上去阐述世界历史。

用更简单的话来说就是，每个人的史观，其实终极而言都取决于这人的神学观。古人以为地上万事万物的命运都由天象决定，他们的历法也随天体运行而循环，以为这就是天道之周行而不殆。基督教神学产生了线性史观，新的历法以基督降生为公元元年，逐年递增。在巴特看来，是十九世纪德国神学的错谬，导致了史观乃至史学的错谬，使得许多德国人以为希特勒是上帝派来拯救德国的伟大领袖。这世上没有中立的史学。巴特与范泰尔都会坚持，客观的历史诠释在乎正确的神学，而正确的神学，必须是上帝原版知识的复刻。

巴特使用 *Historie* 一词，乃是特指现代史学的记史，而我们已经看见，现代史学背后有特定的形而上学、神学预设，亦即后康德时期典型的现代历史意识，以及各门各派在不同预设上所建立的现代史观、现代历史批判法。巴特经常以贬抑的方式使用 *Historie* 一词，正是因为他对现代史学的傲慢与偏见提出了严厉的批判。弗莱（Hans Frei）指出，巴特拒绝将圣经当成 *Historie* 来诠释，目的就是要对历史批判法（historical criticism）提出神学的批判。[65] 弗莱解释道，巴特笔下 *Historie* 一词是指 **能够在历史上被证实的东西**（*that which can be historically proven*）——换言之，就是经验历史（empirical history）、我们的事实问题（fact questions）与之有关的历史……巴特所说的就是那种历史：'它的证据何在?'，那种可以用史学证明的记史。" [66]

现代史学有许多不同门派，但这些学派都会同意德国历史客观主义（historical objectivism）大宗师兰克（Leopold von

---

65. Hans Frei, "Scripture as Realistic Narrative: Karl Barth as Critic of Historical Criticism," in *Thy Word is Truth*, 49–63.

66. Ibid., 56.

Ranke, 1795-1886）的观点，傲然认为人类有能力在上帝启示以外客观地诠释时空当中的现象，不论是基于史料还是其他的基础。譬如，德国旧约形式批判学（form criticism）学者龚克尔（Hermann Gunkel, 1862-1932）的研究，就展现出这种典型现代历史批判意识对启示的偏见，他认为古代的圣经作者"没有能力客观地诠释他们的经验"。[67]

巴特论及基督复活的"历史客观性"时，包含了稍早解释过的在体（ontic）客观性以及纯理（noetic）客观性。基督的复活是客观史实：这是基督复活的在体客观性。福音书的复活叙事客观地**记述**了这史实，且客观地**诠释**了门徒关于基督复活的报导，包括所报导的史实背后的神学意义：这是圣经复活叙事的纯理客观性。巴特认为，圣经的叙述才是真正客观的，而现代批判史学家的记史（*Historie*），则完全没有能力客观记述、诠释基督复活的事件，抑或世界历史的任何经验及史料。

巴特尤其反对布尔特曼（Rudolf Bultmann, 1884-1976）所提出的观点："一个号称在时间内发生的事件，能够被接受为历史事件的必要前提，乃是能够"在"现代历史批判研究"的预设下"被证明为'史实'"。[68] 在巴特看来，"马尔堡康德主义者"必须为这种现代史学的傲慢与偏见负上主要的责任。[69] 马尔堡新康德主义提出了历史实证论（historical positivism）的原则：过往事件的报导，唯有在某种广义的自然主义预设下以历

67. Hermann Gunkel, *Genesis*, trans. Mark Biddle (Macon: Mercer University Press, 1997), vii.
68. *CD* III/2, 446.
69. *CD* III/2, 447.

史科学方法证实后，才能被接纳为真实的历史。

巴特反对布尔特曼将圣经叙事归类为"神话"（myth/ *Mythus* ）。所谓"神话"，意思是使用不可能被接纳为史实的叙事来传递永恒、非时间性的真理的文类（genre/*Gattung* ）。同时巴特又不愿意使用"记史"（historiography/*Historie* ）一词来形容圣经叙事，因为这词汇不管在古代或现代，都是指涉人们在上帝的启示以外对历史经验的主观诠释。对巴特来说，圣经就是圣经，如果要勉强用一个文类来归纳，那么"萨迦"（saga/ *Saga* ）或许最为合适。

"萨迦"是一种源于中世纪北欧及冰岛的文类，介乎史诗（epics）、传奇（legends）、历史小说（historical fictions）之间，通常叙述一个或几个主要人物的事迹，有圣徒的圣传（hagiography）、维京人的英雄事迹等。当然，这中世纪北欧文类对新旧约圣经的作者而言是陌生的，他们也不可能是在模仿这文类。巴特只是注意到这种文类与圣经叙事一些相似之处，因而勉强用"萨迦"来形容圣经当中一些史学家没有资格去论证或证伪的记载。

巴特解释道，广义而言，"萨迦"是指一种广泛的"文类，使用直观与想象，在所叙述的事件不再能够使用历史方法证明时，仍坚持采取历史叙事"的方式来书写。[70] 圣经叙事当然不是作者漫无边际的直观与想象，但圣经作者所报导的许多事件，是无法用现代历史学科的科学方法去证实或证伪的，特别是创世与复活的叙事，然而圣经作者在记述这些事件时，却仍坚持

---

70. *CD* IV/1, 508.

以记述史实的意向及手法在叙事：这就是圣经与萨迦的共通点。

换言之，巴特使用"萨迦"一词描述圣经当中的创世叙事以及复活叙事，是为了强调圣经作者将他们所叙述的内容视为史实，尽管他们知道自己所报导的事件，不论依照现代或古代史学的标准，都是不可证实或证伪的。读者若接受他们所报导的事件为史实，是因为圣经是上帝的话语，其权威在乎它作为上帝话语的自证（self-witness），而不在乎现代或古代史学家的支持或反对。因此巴特强调，虽然圣经叙事符合"萨迦"的广泛定义，但"在这文类当中，圣经萨迦是独特的例子，不能跟其他的例子相提并论，而是必须自在自为（in and for itself/*an und für sich*）地被看见而理解"。[71]

我们在前一章解释了巴特如何借用黑格尔"自在自为"一词来建构实动主义的思维形式。巴特用这术语来指涉一个主体在自身之外的行动、经历、历史、抉择之前已然完整的本质（*Wesen*）。严格而论，唯有三一上帝的内在本质是自在自为的绝对者，但巴特也会在某种延伸的意义上，用"自在在为"的绝对性讲述上帝的外在存在方式、行动、工作。譬如，耶稣基督作为拣选人的上帝（自在）、被拣选的人（自为）、拣选的现实（自在而自为），是三一上帝原版（archetype/*Urbild*）绝对性的复刻（ectype/*Nachbild*），是外在于上帝自在本质的绝对存在（absolute being）。在延伸的意义上，圣经作为基督启示的复刻、书写的上帝话语，也具有自在自为的绝对性。圣经在本质

---

71. *CD* IV/1, 508.

上是上帝已然书写的话语，因此在圣经萨迦当中，"直观与想象被使用，但目的却是在于为已然因着上帝话语在历史或史前界域中真实发生过，却无法获得历史证明的事，提供先知性的见证。"[72]

历史界域（有见证人的报导、书写的史料）中的复活叙事，以及史前界域（没有人在现场见证的事件）的创世叙事，之所以可以称为"萨迦"，不是因为这是作者奇幻的杜撰，而是因为作者所书写的内容，已经超乎历史学科可证明或证伪的范围，而作者仍将这些内容当作史实来陈述。这些事件是否真实在历史上发生过，不是现代历史批判学有资格定夺的。或许各种史料、证据能够加强圣经叙事的可信度，福音书作者也确实多方使用史料证据来记述基督复活，但对巴特来说，福音书作者的用意并不在于诉诸史料的权威来证明基督复活，而在于诉诸上帝话语的权威，对史料提出毫不中立却真正客观的解释。

真正使人相信这些那六日以及那四十天所发生的事件为史实的，是圣经作为上帝话语的自我见证，也就是稍早引用的那段话："圣经对自身的见证，全然在乎它作为对耶稣基督的见证的本质。而对这自我见证的真理的认识，亦即对其独特权威的认识，全然与我们对耶稣基督作为道成肉身之圣子的认识相辅相成。"[73]

稍早提到，巴特称世界历史为圣约历史的外在基础、圣约历史为世界历史的内在基础。这不但意味着我们必须了解奥古

72. *CD* IV/1, 508.
73. *CD* I/2, 485; *KD* I/2, 538.

斯都、彼拉多的历史，才能明白福音书所赋予基督降生、受死、复活的历史意义；同时我们也需要透过耶稣基督的历史（在这里讲的不是什么神秘兮兮的概念，而是基督按上帝的定旨先见，在世上所成就的一切），才能客观地理解埃及、亚述、巴比伦、波斯、罗马，乃至整个世界历史的意义。倘若耶稣所说过、做过、经历过的一切，不是真实地发生在我们这世界的历史上，那么祂的生平与历史就对我们没有任何意义，而我们也不可能认知祂为我们成就的任何事。在"我们的时间"（our time/ *unserer Zeit*）里发生的复活事件，就**是**在"上帝给我们的时间"（God's time for us/*Gottes Zeit für uns*）里发生的事件，正如拿撒勒人耶稣的母亲就**是**上帝之母（*Theotokos*）。要说巴特否认普通历史的重要性，那就像是说莫扎特否认音乐曲式的重要性一样，相当离谱。他对"记史"（*Historie*）一词的负面评价，仅是为了驳斥现代历史批判学背后的傲慢与偏见，包括自然主义、实证主义、客观主义等预设。

五、迷思（五）："巴特声称历史现象无法直接启示上帝"

对于以上的解释，有些读者仍会反驳："巴特声称，历史现象无法直接启示上帝，而启示必然是间接的。"这样陈述巴特的观点，本身并没有错，但许多人在理解这陈述的时候，都误解或曲解了巴特的意思。潘能伯格、范泰尔都是这样曲解巴特的，而范泰尔的说法在华人世界当中影响尤其深远。如稍早所见，许多华人就是在这意义上称巴特为"新正统"。范泰尔在一篇发表于 1954 年，又在二十年前被某位"愣头青"以不成熟而拙劣的手法翻译成中文，在国内互联网上广为流传的文章中，如此陈述巴特的立场：

> 在上帝启示的行动当中，没有任何事物是单纯过去或单纯未来的。也没有任何事物是单纯当下的。"当下"（the present）的概念，并不是指日历上的某个日期。如果是的话，那么终究就会有直接的（direct）启示了。如果（"当下"）是（指日历上的某个日期）的话，那么对启示的见证，终究就会等同于启示自身了。我们必须用"神圣当下"（the divine present）（*göttliche Präsens*, *KD* I/2, 558）的概念，来取代"一般历史意义"（ordinary historical sense）（*bloss historisch*, 同上）上的任何过去、现在、将来。[74]

确实巴特拒斥"直接启示"的概念，但范泰尔在这一点上对巴特至少有双重的误解。首先，巴特其实与范泰尔、古典新教、新加尔文主义一致坚持，上帝就本质而言（*per essentiam*）是不可知的：这意思是，有限的人不可能直接认知上帝无限的本质。只有上帝直接认识祂自己的本质：我们稍早解释过，这在改革宗正统当中被称为"原版知识"（archetypal knowledge）。

---

74. Cornelius Van Til, "Has Karl Barth Become Orthodox?" *Westminster Theological Journal* 16 (1954):138. 十分汗颜，本人就是这名"愣头青"。这篇文章是笔者读大学本科时翻译的，当时笔者在林慈信博士的鼓励下读了范泰尔对巴特的批评，进而将这篇文章翻译成中文，定题为《巴特 vs. 正统神学》。其中的翻译、注解都相当不成熟，且有许多错误，读者若有兴趣可自行上网搜寻。

人所能认知的，只有上帝在历史当中自我启示的外在（ad extra）行动与工作。上帝借由祂降卑与人立约的历史行动作为媒介，像一面镜子一样映现自己的本质，使人能够获得类比的（analogical）、间接的（mediated）、复刻的（ectypal）神学知识。

这正是巴特的意思。他写道："对于我们的眼见及理解而言，对耶稣基督纯粹形式（亦即三一本质中，尚未成为肉身的永恒圣子）的认识，乃是间接的认识。"[75] 但由于启示的上帝（Deus revelatus）与隐藏的上帝（Deus absconditus）是同一位上帝，因此我们对拿撒勒人耶稣的认识，就是对圣子的认识，而对圣子的认识，就是对三一上帝的认识，正如耶稣所说："人看见了我，就是看见了父……我在父里面，父在我里面。"（约14:9-10）虽然这是复刻的、间接的认识，却是真知识，因为它以三一上帝的自我认识为原版。从1924年开始，巴特就一直是在这"复刻神学"的意义上称启示为"间接的"。他的意思是，人作为有限的受造者，不可能直接认识上帝无限的本质，必须透过受造的中介才能认识，而耶稣基督的神人二性，就是启示中介的核心所在。

第二，当巴特在《教会教理学》I/1-2当中宣称没有任何历史事物直接等同于启示的时候，他确实仍将启示的客观面当成一个永恒、超越历史时间的事件，亦即上帝在创世以先在基督里的永恒拣选。这永恒拣选借由圣灵赐下信心、收回信心的经世之工映现出来，而这是全然动态的。在这点上，范泰尔并未

---

75. *CD* IV/3, 389.

完全误解巴特在 I/1-2 当中的意思。但范泰尔所忽略的是，自 1936 年底，巴特以基督论重新诠释预定论之后，他就前后一致地宣称，耶稣基督在世界历史上的降生，就直接等同于上帝在创世以先决定成为人的自我规定："道成肉身就是拣选！而这全然直接且无中介地（*ganz direkt und unmittelbar*）就是我们所蒙的拣选之所是。"[76]

当然，对巴特来说，上帝的本质仍旧是间接地启示给我们的，以基督神人二性的联合作为中介。巴特的基督中心拣选论对于启示论的重大意义之一在于，巴特从 1936 年开始，就将世界历史当成上帝拣选、立约、道成肉身的启示历史的外在基础，以致他开始坚持，上帝所创造并摄理的世界历史具有内在的启示性，这启示性不在于世界历史自身，而在于其内在基础，亦即圣约历史，这内在基础就是世界历史的本质或本体规定（ontological determination/*ontologische Bestimmung*）。其实巴特在《教会教理学》I/1-2 已经表达了这样的观点，尽管他当时对永恒拣选的理解，令他在一些关键点上仍无法自圆其说。

尽管如此，在《教会教理学》I/1-2 当中，巴特其实也并未如范泰尔所言，主张用上帝动态的"当下"，亦即动态的临在，来"取代"圣经所记述的历史事件。范泰尔引用巴特笔下 *bloß historisch* 一词时，误以为这是指"一般历史意义上的过去、现在、将来"。然而，这完全不是巴特在上下文所表达的意思。原文出处的上下文当中，巴特从未提及"过去、现在、将来"，而

---

76. Barth, *Gottes Gnadenwahl*, 15.

是提出了"单纯属历史者"（*bloß historisch*）以及"单纯属终末者"（*bloß eschatologisch*）这两个概念来指涉自由派神学的两种路线，并提出严厉的批评。[77]

巴特明确指出，他使用 *bloß* 一词，是使用康德《单纯理性限度内的宗教》(*Religion innerhalb der Grenzen der bloßen Vernunft*) 一书当中的用语。[78] 这个字除了"单纯"外，还有"赤裸"的意思。在康德笔下，"单纯理性"（bare reason/*die bloße Vernunft*）是指人类理性脱去历史启示外衣后的赤裸状态。[79]

巴特提出"单纯属历史者"及"单纯属终末者"这两个概念，是指自由派神学的两个主要路线。立敕尔主义者（Ritschlians）所代表的新康德主义路线，采取了历史实证论（historical positivism），意图在上帝的话语之外，客观地诠释历史事实。这种路线发展到后期，索性否认说历史具有任何终极目的或意义。另一种路线跟随德国观念论的形而上学历史主义（historicism），主张历史是具有终末意义的进程，而历史现象都是这终末神圣目的彰显。这路线的早期代表人物是施莱尔马赫，到了巴特的学生时代，则由特洛尔奇（Ernst Troeltsch, 1865-1923）领军。

巴特拒斥"单纯属历史者"及"单纯属终末者"的用意在于强调，我们在上帝的话语之外，不可能客观地诠释历史（这是在反驳自由派神学界的新康德主义者），也不可能找到历史的

77. *KD* I/2, 558.
78. *CD* I/2, 785.
79. 详见拙作 Tseng, *Immanuel Kant*, 86–87。

终极意义（这是在反驳自由派的历史主义者）。这两个词汇出处的上下文如下：

> 　　圣经论的整体，以及所有的教会教理，乃至教会透过圣道的传讲与圣礼的施行所作出的宣告，都围绕这事件［耶稣基督之为启示的事件］。倘若我们的思维与言说不再围绕这事件，以某种方式落入那单纯属历史者或单纯属终末者——亦即圣经中的上帝话语的单纯难题与不确定性——那么我们诚然就不再是在教会当中与教会一同思考并言说，不再凭信心思考并言说，也诚然不再从圣经中的上帝话语来思考并言说，而是刻意或不经意地用某种替代品来取代这事件。[80]

六、迷思（六）："巴特声称基督人性是堕落的"

自从西方神学的"原罪"（original sin）思想在奥古斯丁的时代大致成形后，西方基督教的正统就一律教导基督无原罪。[81] 对于《迦克墩信经》当中"凡事与我们一样，只是没有罪"的这一条，西方教会的正统解释是：基督按人性说，不但没有犯过罪，他也没有罪性（sinful nature），尽管他在复活之前，像亚当堕落后的所有人一样，承受了罪的工价，一度活在死亡的权势之下。

　　那么，基督在地上时，是否有可能犯罪，像当年亚当在伊

---

80. *KD* I/2, 558.
81. 按照东正教的教理，基督有原罪，但东正教所谓的"原罪"，并非西方神学所讲的那种遗传的罪性，而是罪所带来的后果，包括必朽性（corruptibility）、必死性（mortality）等。

甸园里面那样呢？东西方教会主流的正统神学立场是：基督不可能犯罪。然而，是什么使得基督不可能犯罪呢？关于这问题，在教父时代就已经出现了至少四种理论：（一）耶稣的人性具有内在的不可犯罪性（impeccability）；（二）耶稣的人性因着神格化（deification/*theosis*）而无罪；（三）基督神性的威能传递给了祂的人性，因此祂不可能犯罪；（四）耶稣因着恩典的大能而无罪。[82] 宗教改革之后，路德宗基本采取了第三种模型，以本书上一章解释过的"威能相通"（*genus maiestaticum*）来理解基督的无罪，尽管在路德宗神学家当中也有例外。主流改革宗则采取了第一种模型，主张圣子加在自己位格内的人性，自身就具有不可犯罪性，是信徒将来荣耀自由（*libertas gloriae*：不可能犯罪 /*non posse peccare*）的原型。《威斯敏斯特信仰告白》引用《希伯来书》7:6，宣称基督乃"圣洁、无邪恶、无玷污"，并解释道"主耶稣在祂人性之中如此与神性联合，无与伦比地由圣灵圣化而膏抹（sanctified and anointed with the Holy Spirit above measure）"（8:3）。这意思是，基督人性自身的圣洁乃是出于圣灵在祂身上的内住以及圣化之工，而不是出于神性与人性的威能相通。

当然，由于位格的联合（hypostatic union，神人二性联于圣子的位格），一切关于基督人性的谓述，都是对整个位格的谓述。倘若基督按人性说是可犯罪的，那么这就意味圣子的位格是可犯罪的。这并不是说圣子神性的圣洁直接导致了基督在人

---

82. John McKinley, "Four Patristic Models of Jesus Christ's Impeccability and Temptation," *Perichoresis* 9 (2011):29–66.

性上不可能犯罪，而是说圣子的位格不可能联于可犯罪的本性。

再者，圣子位格内的（enhypostatic）人性不可犯罪，仅是基督不可犯罪性的消极原因。积极而言，基督不可犯罪，乃是为了将祂的义归算给信徒。这就意味，基督之不可犯罪，乃至基督的积极顺服，都是出于祂人性的意志，而非圣子位格或神性的影响。

约翰·欧文（John Owen, 1616-1683）引用《希伯来书》7:26 时，提出了比《威斯敏斯特信仰告白》更为清楚的解释："从二性联合之初，基督即乃'圣洁、无邪恶、无玷污、远离罪人'，尽管祂被置于律法之下，却仍可进入荣耀景况。"[83] 欧文指出，基督被置于圣约的律法之下，并非为了祂自己：若仅是为了祂自己，那么按祂无瑕的人性，在道成肉身之初便可直接得荣耀。基督被置于圣约的律法之下，乃是为了在律法之下成就消极的义（无罪）和积极的义（爱中的顺服），并将这义归于一切信祂的人。

欧文强调，基督并非"永恒地"被置于律法之下，因为唯有上帝是永恒的，而上帝是圣约律法的主，不在律法之下。[84] 因此，基督乃是按人性，"主动地（voluntarily）将自己置于律法之下"。[85]

此处就涉及基督不可犯罪性的主要根据了：基督人性的意志，乃是自由的意志，并不受迫于上帝旨意，同时却又必然

---

83. John Owen, "The Doctrine of Justification by Faith," in *The Works of John Owen*, 23 vols., ed. William Goold (Edinburgh: Banner of Truth, 1965), 5:262.
84. Ibid.
85. Ibid.

全然主动地顺服上帝旨意，不可能违抗上帝的旨意。这立场乃是得自第六次大公会议，亦即第三次君士坦丁堡会议（Third Council of Constantinople, 680–681）的信仰告白。该会议做出了两项重要的决议：（一）裁定基督一志论为异端，并依迦克墩正统（Chalcedonian orthodoxy），"宣告在祂［基督］里面同有两个本性上的决断力或意志，以及两个本性上的行动原则，不可相离，不可改变，不可分割，不可相混"；（二）声明基督的人性意志虽然自由而不被神性意志所左右，但基督的"人性意志却随从祂全能的神性意志，并非被迫随从且抵抗之，而是甘愿服膺于祂全能的神性意志"。[86] 基督人性不可犯罪，正是因祂人性意志全然顺服祂自己作为上帝的旨意。

这就意味，基督人性不可犯罪，并非因意志受迫于圣子位格之圣洁，而是按人性自身由圣灵所赋予的圣洁意志，甘愿全然顺服上帝。笔者好友马克·琼斯（Mark Jones）在引用斯蒂芬·查纳克（Stephen Charnock, 1628–1680）的著述并阐述其观点时，可谓一语中的，呈现了十七世纪改革宗正统的主流观点：

> 查纳克鉴于位格联合（hypostatic union）而肯认了基督的不可犯罪性，但这仅仅是要强调上帝的良善如何可能是自由而又必然的："祂不可能不良善，祂也不会定意不良善。因此，［基督人性的］意志无可抗拒地被［上帝］吸引，同时却又自由地获得其自身的福乐。［基督人性的］灵

---

86. 全文见天主教当代官方英译：https://www.papalencyclicals.net/councils/ecum06.htm。

魂必然被带到上帝面前，必然紧紧跟随，这必然性并非出于被迫，而是出于［上帝的］不变性（immutability）。"[87]

查纳克提出，基督道成肉身之初即因圣灵圣化之工而在人性上被赐予的荣耀自由，乃是信徒因圣灵不可抗拒之恩（irresistible grace）而获得自由的基础。正如"基督对父上帝的顺服乃'自由而主动，却又必然而不可抗拒'"，圣灵重生之恩的"'不可抗拒性'并不消除意志的自由"。[88] 倘若基督是因位格联合的威能相通而不可犯罪、拥有荣耀自由，那么同样的荣耀自由就不可能赐予信徒，因为位格联合、属性相通是基督独有的。正因基督的荣耀自由是出自圣灵的恩典，但凡因圣灵不可抗拒之恩与基督联合的人，皆终必在基督里与祂一同获得同一位圣灵所赐的荣耀自由。

这并非查纳克特立独行的观点。琼斯指出，欧文、约翰·弗拉沃尔（John Flavel, c.1627-1691）、彼得·范·马斯特里赫特（Petrus Van Mastricht, 1630-1706）等一众"早期现代改革宗神学家"所共有的改革宗神学"关键特色"。[89]

简言之，根据古典改革宗神学的主流观点，圣子之为上帝，其圣洁既不可改变，那么祂人性的意志也必然不可犯罪，而基督人性意志之不可犯罪，必须属乎祂的人性自身，而非出

---

87. Mark Jones, "A Reformed Scholastic Look at Regeneration," *The Master's Seminary Journal* 32 (2021):234. 引用 Stephen Charnock, *The Complete Works of Stephen Charnock* (Edinburgh: Banner of Truth Trust, 1985), 3:288。

88. Jones, "A Reformed Scholastic Look at Regeneration," 234.

89. Ibid., 236.

自神性，更非受神性所迫。当然，虽然这立场在改革宗神学当中几乎可以被视为正统，但改革宗信仰告白在这问题上仍允许一定的弹性。许多现代改革宗神学家论及基督不可犯罪性时，倾向于单方面地讨论位格联合，而未强调基督人性自身在道成肉身之初即因被圣灵全然圣化而不可犯罪。更有甚之，由于信仰告白在这问题上并未提出清晰的表述，故而有少数认信（confessional）改革宗神学家主张，基督在地上时，祂的人性并不具有内在的不可犯罪性。在近代认信改革宗神学当中，贺智（Charles Hodge, 1797–1878）是这少数派的代表之一。[90]

巴特在这问题上，其实采取了古典改革宗的主流观点：基督人性具有内在的不可犯罪性。当然，巴特所提出的论据与古典改革宗有所不同，我们稍后就会说明。许多学者在这问题上，都误读了巴特的著述。他们认为，巴特论述基督之无罪（sinlessness）时，主张基督的人性是堕落的，像亚当的后裔一样不可能不犯罪（*non posse non peccare*），却在行动上用圣洁无瑕的一生胜过了罪。[91]

事实是，当巴特说罪是"本体上的不可能性"（ontological impossibility/*ontologische Unmöglichkeit*；见本书第二章）时，就是在强调，罪的现实全然外乎人之为人的本质，亦即人性，而这本质就是耶稣作为人，在永恒立定的圣约当中，出于爱

90. Charles Hodge, *Systematic Theology II: Anthropology* (Grand Rapids: Eerdmans, 1981), 457.

91. 例：Oliver Crisp, *Divinity and Humanity* (Cambridge: Cambridge University Press, 2007), 90–93, 98; Bruce McCormack, *For Us and Our Salvation* (Princeton: Princeton Theological Seminary, 1993), 21。

中的自由，对上帝的全然信靠与顺服。我们在上一章解释过，巴特区分"天性"（nature/*Natur*）与"历史"。人实存之存在（existential being/*Sein*；*Dasein*）全然是从上方（from above/*von oben*）被基督里的圣约历史所规定（determined/*bestimmt*）的，而这就是人的天性与本质存在（existential being/*Wesen*）；但同时，人实存之存在也全然从下方（from below/*von unten*）被亚当堕落族类的历史所规定，致使人不可能不犯罪。由于人性是由基督的恩典所规定的，所以罪只能驱使我们在实存现实中的思想与行为，却没有能力改变我们在基督里的本质。

而当基督亲自进入亚当的历史当中时，这罪恶的历史从下方来的力量，是完全无力去影响耶稣这人的思想或行动的：祂是代表人类与上帝立约的人，在爱的关系中有完美的信靠与顺服，而罪对于人性来说之所以是本体上的不可能性，就是因为耶稣这人是不可能犯罪的圣约代表。巴特在《教会教理学》IV/1 阐述基督与亚当的关系时，清楚表明了基督人性之无罪："这位他者［基督］亦是直接从上帝来的，不只是作为受造者，更是作为上帝的儿子，祂自己按神性说就是上帝。祂也曾是一个罪人、债奴，但却是作为无罪而无咎的那一位，担当了他人的罪，亦即在祂之外所有人的罪。"[92] 换言之，亚当族类的罪，因着与基督联合，归算给了基督，成了祂的罪。

虽然这说法背后的神学本体论不同于古典新教神学，但这说法自身在形式上，却是采取了改革宗正统的立场。约翰·欧

---

92. *CD* IV/1, 512.

文阐述这立场时解释道，上帝不能无端刑罚一个无罪的人，正如圣洁的上帝不能撒谎，而基督之所以能替选民受刑罚，是因为"我们的罪咎传递（translation of guilt）到基督身上，使祂替我们成为罪"。[93] 欧文强调："基督并非作为（as）上帝至为圣洁的圣子受到上帝刑罚，而是作为我们的圣约中介（mediator）及担保人（surety），'上帝使祂这位不认识罪的替我们成为罪'。诚然，在'我们因祂受的刑罚得平安'之前，'祂使我们的罪孽都归在祂身上'。"[94]

至于巴特如何处理"替代受刑"（penal substitution）的救赎论，我们在第五章会有较深入的讨论。总之，巴特从未提出基督人性是堕落的。基督人性堕落观（fallenness view of Christ's humanity）是巴特明确拒斥的立场。[95]

七、迷思（七）："巴特高举'恩典'，贬低'自然'"

这讹传是相当明显的错误。"恩典"与"自然"的对立，在巴特这里是不存在的。首先，我们刚才已经解释过，巴特赋予"自然"或"天性"（Natur / nature）这概念极高的地位。自然天性是上帝造物时，在圣约的恩典里"从上方"的本体规定。德国新教神学大师克罗特克（Wolf Krötke）解释道："关于人类存在的陈述，是本体论的陈述。在这意义上，巴特提出完整、未

93. John Owen, "A Dissertation on Divine Justice," in *The Works of John Owen*, ed. William Goold, 23 vols. (Edinburg: Banner of Truth, 1956), 10:566. 此处中文经文译自欧文行文中的英文意译。

94. Owen, *Works*, 10:554.

95. 详见拙作 Tseng, *Barth's Ontology of Sin and Grace*, 110–112。

被更改的人性，而他所指的乃是上帝所造的良善天性。"[96] 巴特有时在较松散的意义上言及人性的扭曲与败坏，但在这些地方，他经常会立即补充说，扭曲与败坏的并非人的天性，而是"非天性"（*Unnatur* / un-nature），是外乎于受造的良善天性且悖乎天性的。[97]

巴特在《教会教理学》IV/1–3 讨论罪的时候，提出了一套非常重要却经常被忽略的论述：他反复强调，就连在堕落的历史景况中，人类都始终未曾失去原初受造时的良善天性——"任何一部分都未曾失去"。[98] 在这里，巴特是在贯彻奥古斯丁的传统，并在这基础上提出对传统的修改。

在这传统当中，"自然"或"天性"是指上帝从无创造万有时赋予各种受造物的形式因（formal causes）。一反修正学派还有范泰尔学派的诠释，巴特到了生涯晚期，在《教会教理学》IV/2 当中，都仍保留了这种所谓"实体主义"（substantialism）的定义："'人类天性'很简单地指涉那使人之为人的，有别于上帝、天使或动物的……，即他的 *humanitas*。"[99] 受造天性的良善虽非绝对、至高、不改变，但各从其类而言，在原初受造时，是全然良善而无瑕疵的。

奥古斯丁指出，造物主是永恒自存的存在，其他的存在都本于祂、倚靠祂、归于祂。造物主与受造物之外没有第三种存

卡尔・巴特：奇人其思

---

96. Wolf Krötke, *Sin and Nothingness in the Theology of Karl Barth*, eds. and trans. Philip Ziegler and Cristina-Maria Bammel (Princeton: Princeton Theological Seminary, 2005), 73.

97. *CD* IV/2, 26; *KD* IV/2, 26.

98. 例：*CD* IV/1, 492。

99. *CD* IV/2, 25.

在，因为假设造物主之外别有非受造的存在，那么它就会是造物主之外的自存者，而这是基督教神学无法接受的。

在奥古斯丁以降的西方传统当中，以上这套本体论意味，恶并没有实体（拉丁文：substantia）。恶既非受造，亦非自存，因此恶并非本质的存在（essentia）。如此，主流西方神学就衍生出关于恶的"非本体论"（meontological）传统。斯温伯恩（Richard Swinburne）解释："此传统中的作者……的观点是，每个东西都属乎一个类别……，而恶则是一个类别当中不完美的样本"。[100] 奥古斯丁形容道德的恶为"善的缺乏"（privatio boni），即"天性之良善的移除"。[101] 托马斯·阿奎纳则称恶为"单单依赖某种善的能力来运作"的"不存在者"。[102] 人的天性自身仍是良善的，但这良善的天性却被败坏、扭曲了。譬如，人还是能彼此相爱，因为人是按照上帝形像造的，但人的爱变得扭曲，往往该爱的不去爱，不该爱的倒去爱，有时过度去爱，有时则爱得不够。最严重的是，人不尽心、尽性、尽意、尽力去爱上帝，却将不是上帝的对象当成上帝去爱、去崇拜。尽管如此，这爱的本质自身，仍旧是上帝原初造人的时候，放在人性当中的。

巴特接受西方神学传统的主流观点，主张上帝所造的天性

100. Richard Swinburne, *Providence and the Problem of Evil* (Oxford: Oxford University Press, 1998), 37–38.

101. Augustine, *Enchiridion of Faith, Hope, and Love*, trans. Bruce Harbert (Hyde Park: New City Press, 1999), 41.

102. Thomas Aquinas, *Summa Contra Gentiles*, 3.10, in Timothy McDermott, ed., *Aquinas: Selected Philosophical Writings* (Oxford: Oxford University Press, 1993), 285.

在其自身必然是良善的，但他坚持，人的天性并没有被罪扭曲、改变。他提出一个关键的大前提：只有造物主有能力改变祂所造的天性。[103] 在此前提下，如果说人的天性被罪扭曲改变了，那必然的结论就是，罪是某种"第二尊神祇"，拥有类似上帝的能力，能改变上帝所造之物的天性。[104] 巴特认为，奥古斯丁以降的主流西方神学将罪视为"善的缺乏"，就必然导致这结论——当然这里面有巴特对古典神学的一些根本误解。[105] 总之，巴特在《教会教理学》IV/1-3 一再强调，人的本质与天性在罪恶的景况中仍是全然良善而完好无缺的。

这并不意味巴特否认人的"全然败坏"。他强调，在"败坏的景况"中，人"实存的存在（*Dasein*）"是全然而彻底败坏的。[106] 正如稍早解释过的，人的存在一方面"从上方"被耶稣基督里"上帝与人强而有力并至高的实在性"所规定。[107] 另一方面，"从下方，它［人的存在］不断地"被实动的罪行"以一种邪恶但非常可感知的方式"所"规定"。[108] "天性"与"罪"水火不容，但对于人的存在而言，两者皆是完全而非局部的规定。[109]

科罗克特解释说，当巴特形容人的"存在"为"全然罪恶"时，他并非在本体层面上作出这陈述："根据巴特的预设，这

---

103. *CD* IV/2, 421.

104. *CD* III/3, 351; IV/1, 408.

105. 详见拙文曾劭恺：《奥古斯丁"三一圣痕"主题与变奏》。

106. *CD* IV/1, 492.

107. *CD* IV/3, 477.

108. *CD* IV/3, 477.

109. 参 Matt Jenson, *The Gravity of Sin: Augustine, Luther and Barth on* homo incurvatus in se (London: T&T Clark, 2006), 218.

不能够是本体论的陈述。"[110] 这也正是为什么巴特在晚期著作中尽量避免使用 *Natur* 及 *Wesen* 等本体论术语来描述人的堕落。不论罪恶多么强而有力地全面规定着人的存在，它对于人而言始终是本体上的不可能性。

八、迷思（八）："巴特拒斥自然神学"

上述讨论涉及另一个问题：既然巴特从未贬低"天性"或"自然"，那么他为何拒斥自然神学（natural theology）呢？在这里，我们先提出一个简单的回答，然后我们在第四章会详细地从巴特的启示论来讨论这问题，从新加尔文主义关于"普遍启示"及"特殊启示"的阐述切入，指出巴特对"普遍启示"这概念的误解，厘清巴特拒斥"普遍启示"时所要表达的意思，进而说明他对自然神学的态度背后的思想。

简单来说，巴特所拒斥的并不是自然神学本身，或是自然神学的内容。他所谓的"自然神学"，是指一种特定的思辨形而上学进路，就是从"存在"（being）等普遍、抽象的哲学概念出发，进而论证上帝的实存。我们在前一章阐述巴特的"个殊主义"（particularism）时，已经解释过这点了。巴特坚持，上帝是存在（God is being），但存在不是上帝（being is not God）。我们必须从上帝的话语出发，在基督里具体地认识上帝的爱（上帝就**是**爱——但人主观地经历并理解"爱"并不是上帝！）以后，才能理解何谓存在、何谓无限、何谓不变、何谓永恒、何

---

110. Krötke, 73.

谓自存等等，并且理解"爱"与"自由"的真义。巴特所谓的
"自然神学"是指预先设定了这些概念的定义之后，将上帝硬套
在这些概念所建构出来的神学体系当中。

然而，许多巴特学界的权威已经指出，巴特所抨击的其实
是一种早期现代与现代哲学的形而上学形态，而这些批评其
实并不完全适用于中世纪经院哲学的自然神学。[111] 我自己在
2022 年的英语专著当中，采取了 T. F. 托伦斯、韦伯斯特（John
Webster）、巴科（Sigurd Baark）等人的观点：巴特其实并未
拒斥自然神学的内容，譬如他接受宇宙论论证（cosmological
argument）对于因果无限回溯（infinite regress）的反驳，以
及奥古斯丁对于"从无创有"（*creatio ex nihilo*）的荒谬反证
（*reductio ad absurdum*）。巴特所拒斥的，乃是自然神学的"信
仰前导"（*praeambula fidei*）地位，而他坚持从"信仰规约"
（*regula fidei*）出发来理解自然神学的内容，将这些内容纳入
信仰教义（doctrine of faith），亦即稍早所解释的"复刻神学"
（ectypal theology）当中。[112]

九、迷思（九）："巴特是普救论者"

巴特不是普救论者，他的拣选论甚至不是某些学者所谓的

---

111. 参 Eberhard Jüngel, "Die Möglichkeit theologischer Anthropologie auf dem Grunde
der Analogie," in *Barth-Studien* (Gütersloh: Mohn, 1982), 210; Wolf Krötke,
"The Humanity of the Human Person in Karl Barth's Anthropology," trans. Philip
Ziegler, in *The Cambridge Companion to Karl Barth*, ed. John Webster (Cambridge:
Cambridge University Press, 2000), 167; Keith Johnson, *Karl Barth and the
Analogia Entis* (London: T&T Clark, 2010).

112. 参 T. F. Torrance, *Space, Time and Resurrection* (Edinburgh: T&T Clark, 1976), x。

"潜在的普救论"（incipient universalism）。他在 1936 年发展出基督中心拣选论的时候就清楚表示，这套拣选论明确指向将来审判时选民与弃民的分隔，而他到了《教会教理学》IV/3，仍明确地坚持这立场。他的立场是：基督里的启示清楚地显示，基督再来的时候会有审判与定罪刑罚（condemnation；damnation/*Verdammnis*），然而上帝在基督里所揭示的恩慈，让我们有依据去祈求并盼望全人类得救，尽管我们对这期待没有任何确据，反而清楚地从已然赐下的启示确知终末的审判与弃绝。[113]

巴特在《上帝恩典拣选》当中使用黑格尔的术语，说双重预定是弃绝在拣选中的"扬弃"（sublation/*Aufhebung*），又说基督是唯一被弃绝的人，而全人类都在祂里面被拣选。这使得许多读者误以为他是普救论者。这种误解，在巴特在世时，就已经出现了，包括布龙纳、巴尔塔萨、克雷克（Walter Krek），都这样解读巴特。[114] 如前一章所言，柏寇伟《巴特神学中恩典的胜利》的英译版也使得英美福音派几乎认定巴特是潜在的普救论者：这种观点认为，虽然巴特声称自己反对普救论，但这与他的拣选论明显自相矛盾。当代英语福音派分析神学大师克利斯普（Oliver Crisp）就写道，巴特对"选择拒绝基督之人"在终末遭到弃绝的可能性持开放态度，而这"彻底违背巴特关

---

113. 关于巴特在 *CD* IV/3 当中的立场，详见拙文曾劭恺：《万物复原与终末天谴——巴特对普世救赎的辩证处理》，载《道风》47 期（2017）：141-167。

114. 见 Emil Brunner, *Die christliche Lehre von Gott: Dogmatik Band 1* (Zurich: TVZ, 1972), 352; Walter Kreck, *Die Zukunft des Gekommenen: Grundprobleme der Eschatologie* (Munich: Chr. Kaiser, 1961), 143。关于巴尔塔萨的观点，参 Wolfgang Müller, *Karl Barth-Hans Urs von Balthasar: Eine Theologische Zwiesprache* (Zurich: TVZ, 2006), 50–53。

于……基督里的拣选……所说过的其他东西"。[115]

巴特 1936 年发表的《上帝恩典拣选》一书的文本，清楚地揭示了这种诠释的错误。首先，他并不认为拒绝基督之人在终末"可能"遭到弃绝：他清楚表示，他们是"必然"遭到弃绝。巴特写道，圣经的拣选论"不为永恒万物复原（*Apokatastasis*，普救论的一种描述）的臆测存留半点空间"。[116] 在《教会教理学》IV/3 当中，他再次提出，基督里的拣选"以相当确定的结论"宣告，拒绝相信福音之人，在终末的审判底下，将要被定罪与承受永刑。[117]

当然，我们必须回到这些陈述的上下文，才能证明巴特写下这些话的时候，并非自相矛盾。我们在前一章介绍巴特的"个殊主义"（particularism）时提到，"众人（全人类）在基督里蒙拣选"并非普遍主义或普救论的宣告，而是个殊主义的宣告："众人"是指全人类遭到弃绝，被圈在不顺服中的抽象普遍性，而这普遍弃绝的目的，是要使众人在"基督里"得怜恤，靠着这位个殊的救主，使得抽象普遍性的罪恶牢笼得以被扬弃（参罗 11:32，这是巴特用以诠释"双重预定"的关键经文）。我们已经在前一章看到，这是巴特在《上帝恩典拣选》当中拒斥万物复原论的理据。[118]

问题是，倘若基督已然为众人被上帝弃绝，而众人又都在

115. Oliver Crisp, "Karl Barth and Jonathan Edwards on Reprobation (and Hell)," in *Engaging with Barth: Contemporary Evangelical Critiques*, 319.

116. Barth, *Gottes Gnadenwahl*, 27.

117. *CD* IV/3, 478.

118. Barth, *Gottes Gnadenwahl*, 27.

基督里蒙了怜恤与拣选,那这岂不意味,拣选的对象终究是全人类吗?确实,巴特清楚地说,全人类都在基督里蒙了拣选。那接下来的问题就是:既然全人类都被拣选了,怎么还会有人在基督再来的时候不得救,反而被弃绝呢?一旦问到这里,许多读者,包括不少知名学者,就自动"脑补",认定巴特的拣选论无法避免普救论的结论。这种诠释忽略了巴特个殊主义的实动主义原则:要记得,在巴特的成熟著述当中,我们上一章介绍的母题都是相辅相成的。

我们刚刚解释过:人实存的存在(existential being/*Sein*)同时全然"从上方"被基督里的圣约历史所规定,也同时全然"从下方"被罪恶的亚当历史所规定。但由于基督的历史不仅是上帝在创世之前与"即将成为肉身的圣子"(*Logos incarnandus*)作为人类代表彼此立约的永恒历史,它同时也是这永恒圣约在经世的救赎历史当中的重复(repetition/*Wiederholung*),而这经世的历史有过去,也有未来。这就意味,人的本质存在(essential being/*Wesen*)不只有"从上方"的纵向规定,同时也横向地被上帝已然完成以及终必成就的行动所规定。

在《上帝恩典拣选》当中,巴特明确地肯定了选民与弃民在终末基督再来时的分隔:"人类诚然有种被预定性〔指双重预定〕,对应于上帝的预定。但人类按照这概念被分隔为信与不信,只有在最后审判时才会显明——它必将成为现实……我们正朝着这现实前进。"[119]巴特要说的是,基督的死与复活

---

119. Ibid., 48.

并未向我们启示上帝在创世以先已然将人类分隔为选民和弃民，然而却揭示了上帝在历史终末必将施行的公义审判，因此他虽然发挥创意重构了古典改革宗双重预定论，但他仍未采取普救论的立场。他的立场是，"我们不应该将这未来的分隔当成当下的分隔。反之，我们应该顺服地接受我们在基督升天乃至祂再临之间的处境，作为一个我们凭信心而不凭眼见前行的处境"。[120]

巴特在《教会教理学》IV/3 提出了更完整的论述，以说明他的立场。这段论述出自 §70，"人类的虚谎与定罪刑罚"（The Falsehood and Condemnation of Man/*Des Menschen Lüge und Verdammnis*）。[121] 他在这一段当中提出了人类存在的双重双向规定：（一）纵向而论，人类与世界的实存现实乃是"从上方"（*von oben*），由基督里"神性与人性中大能而超乎一切的现实"所规定的，但它也同时"从下方"（*von unten*），"不断地由人类的虚谎所规定"；[122]（二）横向而言，人类当下的现实，不只由救恩的**完成式**（perfect tense，亦即基督已然客观成就的救赎）所规定，同时也由上帝行动的**未来式**（future tense）所规定，如巴特所言，"这未来［的定罪刑罚］已然规定、塑造、施压于并混淆了当下"。[123] 巴特强调，终末的定罪刑罚虽尚未发生，但人类之虚谎（*die Lüge*）及上帝之惩罚（*die Strafe*）的当下实动性，已经在预像（prolepsis）的意义上明确标指了上帝行动

120. Barth, *Gottes Gnadenwahl*, 48.
121. *KD* IV/3, 531.
122. *CD* IV/3, 477.
123. *CD* IV/3, 466; *KD* IV/3, 536.

的未来式。[124]

　　在纵向的双重规定上，罪的现实与历史诚然没有能力与资格改变人的本质：基督已然得胜有余，因此罪乃是本体上的不可能性。"人类的虚谎没有能力改变，甚或漠视上帝与人在耶稣基督里的现实。"[125] 然而，人类存在的横向规定，不论是从过去抑或从未来的规定，都完全是上帝自己的行动。巴特指出，上帝对不信之人的定罪与刑罚，完全不同于人的堕落与悲苦：后者是人自己的行动或怠惰所造成的，前者却是上帝自己的行动，而不信之人因当下的虚谎所受的惩罚，揭示着它自身的源头，亦即上帝终末的定罪与刑罚。

　　在《教会教理学》IV/1-3 当中，巴特定义人类的罪为骄傲、怠惰、虚谎。骄傲造成了人的堕落；怠惰造成了人的悲苦。虚谎的后果则是上帝最终审判时的定罪与刑罚。堕落与悲苦都只是世界历史当下的条件，当基督再来的时候必将被抹去，因为基督已然胜过了堕落与悲苦背后的导因，也就是人的罪。然而，终末的定罪刑罚不同于堕落与悲苦，它不是罪的一种表现形式，而是上帝对罪人的行动。

　　虚谎的表现就是不信，而虚谎之人现今"明显是被上帝惩罚的人"（*von Gott gestrafter Mensch*）。[126] 此处巴特使用德文动词 *strafen*，是用辩证的文字游戏表达一种黑格尔式的"负负得正"（the negation of a negation）思维，也就是稍早提到过的一个术

---

124. 此处笔者使用"现在式"及"未来式"，是借用弗莱、杭星格等学者的用语，与后自由派神学（postliberal theology）、叙事神学（narrative theology）的概念相关。
125. *CD* IV/3, 468.
126. *CD* IV/3, 469; *KD* IV/3, 540.

语："扬弃"或"弃存扬升"（sublation/*Aufhebung*）。巴特笔下的"虚谎"一词，原文是 *die Lüge*。*Strafen* 一字单独使用时，是"惩罚"的意思，但 *Lügen strafen* 这习语则是指"揭穿谎言"。而这种"弃存扬升"的概念模式，总是带有目的论意涵的。打个不完全贴切的比方：毛毛虫是丑陋的，它用蛹否定、弃绝了它自己，目的不是要自我毁灭，而是要蜕变成美丽的蝴蝶。相似地，人用不信、虚谎去否定上帝，而上帝就在当下惩罚人，这种当下的惩罚指向一个终末的目的，亦即上帝的公义在审判的时候借由定罪与刑罚，显明于拒绝听信福音的虚谎之人身上。

更确切地说，巴特笔下的"惩罚"，还仅是指上帝在当下暂时允许罪人存在"于一个虚假而伪造的处境中"，作为"一个受咒诅的人，活在一个受咒诅的世界上"。[127] 这惩罚尚非"最糟糕的事"：不信的人"在这处境与咒诅当中，还只是朝着这〔最糟糕的事〕前行"。[128] 巴特说，那"最糟糕的事"就是在世界历史的终末"被判刑（*verurteilt*），受到定罪刑罚（*verdammt*），并遭失丧"。[129] 终末的定罪刑罚固然尚未实际发生，"但我们朝着它前行，已经是够严重的了"。[130]

当然，终末的定罪与刑罚在现今"仍尚未宣判"，当下"仍只有它的威胁与恫吓，但这些已经够真实了"。[131] 这柄"利剑尚未落下"，但"有鉴于人的虚谎，他的处境现在已是由终末定

---

127. *CD* IV/3, 469.

128. *CD* IV/3, 469.

129. *CD* IV/3, 469.

130. *CD* IV/3, 469.

131. *CD* IV/3, 465.

罪刑罚的预象及预期所规定的"。[132]

我们在此又一次看到，当我们注意到巴特神学的实动主义维度时，我们就会发现，单是从基督"从上方"的规定（亦即永恒的拣选），是不足以断定终末景况的。对巴特来说，人类当下的存在，还有横向的双向规定：它既是由救恩的完成式（即基督已然先验而客观地成就的拣选与救赎）所规定，同时也是由上帝行动的未来式规定的。不信之人现今乃是真实地朝着终末的灭亡前进，而这就意味，终末刑罚的威胁是真实而非空洞的。

倘若基督再来的时候，全人类都得到赦免，"那么这只可能是出于一个出乎预期的恩典之工，而我们不能仰仗这恩典之工的彰显，却只能盼望之，并明白这是我们不配得且无法想象的，是耶稣基督里上帝与人之现实的意义、运行、外展的流溢"。[133]换言之，"就算我们诉诸耶稣基督的十字架与复活"，"万物复原或普世复和"仍是我们不能提出的"假设"（*Postulat*）。[134]

在以上两段引文中我们看见，普世救赎对巴特来说是个"出乎预期的恩典之工"，是我们从已然赐下的启示所"无法想象"的。这正是因为，基督里已然显明的拣选与弃绝，在理论上同时指向了信徒在终末所得的荣耀，又指向了不信之人在大审判之下的灭亡。或许巴特这套理论当中有许多地方显得天马行空，但无论如何，他的确不是个普救论者，而当他否认自己

---

132. *CD* IV/3, 468.

133. Barth, *CD* IV/3, 468. 此处"流溢"（overflowing/*Überfluß*）是巴特借自十七世纪末至十八世纪欧陆改革宗复刻神学传统的用语，原出自新柏拉图主义。在《教会教理学》II/1，§28 的实动本体论当中，巴特用这名词表达三一上帝的第一绝对性，如何在爱与自由中流溢于第二绝对性：这在上一章已经解释过。

134. *CD* IV/3, 477.

是普救论者时，他也并非自相矛盾，因为他的拣选论确实在理论上是与普救论相矛盾的。

当然，巴特也说："我们没有任何有效的因由禁止自己或被禁止，持开放的态度面对一种可能性，即耶稣基督里上帝与人的现实包含了多过我们所能预期的内涵，因此终末的威胁至为超乎我们预期地被上帝收回的可能性。"[135] 巴特认为，我们有充分的因由，对普世救赎的可能性持开放的态度。[136] 我们若接受上帝在基督里规定并"强而有力地限制人类扭曲的处境"的真理，"它难道不清楚地指向……万物复原以及普世的救赎吗？"[137]

换言之，一方面我们不可"仰仗"普世救赎，自以为"我们有权拥有它"。[138] 另一方面，"我们诚然奉命要更加坚定地盼望并祈求它"，尽管我们必须"谨慎却又清楚地盼望并祈求，以致虽然一切都看似决定性地宣告相反的结果"，我们仍可以相信"祂的怜悯总不会失败"。[139]

讲得简单一点，这其实就是很多教会牧师在安慰信徒的时候所说的话。有些信徒的亲人还未归信耶稣就过世了，而很多牧师会安慰这些信徒说："虽然圣经告诉我们只有信耶稣才能得永生，但我们也相信，上帝爱我们的亲人，远远超过我们自己对他们的爱。说不定上帝有超乎预期的恩典，是在祂已然赐下的启示之外的，而我们没有理由不向上帝祈求这样的恩典。"对巴特来说，

135. *CD* IV/3, 477–478.
136. *CD* IV/3, 478.
137. *CD* IV/3, 478.
138. *CD* IV/3, 478.
139. *CD* IV/3, 478.

他作为一位神学家，从上帝话语出发所得到的结论是，将来必有审判，在审判之下必有信与不信、永生与灭亡的分隔。尽管这在神学上是不可避免的结论，但巴特认为我们仍旧应该为不信的人祈求超乎预料、无法想象的恩典，就像亚伯拉罕曾为索多玛、蛾摩拉祈求赦免：这种祈求是上帝所喜悦的。

十、迷思（十）："巴特神学是辩证神学"

没错，巴特的神学自始至终都具有辩证的（dialectical/dialektisch）特色。然而，我们首先必须重申，他的神学并非学派或神学运动意义上的"辩证神学"，亦即所谓的"危机神学"或"新正统主义"——我们已经说明过这一点了。其次，我们必须弄清楚：巴特的神学在什么意义上可以被形容为"辩证的"。巴特从 1910 年代开始，就使用过各种辩证法作为思想建构的工具，或是诠释学的工具（不论是文本还是现象的诠释），而我们必须避免将任何一种辩证修辞当作贯穿巴特成熟时期神学的方法论。

若说巴特成熟时期的思想整体而言有一种辩证的思维模式（Denkform），那就是迦克墩基督论"非位格－位格内"（anhypostatic-enhypostatic）的辩证，包括"不可磨灭的区别"（abiding distinction）以及"不可分离的联合"（inseparable union）。[140] "上帝成为人，祂之为上帝之所是却未曾改变"（God

---

140. 见 George Hunsinger, "Karl Barth's Christology: Its Basic Chalcedonian Character," in *The Cambridge Companion to Karl Barth*, 127–142。参拙作 Tseng, *Barth's Infralapsarian Theology*, 215; *Barth's Ontology of Sin and Grace*, 115–123。

became human without ceasing to be God)：这"道成肉身"的辩证，前后一致地贯彻巴特基督中心论时期的著述。这套基督论的辩证，在他笔下有时会用路德十架神学（*theologia crucis*）的用语来表达，譬如"隐藏的上帝"（*Deus absconditus*）与"显明的上帝"（*Deus revelatus*），但他始终会强调改革宗的"外分加尔文主义"原则。

除了迦克墩的神人二性基督论之外，没有任何辩证在巴特成熟时期具有任何方法论地位。譬如，我们稍早提到，他用黑格尔"弃存扬升"的辩证来解释弃绝与拣选的关系，但这辩证仅适用于巴特神学当中一小部分的内容。他绝对不会像黑格尔那样，将这辩证应用于三一论：巴特坚持，三一上帝的主体性是不可扬弃的。

许多范泰尔的追随者乐于支持修正学派将某种（新）康德主义的"实在辩证"（*Realdialektik*）强加于巴特。但我们上一章已经指出，巴特几乎从来不使用这术语，而与这概念相关的修辞与陈述，不论在巴特早期还是晚期的文本当中，也几乎完全没有出现过。

巴尔塔萨正确地注意到，巴特在《〈罗马书〉释义》第二版当中大量使用克尔凯郭尔的辩证。我也曾撰文探讨这部巴特早期著作当中借自克尔凯郭尔的"可能性-不可能性"辩证。[141] 然而，巴特在 1924 年左右，就发展出了典型改革宗基督论与圣灵论的辩证了，而迦克墩非位格-位格内的辩证，也从这时期开

---

141. 曾劭恺：《"不可能的可能性"：再思巴特第二版〈罗马书释义〉辩证法》，载《汉语基督教学术论评》第 29 期（2020）：121-156。

始逐渐在他的神学思想当中取得全面主导的地位。[142] 他偶尔还是会使用克尔凯郭尔的辩证修辞，但在 1924 年以后，克尔凯郭尔的辩证法在他的著述当中已经不具有任何方法论的地位了。

值得一提的是，不少美国福音派学者形容巴特为"辩证"思想家，而他们所谓的"辩证"，是特指非理性主义诠释（irrationalist interpretation）下的克尔凯郭尔辩证。这样描述巴特显然是错误的，因为将克尔凯郭尔诠释为非理性主义者，是英美哲学界 1960 年代的发明，这不可能是巴特自己对克尔凯郭尔的理解。[143] 约翰·罗宾斯（John Robbins）这位戈登·克拉克的忠实支持者声称，巴特作为克尔凯郭尔的传人是"有罪责的"（guilty）：巴特神学被"一种具有主导地位的哲学"牵引，这种哲学所提出的"主张"是"同时提出相反甚至相互矛盾的命题，是真正的哲学与神学"。[144] 有趣的是，克拉克自己乃至雷蒙德等当代克拉克主义者，不但如此抨击巴特，他们也同样称范泰尔的哲学为"非理性主义"，尽管范泰尔明确拒斥了克尔凯郭尔的所谓"非理性主义"。克拉克学派如此指控范泰尔，主要是因为范泰尔认为，人类作为受造者的有限以及罪对人类纯理认知的影响（noetic effects of sin），会使得上帝所启示的真理对人类心灵当中的逻辑思维显为看似自相矛盾的悖论（paradox）。[145]

---

142. 这是麦科马克所提出的观察，单就这点而论，在笔者看来基本无可辩驳：Bruce McCormack, "Revelation and History in Transfoundationalist Perspective: Karl Barth's Theological Epistemology in Conversation with a Schleiermacherian Tradition," *Journal of Religion* 78 (1998):18–37。

143. 参 William Barret, *Irrational Man* (New York: Doubleday, 1962)。

144. John Robbins, "Karl Barth," *The Trinity Review* (February 1998):1. 原以前言（Foreword）收录于 Gordon Clark, *Karl Barth's Theological Method* (Philadelphia: P&R, 1963)。

145. Robert Reymond, *The Justification of Knowledge* (Philadelphia: P&R, 1979), 105.

不论如何，克拉克学派将1960年代英美学者对克尔凯郭尔的误读强加于巴特，显然是简单粗暴而又荒谬的，明显的原因至少有二。第一，巴特时代的德语学者不会将这种反逻辑的非理性主义硬套在克尔凯郭尔身上。这些学者对克尔凯郭尔的普遍认知是：克尔凯郭尔一开始以《非此即彼》(Either-Or/Enten-Eller)为书名宣告回归"非矛盾律"等基本逻辑定律，以驳斥黑格尔的中介逻辑(logic of mediation/Vermittlungslogik)，进而在接下来发表的著作当中一再强调理性的局限与堕落，以及逻辑在信心当中的纯理性悬置(noetic suspension)。[146] 第二，巴特开始写《教会教理学》的时候，已经完全从克尔凯郭尔式的辩证转移至安瑟尔谟式的类比了，而受到克拉克影响的英语学者，却认定巴特自始至终都是个克尔凯郭尔式的非理性主义者。[147]

确实巴特在第二版《〈罗马书〉释义》当中使用了克尔凯郭尔的辩证法来解决一些逻辑上的悖论。巴特的核心论点是：上帝是自由的，不受逻辑定律的限制。他用克尔凯郭尔笔下"可能性"与"不可能性"的辩证来呈现这论点。克尔凯郭尔用戏剧反讽法，杜撰出"约翰尼斯·克理马克斯"(Johannes Climacus)这位不信基督的托名作者，并从克理马克斯的角度指出，"道成肉身"在异教当中没有任何矛盾之处，因为异教的神明与人类并没

---

146. 这在当代克尔凯郭尔研究也是基本共识，见 Joel Rasmussen, *Between Irony and Witness* (London: T&T Clark, 2005), 101。当然，当代学者会指出，克尔凯郭尔批判黑格尔时，很可能是将马登森(Hans Martensen)主教所代表的哥本哈根基督教黑格尔主义当成了黑格尔自己的思想。

147. 前一章解释过，这是著名的"巴尔塔萨立论"(Balthasar thesis)，在1995年受到麦科马克的挑战，而麦科马克的学生巴科在2018年又以独立于巴尔塔萨的论证进路重申了"从辩证到类比"的解读。我在2022年的专著中，也提出了与巴科相符的观点。

有无限本质的差异，但是在基督教教义的预设之下，"道成肉身"在逻辑上是荒谬、不可能发生的。[148] 对此，克尔凯郭尔所杜撰出的另一位托名作者"反克理马克斯"（Anti-Climacus）则从一个完美基督徒（克尔凯郭尔塑造出这样一个完美基督徒，用意包括显示没有任何基督徒是完美的）的角度出发，提出："有时人类想象力的创意足以构成可能性，但在最后关卡，也就是当信心的行动成为关键时，唯一的帮助乃是：在上帝凡事都能。"[149] 相似地，"救恩在人而言乃万事中最无可能者；但在上帝凡事都能！这就是信心的争战，它疯狂地为可能性争战"。[150]

早期巴特从克尔凯郭尔学到的核心思想是：上帝的作为对于人有限而堕落的理性而言，经常会显现为悖论。巴科解释道："巴特知道悖论是荒谬的（paradoxes are nonsensical），也知道如此使用这用语是有问题的。重点是，读者不应该将悖论当成可以委身的命题或立论，因为悖论意味着一种我们无可触及的知识地位。"[151] 我们必须用信心接受关于上帝的"正面立论"

---

148. Søren Kierkegaard, *Concluding Unscientific Postscript*, ed. and trans., Alastair Hannay (Cambridge: Cambridge University Press, 2009), 485. 克尔凯郭尔以克理马克斯为托名的作品，是上述英美"非理性主义"诠释学派最主要的文本。这种解读缺乏文学批判的素养，包括对各种文学手法（literary devices）的基本知识，特别是克尔凯郭尔常用的各种丰富的反讽法（ironies）。拉斯穆森（Joel Rasmussen）解释托名克理马克斯笔下"荒谬"一词："尽管'荒谬'在其日常含义中所指涉的'愚昧'及'可笑'从理性的角度而言清楚明白……但这用语在更大规模的对话中暗示，克理马克斯设计了这整个交流，以致'荒谬者'成为双关语，暗指理性对于吊诡者的聋聩。"见 Rasmussen, *Between Irony and Witness*, 93。

149. Søren Kierkegaard, *Sickness Unto Death*, trans. Alastair Hannay (Radford: Wilder, 2008), 30.

150. Ibid., 30.

151. Sigurd Baark, *The Affirmations of Reason: On Karl Barth's Speculative Theology* (Cham: Palgrave Macmillan, 2018), 154.

（positive assertions），诸如"上帝的自由、爱，以及主权"，但我们不应该试图用逻辑将这些立论在人类主观认知中所造成的悖论给理性化，变成形而上学的体系。[152]

因此，巴特在《〈罗马书〉释义》第二版借用了克尔凯郭尔"可能性–不可能性"的辩证，以"在人不能，在上帝凡事都能！"的宣告作为整部注释书的主导原则。[153] 虽然巴特在 1920 年代与克尔凯郭尔的辩证法渐行渐远，但直到 1927 年发表《基督教教理学》(*Christliche Dogmatik im Entwurf*) 时，巴特都仍主张"上帝是自由的主，不但超越非矛盾律，也超越祂自己的神性"。[154]

我们上一章解释过，巴特放弃《基督教教理学》的写作计划，重新以《教会教理学》为书名开始著述，是出于他从辩证时期到类比时期的转变，而这转变包括他对理性逻辑的定位。他不再用那种激进唯意志论（voluntarism）的方式理解上帝的主权与自由，将上帝的意志独立于上帝神性、甚至超乎上帝本质的某种东西。

假如这听起来有点艰涩，我们可以用一个比较简单的方式来理解。试问：上帝能不能造出一块自己举不起的石头？上帝的本质是无限的，祂的能力是无限的，而假如祂能够造出这样一块石头，那就意味祂可以选择违背自己的本质，成为一个有限者。极端的唯意志论者会说：既然上帝是自由的，那么上帝也可以选择

---

152. Ibid., 154.

153. Barth, *Romans* II, 75. 参拙文曾劭恺：《"不可能的可能性"》。

154. *MD*, 217. 引用于 Sebastian Rehman, "Does It Matter if Christian Theology is Contradictory? Barth on Logic and Theology," in *Engaging with Barth*, 63。

违背自己的本质。但巴特在 1920 年代从迦克墩基督论学到的重点之一就是：无限的上帝借由道成肉身而成为有限的人，并非违背自己的本质，因为上帝成为人的时候，祂之为上帝的一切都未曾改变（God became human without ceasing to be God）。

当巴特终于在安瑟尔谟的启发下贯彻迦克墩的基督论思想后，他就放弃了早年的唯意志论倾向，不再主张上帝的意志超乎自己的本质、能够违背自己的本质。反之，巴特在安瑟尔谟类比法的启发下开始主张：上帝在本质之外（ad extra）的一切行动，都完美地类比或对应（correspond/entsprechen）于上帝不变的内在（ad intra）本质，因此人类的受造智慧，能够成为上帝智慧之原版（archetype/Urbild）的复刻（ectype/Abbild; Nachbild）。换言之，巴特此时改变了他对"自由"的观点。所谓"自由"，并不是"任意而为"，而是"从本性所欲"：上帝的自由在于，祂在意志上的一切行动，都完美地发自于祂内在的本质，而始终不可能违背自己。

这一开始是从安瑟尔谟的奥古斯丁传统得到的启发，令巴特终于接受了主流改革宗正统关于上帝自由的观点。在《教会教理学》I/1 当中，巴特在古典改革宗的定义下使用了"绝对权能"（potentia absoluta）及"定旨权能"（potentia ordinata）的传统术语，以解释他对上帝自由的理解。当代改革宗经院主义研究大师慕勒（Richard Muller）解释道，所谓"绝对权能"，是指"仅仅受到非矛盾律限制的上帝全能（the omnipotence of God limited only by the law of noncontradiction）……上帝能够实现一切的可能性，唯一的限制就是祂自己的本性（God can effect all possibility, constrained only by his own nature）"。[155] 而所谓"定旨权能"则是指上帝"一种受到限制与约束的权能，保证自然与恩典的秩序的稳定与一致（a limited and bounded power［of God］that guarantees the stability and consistency of the orders of nature and of grace）"。[156] 譬如，上帝与人立约的行动，在改革宗神学当中就被称为上帝的"自我约束"（self-binding）。

巴特强调，就连在上帝与人类的关系当中，都有一些事情是上帝"不能"做的，因为上帝不能选择不作上帝，也不能选择违背自己的本性，或是自己已经立定的旨意。譬如巴特说，一旦上帝与人进入了圣约关系，上帝就不能"作上帝同时却不继续作我们的圣约之主"。[157] 当巴特使用"上帝必须"或"上帝不能"这样的修辞时，他的用意在于"高举上帝在祂启示中显现的实动旨意，作为一切必然性的源头及内在概念……我们应当也必须肯认祂真实显明的旨意的必然性，也就是祂的 *potentia ordinata*"。[158]

到了 1940 年代初，在《教会教理学》II/1-2 书写上帝论的时候，巴特深入申论上帝的爱与自由，又进一步强化了上述类比神学的自由观。他借用康德的用语及洞见指出，上帝的自由不是"暴君的任意而为（*Willkür*）"。[159] 巴特又借用黑格尔的

---

155. Richard Muller, *Dictionary of Latin and Greek Theological Terms Drawn Principally from Protestant Scholastic Theology* (Grand Rapids: Baker Academic, 1985), 231-232.

156. Ibid., 231-332.

157. *CD* II/2, 7.

158. *CD* I/2, 41.

159. *CD* II/2, 43; *KD* II/2, 45.

用语，指出上帝的自由是"绝对自由"，亦即主体与对象之间完美和谐的互动当中的自由：当然，上帝的绝对自由不需要透过上帝之外的他者来实现，因为三一上帝始终不变的本质就是爱的主体、爱的对象、爱的行动，而上帝的绝对自由，就是爱中的自由。[160] 如我们在前一章所见，这是上帝在"第一绝对性"（primary absoluteness/*primäre Absolutheit*）当中的自由，而当祂决定道成肉身时，就在基督里成就了三一上帝绝对自由的外在复刻，亦即基督作为拣选之爱的主体、对象、行动的"第二绝对性"（secondary absoluteness/*sekundäre Absolutheit*）。

巴特在1936-1942年间逐步将"类比"神学从启示论的维度推到上帝论的层次，而这就意味他从早年克尔凯郭尔式的辩证时期，彻底转移到成熟的类比时期了。巴特在类比时期诚然仍旧使用各种辩证修辞，但除了迦克墩基督论的神人二性辩证外，他的神学思想当中就不再有任何的辩证具有任何意义上的方法论地位。

十一、迷思（十一）："巴特拒斥'内在三一'的教义"

许多华人读者在范泰尔的影响下，认为巴特拒斥了"内在三一"（immanent Trinity）的概念。这迷思并不符合事实：这错误的性质，属于客观事实错误（factual error）的范畴，而不是主观认知的落差。范泰尔如此解读巴特的观点："为了捍卫基督事件（To safeguard the Christ-Event）……我们必须……移除

160. *CD* II/1, 317.

Logos asarkos（非肉身之道：指内在三一当中的圣子位格）。上帝在耶稣里成了肉身，成了肉身的上帝与耶稣是同一的，而提出在成了肉身的上帝背后的一个 *Logos asarkos* 的概念，就等于试图阻拦上帝恩典朝向人类的自由运动。"[161] 根据范泰尔的说法，巴特"对 *Logos asarkos*，亦即'在祂自身'的上帝的拒斥（rejection of the *Logos asarkos*, of the God 'in himself ...'），是出于祂行动主义的基督事件概念（activistic notion of the Christ-event）"。[162]

范泰尔在此其实展现了超群的洞悉力，但他的诠释仍然是错误的。当代巴特学界的一些权威也认为，巴特的实动主义（actualistic；范泰尔称为"行动主义"——activisitc——已经显示了根本的误解，亦即混淆巴特笔下"行动"与"本质"的两个范畴）本体论与"内在三一"的概念互不相容。稍早提到的修正学派主张，巴特的实动本体论将"存在"与"本质"全然约化为"行动"：一个人在他真实的行动、抉择、经历之前或之外，什么都不是，也没有任何的本质，而上帝也是这样的。这样一套本体论就意味，上帝一切之所是、上帝的存在、上帝的本质，都是由拣选的行动所构成的，在此行动与决定之前，上帝什么都不是，甚至根本不存在。麦科马克这样陈述巴特实动本体论必然带来的结论："上帝的自由就是自我规定的自由（the freedom of God is a freedom for self-determination）……它是上帝在万有之上的主权，包括它自己的存在（It is God's

---

161. Van Til, *Christianity and Barthianism*, 107.
162. Ibid., 104.

Lordship over all things, including his own being）。"[163] 这 意 味
着，"终极而言，上帝的自由就是存在的自由——或是不存在
的 自 由（God's freedom is finally the freedom to exist—or not to
exist）。存在为恩典之约的上帝的规定之反面（The opposite of
the determination to be God in the covenant of grace），并不是以
某种其他方式存在为上帝的规定，而是这样的规定的缺乏（the
absence of such a determination），这就意味着选择不存在（which
would mean choosing not to exist）。"[164] 换言之，在上帝拣选的永
恒行动背后，没有任何的上帝本质，包括上帝的内在三一。麦
科马克对巴特实动本体论的诠释，显然不符合巴特成熟时期对
"自由"的定义，这定义我们稍早已经解释过，而这并不是我们
在这里的重点。

　　重点是，包括麦科马克在内，没有任何严肃的修正学派学
者会声称说巴特自己曾经下过结论，否定"内在三一"的概念。
修正学派的论点是，巴特明确地教导"内在三一"的古典神学
概念，而这违背了巴特自己的实动本体论原则。但没有任何认
真对待文本的巴特读者能够否认，巴特直至生涯后期都仍然坚
持，内在三一的古典教义是"当我们需要在上帝的启示与工作
于上帝内在存在及本质当中的自由基础的亮光下，去理解上帝
的启示与工作时，在三一论当中必要而重要的概念"。[165]

　　我们在本书第二章解释巴特的实动主义时就解释道，巴特

---

163. Bruce McCormack, "Election and the Trinity, Theses in Response to George
　　　Hunsinger," *Scottish Journal of Theology* 63 (2010):222.
164. McCormack, "Election and the Trinity," 223.
165. *CD* IV/1, 52.

在《教会教理学》II/1 当中讨论上帝的爱与自由时，称上帝的三一本质为上帝在爱中之自由的"第一绝对性"，并强调这"第一绝对性"是上帝在拣选之爱与自由中的"第二绝对性"之基础。巴特不只肯定内在三一。内在三一的教义在巴特的上帝论当中占据了至高的主导地位，而这在文本上表明得十分清楚。

因此，就连修正学派的学者都一致承认，巴特肯定了内在三一以及 *Logos asarkos*。修正学派的论点并非巴特拒斥了这概念，甚至不是说巴特对这概念的肯认只不过是有口无心的。他们承认，巴特严肃地肯定了内在三一，但他们认为这是"巴特思想中的矛盾（an inconsistency in Barth's thought）"，而他们的倡议乃是用巴特自己的实动本体论，对巴特的三一论"提出批判的修正"（register a critical correction）。[166]

修正学派对巴特实动主义的解读，其实可以追溯回巴特自己的年代。朋霍费尔（Dietrich Bonhoeffer）在 1930 年的教授资格论文（*Habilitationsschrift*）就已经提出，巴特在明斯特时期发表的《基督教教理学》当中关于上帝超时间本质的观点，违背了他自己的实动主义原则。[167] 再后来，布龙纳又提出，巴特《教会教理学》当中的实动主义会导致一个"超乎寻常"的结论，将拣选的行动当成三一本质的基础，而布龙纳感到庆幸的

---

166. Bruce McCormack, "Grace and Being: The Role of God's Gracious Election in Karl Barth's Theological Ontology," in *The Cambridge Companion to Karl Barth*, ed. John Webster (Cambridge: Cambridge University Press, 2000), 193.

167. Dietrich Bonhoeffer, *Act and Being*, ed. Hans-Richard Reuter and Wayne Whitson Floyd, trans. H. Martin Rumscheidt (Minneapolis: Fortress Press, 1996), 83–87.

是，"巴特并未尝试导出"这样的结论。[168]

总之，声称巴特的三一论与实动主义相互矛盾，虽然在我看来是严重的误解，但并不是一个客观事实等次的错误，而是一个在学术上具有争议的立论。单就良好的学术标准而言，提出这样的立论，完全是可行的，且是有价值的。然而，若要声称巴特拒斥了内在三一的教义，那就完全不符合事实了。总之，巴特并未拒斥内在三一的教义。单就文本而言，内在三一的教义在巴特的上帝论当中占据了至高的主导地位。而就方法论而言，我们在前一章介绍巴特的"实动主义"时提出的观点是：巴特实动本体论当中最重要而根本的类比，就在于经世三一在基督里的"第二绝对性"与内在三一的"第一绝对性"之间的类比。

十二、迷思（十二）："巴特使用正统修辞，无非挂羊头卖狗肉"

范泰尔的说法是，巴特的"传统修辞"（traditional phraseology）是"装在旧瓶中的新酒"。[169]这种说法会比华人界广为流传的"挂羊头卖狗肉"要稍微客观一些。巴特确实在一些关键之处，在古典新教神学以及拉丁传统之外另辟蹊径。这结果就是，他在"启示""复和""称义""与基督联合"这些词汇当中，需要加上一些新的内容。而真正复杂的地方在于，巴特并非直接把老酒全部从旧瓶中倒出，再换上新酒。巴特乃是保留了传

168. Emil Brunner, *Dogmatics Volume 1: The Christian Doctrine of God*, trans. Olive Wyon (Philadelphia: Westminster, 1950), 315.
169. Van Til, *Christianity and Barthianism*, 2.

统术语的基本内容，进而加以修改，并添加一些新的含义，而他修改每个术语的程度都不一样，不能一概而论。

举个例子："拣选"一词在基督教教义的词汇表当中是个高阶词汇，意思是，它指涉一个包含了许多其他基础词汇的复杂概念，甚至构成了一个教义。这些基础词汇包括稍早解释过的"定旨权能"及"绝对权能"等。在这种高阶词汇的层级上，巴特对传统术语的重新定义，就涉及了教义的重构。

然而在这类的教义重构之外，巴特使用其他古典词汇时，通常都保留了传统的定义，而他如果修改了这些词汇，通常也是在传统的定义上添加新的内容，而不是否定或改变传统的定义与内容。譬如，我们已经讨论过巴特如何使用"天性"或"自然"（nature/*Natur*）一词。他未曾用现代哲学的内容来取代这词汇的传统定义。论及"人性"时，他在《教会教理学》IV/2 当中仍然用形式因的概念来定义"人之为人"的天性。[170]

当然，巴特在这定义上，又添加了现代思想的内容。他说人之为人的天性，是由永恒预定的圣约历史"从上方"所"规定"的——我们已经解释过这论点。当他这样修改人类"天性"与"本质"（essence/*Wesen*）的概念时，他就从西方古典神学的出发点，得到了一个古典神学之外的结论：罪是本体上的不可能性。这结论在许多方面并不违背古典神学的正统，但确有对于古典神学来说难以接受的些许层面（我们在下一章会详细讨论）。

不论如何，"旧瓶装新酒"的形容或许在某种程度上符合部

---

170. *CD* IV/2, 25.

分的事实,但一旦把它说成"挂羊头卖狗肉",就变成主观论断的诛心之论了。巴特在传统之外另辟蹊径时,总是明确表达自己的立场与用意。他使用"传统修辞",从来就不是为了把旧瓶中的陈酿换成新酿来蒙骗顾客。

确实,巴特在字里行间体现出的思想如同马勒(Gustav Mahler)的交响曲般深奥而复杂,笔下频繁出现的哲学词汇令许多读者感到无助,冗长的句型当中子句套子句,"如同一条狗跳入大西洋,一路游到彼岸,最后口中叼着一个动词爬上岸"——这是马克·吐温(Mark Twain)对德语句型的幽默形容,由杭星格教授意述。[171](像这样用一个句子构成的段落,在巴特笔下其实算是简明扼要的了。)

然而巴特的"写作"艰涩难懂,并不意味他的文字含义"不清楚",更不意味他像罗宾斯所说,被"不诚实的动机促使",因而"用模棱两可而具有颠覆性的方式使用文字,进而隐藏自己真实的意图及含义"。[172]如果这样去论断巴特的动机是可以接受的,那么每个当代中国人都可以指控古代先贤不用白话文写作,故意用模棱两可的文言文佯作高深;全世界都可以因着德意志人的语言而认定他们自古就是个不诚实的民族;罗宾斯加诸于巴特的罪名,同样可以用来指控十七世纪的英国作家(读者可以尝试翻译以下这句十七世纪英文:"I cannot ascribe the superlative degree to anything of which I deny the

171. George Hunsinger, *How to Read Karl Barth* (Oxford: Oxford University Press, 1991), 27.
172. Robbins, "Karl Barth," 2.

positive"——然后猜猜看是哪个不诚实的作者写下如此迂回的句子！）。

甚至使徒保罗"照着所赐给他的智慧"写下那些"无学问"的人"难明白"的文字（彼后 3:15-16），都可以被使徒彼得说成是由"不诚实的动机促使"，刻意"隐藏自己真实的意图及含义"。谁叫保罗在安提阿的时候公然让彼得难堪，甚至还把这件丑事写在书信当中流传千古呢（加 2:11-14）？彼得甚至可以质疑，保罗平时都用大学问写作，对哥林多信徒却故意用"粗俗"的"言语"（林后 10:10）取代"高言大智"（林前 2:1）、用"粗俗"的"言语"暗度陈仓，传递毫"不粗俗"的"知识"（林后 11:6），都是为了蒙骗那些没学问的哥林多暴发户，就像巴特在教会讲道的时候，用简易而敬虔的言语诱骗信徒上钩。然而，彼得论及保罗书信中难懂的学问时，并没有忘记他曾经亲耳听见的教训："你们不要论断人，免得你们被论断。因为你们怎样论断人，也必怎样被论断；你们用什么量器量给人，也必用什么量器量给你们。"（太 7:1-2）

巴特使用传统修辞，绝非为了蒙骗读者。虽然读懂他著述的门槛较高，但文本的意向及含义都十分清晰。他也并非用旧瓶装新酒。他的容器自身就是新瓶与旧瓶的组合，其中的调酒以陈酿为基酒，加上了许多新酿调配而成，品酒之人需要经过训练才能分辨其中内涵。诚然巴特的神学有许多地方，值得从许多不同的角度去批判。然而，对巴特的批判若非建立在聆听与理解的前提上，那么这样的批判就如同鸣锣响钹一般，只会令人变得自以为是，以不知为知。

十三、总 结

在本章的讨论中，我们比前一章更深入地呈现了巴特思想的丰富性，而在这些讨论当中，我试图回应一些人对巴特的抱怨："单是《教会教理学》纯粹的宏大与复杂，就妨碍了对巴特思想一致且融贯（unified and coherent）的诠释。"[173] 学界有个幽默的说法——"有的时候看起来似乎这世上有多少个巴特主义者，就有多少个巴特"，虽然这是夸饰法（巴特研究的学派争议其实远不如路德研究那么多），但确实也点出了许多读者对巴特的著作望之生畏的原因。[174]

我并未处理所有学派的诠释，譬如罗伯特·詹森的历史化（historicized）巴特、强森（William Stacey Johnson）与沃尔德（Graham Ward）的后现代巴特、郑美贤（Meehyung Chung）的亚洲神学女性主义巴特、毕加尔（Nigel Biggar）的保守主义巴特、尤达（John Howard Yoder）与侯活士（Stanley Hauerwas）的和平主义巴特等。有趣的是，这里没有提到任何德语学者，因为德语学者比较喜欢谨守本分，要不就像杭星格和麦科马克那样，老老实实地诠释文本和历史，要不就明明白白地发挥创意从事建构神学，不太喜欢把这些异想天开、五花八门的模型硬套在历史上的大思想家头上。我在本章所处理的诠释争议，主要也集中在杭星格和麦科马克所代表的传统学派与修正学派在文本与历史研究上的分歧，并从这里切入，去剖析范泰尔等

---

173. Trueman, "Foreword," in *Engaging with Barth*, 14.
174. Ibid.

福音派学者在华人世界当中所造成的一些关于巴特的常见迷思。我的用意在于强调正解巴特的可能性：透过对文本与历史处境的分析，我们真的可以愈来愈贴近客观正确的诠释。

仅因巴特诠释在学界的多样性，就否认他的文本有清晰的含义，是有失公允的。学界对加尔文并没有"一致且融贯"的诠释，而奥古斯丁研究、路德研究更加无奇不有，但我还没读到过任何学者以此为由，警告学生不要去读奥古斯丁、路德、加尔文。到了巴特这里，诠释的多样性却变成了他"言不由衷"的佐证，似乎学界无法达到一致的诠释，都是因为他故意用模糊难懂的言语来蒙骗读者。

这或许是出于英语文化的成见，正如那句俗语所说的："简明扼要是种美德。"（Brevity is a virtue.）英语文化带着这种成见，认为撰写冗长、宏大的著作是件缺德的事。这可以解释为什么 C. S. 路易斯（C. S. Lewis）在英国人心目中比托尔金（J. R. R. Tolkien）更能代表英国文学，也能说明为什么分析哲学产生于英语世界，而德国古典哲学又为什么在英语学界总是遭到排挤。像康德、黑格尔、巴特那样，用十句话去表达英国人可以用一句话讲完的内容，在许多英语文化处境中的读者看来，是相当缺德的。就连 T. F. 托伦斯这样深受巴特影响的苏格兰神学家，都总是喜欢用从德语文化角度看来相当轻薄短小的著作来诠释、阐述、发挥巴特的神学思想。

我自己在英语国家长大，在牛津大学完成博士学位，而我自己也欣赏"简明扼要"的美德，包括我恩师巴刻（J. I. Packer）的那种"简明神学"，但一旦这种美德变成了律法的要求，那么它就不再是美德，而是用以论断人的文化偏见了。从我自己双母语（汉语、英语）、双文化的视野看来，许多英语学者对德语冗长著作的反感，其实是出于他们的文化偏见。

汉语神学不需要从英语文化传承这种偏见。我们也不会因为孔孟老庄朱王传下来的语录或著述有多种诠释的可能，或因着文言文充满歧义的特质，就认定他们都是在"忽悠"华夏子孙。确实英语福音派对汉语基督教有很大的影响，这影响也特别体现在汉语基督教对巴特的某些普遍印象。这影响在哪些地方是正面的、哪些地方是负面的，是个见仁见智的问题；但不论如何，英语文化的包袱，不应该透过英美福音派的影响，变成汉语基督教的文化包袱。而事实上，我们在第一章及第二章也看到了，英美福音派在二十世纪中叶，已经对巴特有了相当多元的诠释、批判、受容，而汉语基督教所受到的影响却趋向单一，亦即范泰尔对巴特的批判，这是相当可惜的。再者，我们在第一章也看到，当代英语福音派已经兴起了新一波的巴特研究热潮，致力于聆听巴特的文本如何从他的处境对读者说话，在理解的基础上接受启发、提出批判。值得庆幸的是，汉语基督教也开始出现这样的趋势了。而我们在接下来几章要达到的主要目的，正是借着这样的趋势，在善意理解的基础上提出一些批判，探索巴特神学对汉语基督教的启发。

第四章
与巴特对话：启示与圣经

前面几章的内容，主要目的在于引介巴特，而我也提出了我所采取的巴特诠释模型。诠释巴特的著作，是我书写前沿巴特研究论文、专著时的主要工作，在这些作品当中，我鲜少提出自己对巴特的评价。诠释工作的价值在于聆听、理解，"快快地听，慢慢地说"，这显然是必要的。希伯来文用"聆听"某个对象的"声音"来表达对那对象的顺服，类似中文的"听话"。倘若一个人说的话有理，那么听他话本是应当的，但显然，没有任何人的话语是绝对的真理。如果我们对任何人所说过的话只会一味地"听"，那么我们就是把那人的话当成天理了。当巴特听说在日本有数以百万、甚至千万计的粉丝追捧他时，他大声呼吁："不要不经分辨地从我这里习取任何一句话！"[1]

---

1. Barth, *Offene Briefe 1945–1968*, in *Gesamtausgabe* 5:15, 375.

倘若我们与巴特的互动止步于"聆听"的阶段，那显然诠释的工作就失去了价值，因为这只会有两种结果：要不就是听懂了，却没有任何想法，没有得到启发，没有听进心里，也没有任何异议；要不就是听懂了，然后全盘接受，所以听了以后就没有任何需要说的了。我们之所以借由诠释的工作，试着去听懂任何一位大思想家的言说，就是为了在聆听之后能够与之对话：不论我们自己的想法在他们面前显得多么渺小，我们都应该带着"对话"的目的来阅读他们的著作。

每位读者，包括世界一流的学者在内，都必然从自己的处境出发，带着自己的观点与立场，进入与文本对话的过程。此过程在阅读的时候已经开始了，这是不可避免的，但这并不意味我们无法客观地听见文本所要表达的含义。只要我们在阅读过程当中"快快地听，慢慢地说"，说完以后继续听，始终等待文本来解释、决定它自身的含义，那么从文本到读者、从言说者到聆听者的意义传递（communication of meanings），就有可能八九不离十，基本不失真。每次阅读之后，读者都应该转换角色，在意义交换（exchange of meanings）的过程当中成为言说者：就算作者已死，他的文本仍旧是他所说的话，而我们仍旧能够与他的文本对话。

我自己作为一名巴特学者，用了大量时间与精力去诠释他的作品，目的始终是与他对话，而非一味聆听。在这对话过程当中，我就像任何一名读者一样，必然从自己处境出发，带有自己的观点。我自己身在多元处境当中，而本书是在汉语基督教的处境下书写的。我也不讳言，在任何处境当中进行神学对话时，我所采取的出发点是新加尔文主义（neo-Calvinism）。当然，新加尔文主义是个相当多样的现象，而我所传承的，主要是巴文克与霍志恒的传统。

我从这立场出发与巴特对话，目的不在于说服读者接受我对巴特的评价，因为每位读者都会有自己的出发点。但正如我的导师杭星格教授曾受益于巴尔塔萨、弗莱、T. F. 托伦斯等神学家与巴特的对话，我自己又受益于杭星格教授及麦科马克教授与巴特的对话，我也希望我的读者，不论汉语、英语，或者是德语读者，也能或多或少从我与巴特的对话中找到一些有用的东西——当然我并不是拿自己与这些大师相提并论。

上述每位大师在著述中与巴特对话时，都有自己特定的出发点。巴尔塔萨是天主教神家，弗莱是后自由派新教神学家，T. F. 托伦斯是苏格兰长老会神学家。杭星格教授与麦科马克教授也各自有自己的立场以及他们所关注的问题。这并不意味着，与他们立场不同的人就无法从他们与巴特对话的著述受到启发。

同样地，当我在自己的处境当中讨论自己关注的问题、从自己的立场出发提出我对巴特的评价时，我并不是只为与我立场相近的读者写作。我不需要担心说我一旦表达了立场，我的著述就会对立场相左的读者失去价值。反之，倘若我在对话过程中没有任何立场，那么这场对话对于读者而言就真的没有什么价值了。在接下来几章当中，我会从新加尔文主义的角度出发，与巴特进行对话，希望这些内容对于读者而言能够或多或少具备一些参考价值。

一、"神坛双巴"

这里"神坛"的"神",是指"神学"。我们在前几章曾经提到,巴特与巴尔塔萨经常被誉为"巴塞尔双星"、二十世纪神学的"双巴"(the two Bs of twentienth-century theology)。然而近年来有愈来愈多学者注意到,在二十世纪的"神坛"上,巴特与巴文克这一对"双巴",较之巴特与巴尔塔萨有着更多耐人寻味的可比之处。巴特与巴文克被视为二十世纪"上帝话语的神学"(theology of the Word of God)的两大代表。十九世纪德国学术神学的历史转向所造就的各路自由派神学,在第一次世界大战前夕宣告破产,巴特等一众青年德语神学家纷纷与他们的师辈公开决裂。巴特指出,日耳曼公民宗教将德意志民族视为上帝在历史现象中的化身,乃是出于现代德国神学与哲学的根本谬误,亦即否定上帝的超越性(transcendence)与不可测透性(incomprehensibility),进而在历史行动与现象中寻找上帝。唯物论者费尔巴哈(Ludwig Feuerbach, 1804-1872)与施特劳斯(David Strauss, 1808-1874)在黑格尔及施莱尔马赫之后,揭示了这种神学的本质:人类即是上帝、上帝即是人类。巴特有句名言:"正确神学的起始点,正是费尔巴哈与施特劳斯所揭示的难题被看穿且被嘲笑的那一点。"[2]

事实上,早在巴特之前,巴文克就已经提出了同样的洞见:费尔巴哈与施特劳斯揭示,德国观念论所谓的"上帝"不过是

人按照自己形像投射出的偶像。[3] 费尔巴哈与施特劳斯都采取黑格尔出发点，主张"上帝与人是一体的"，而"费尔巴哈与施特劳斯都以唯物主义为终点：感性［指感官经验］的天性是唯一的现实；人之所是，无异于他们所食"。[4]

巴特的学术神学生涯始于第一次世界大战，而巴文克的神学著作大多数是在战前完成的。巴特 1921 年开始在大学任教，而巴文克则在同一年过世。早在自由派神学的迷梦被第一次世界大战破碎之前，巴文克就已经指出了这种偶像神学的危机所在。尽管巴特在荷兰的追随者在 1930 年代已经与荷兰新加尔文主义阵营交恶，但他仍在 1940 年出版的《教会教理学》II/1 中赞扬巴文克："在较新的教理学著作中我只知道一位，就是荷兰改革宗神学家巴文克，似乎认知到了上帝的不可测透性。"[5]

尽管巴特极少提及巴文克，但二者间许多雷同之处，显然并非纯属巧合。相关学界对此已有许多探讨，包括中国学者徐西面发表于顶级国际期刊的论文。[6] 我会尽量避开学术前沿的一些辩论，以巴文克的神学作为我的出发点，同时也诉诸他的挚友霍志恒的思想，与巴特进行对话。

本章并非比较研究的论文：我不是在诠释、阐述"神坛双巴"的思想。我是透过巴文克与巴特对话。而在行文中，读

---

3. *RD*, 1:166.

4. *RD*, 1:256.

5. *KD* II/1, 208; *CD* II/1, 186.

6. Ximian Xu, "Herman Bavinck's 'Yes' and Karl Barth's 'No': Constructing a Dialectic-in-Organic Approach to the Theology of General Revelation," *Modern Theology* 35 (2019):323–351; "Appreciative and Faithful? Karl Barth's Use of Herman Bavinck's View of God's Incomprehensibility," *Journal of Reformed Theology* 13 (2019):26–46.

者会发现，我阐述巴文克（以及霍志恒）时会多方参照十六、十七世纪的认信改革宗（confessional Reformed）传统，因为巴文克（以及霍志恒）乃是以此传统作为严格的信仰规约（*regula fidei*）。若非如此站在巨人的肩膀上——若我只是以一己之力与巴特切磋——那么本章内容将不会具有任何价值，因为我个人的见解，完全没有资格与这些大思想家站在同一个平台上对话。

二、启示的中介性

英美乃至汉语神学界对巴特神学最为熟知的几个要点之一，就是他对启示之非直接性（indirect nature of revelation）的重视。我们在前一章看到，这在福音派圈子里经常引来误解，而这误解主要出自范泰尔：他以为巴特的意思是，这世上没有任何事物在直接意义上（directly）就是上帝亲自的作为、行动。范泰尔之所以会有这样的误解，很大原因是他区分"直接"（direct）与"非中介"（immediate）：上帝在自然与历史当中的自我启示，乃是祂直接（direct）的作为与行动，此作为与行动并非祂的本质，却是祂永恒本质与人类知识之间的中介（mediation）。巴特强调，一切启示皆非直接，而这在英美语境中，被误解为某种（新）康德主义的辩证：自然与历史中，没有任何造物主的行动，而受造物与造物主之间，也没有任何行动关系（active relationships）。

事实上，这并非巴特的意思。在巴文克与巴特笔下，"直接"与"非中介"其实是近义词。譬如，巴特神学发展到基督中心论的成熟时期时，十分强调"道成肉身……在全然直接而非中介（*ganz direkt und unmittelbar*）的意义上就是"上帝自己的行动。[7] 巴特强调启示的非直接性时，他的意思是，有限的受造物不可能不透过受造中介，直接地认知上帝内在（*ad intra*）的本质（essence）。理性受造物必须透过上帝以受造物以及时间历史为形式所成就的外在（*ad extra*）启示行动，才能获得对上帝本质的间接认识，因为人的认知被局限于经验感知的世界。

巴特对人类认知之局限的理解，无疑受到康德的影响，但这并不意味巴特就是位（新）康德主义者：他采取康德某些特定观点，却从未全盘接受康德哲学的体系。在这点上，巴文克与巴特十分相似。巴文克写道："当康德说，我们的知识无法延伸至经验的界限之外时，他是全然正确的。倘若上帝未曾启示祂自己，那么我们也无从认识祂。"[8]

巴文克十分强调，上帝是在人类经验的范围内启示祂自己，而启示的非直接性（亦即中介性）也因此是必然的："严格来说，不论在自然或恩典当中，都没有非中介的启示。上帝总会使用某种媒介，向人们启示祂自己——不论是从受造物中间取材或是自由地选择出来。"[9] 巴文克写道："在今世，一切启示都是中介的。"[10] 相对于终末的荣福直观（beatific vision），在今世"没有任何受造物能看见或理解上帝在其自身之所是，以及在其自身的言说。启示因此始终是恩典的行动；在其中，上帝俯就

7. Barth, *Gottes Gnadenwahl*, 15.

8. *RD*, 2:50.

9. *RD*, 1:309.

10. *RD*, 1:310.

降卑，以与祂的受造物相遇，亦即祂按自己形像所造的受造物。一切启示皆是拟人的，亦即在某种意义上将上帝人性化"。[11] 而根据改革宗正统的主流教义，就连在新天新地的荣福直观当中，人所直观到的都不是上帝的本质自身，而是基督神人二性升天后的位格荣耀（personal glory）——我们稍后会详细阐述这点。

在此我们注意到，上帝"在其自身的言说"有别于上帝对我们所言说以及书写的话语。稍后我们会解释，十七世纪改革宗正统严格地区分"上帝本质的话语"（*verbum Dei essentiale*），亦即圣子（太初即有之道），以及"上帝书写的话语"（*verbum Dei scriptum*），并且看见巴特区分上帝话语的三重形式，其实是在认信改革宗的基础上发展出来的思想。不论如何，改革宗正统强调，启示是外在于上帝本体的行动，不同于上帝本体的道，而巴文克与巴特都采取了这立场。

此外，我们在上述引文中还注意到，巴文克非常强调，启示的非直接性以及类比性，跟上帝的俯就（condescension; accommodation）是相辅相成的。这也是《威斯敏斯特信仰告白》所界定的教理：

> 上帝与受造物的距离如此巨大，以致有理性的受造物虽然应当顺服上帝作为他们的造物主，但他们却无法得着从祂而来的果效作为他们的祝福与奖赏，除非上帝在祂那一方主动定意俯就降卑，而这已然由上帝按照祂旨意所喜

---

11. *RD*, 1:310.

悦的，借着圣约表达了出来。[12]

《威斯敏斯特信仰告白》的这一章提出了上帝俯就的双重必要性：（一）因着造物主与受造者的无限本质差异，上帝借由行为之约（covenant of works）降卑启示他自己；（二）因着罪的鸿沟，上帝降卑成为人，以基督为恩典之约的中保启示祂自己。（有较为少数的改革宗神学家主张，就算亚当没有堕落，上帝仍旧会成为人。）上帝借由立约来俯就人的这种自我启示方式，都是在感官经验的界域之内，以历史为形式所赐下的。

徐西面的博士导师恩雅各（James Eglinton）博士指出，巴文克用有机主义（organicism）的史观来理解上帝透过圣约历史所成就的特殊启示。[13]上帝借由救赎历史（亚伯拉罕、以撒、雅各、摩西、大卫，乃至基督）以及世界历史（埃及、迦南、亚述、巴比伦、波斯、罗马），渐进地启示祂自己，而圣约历史的启示进程是有机的（organic）。上帝并非机械化地将自己一部分、一部分地用命题启示出来，好像每个关乎上帝的命题都是机械整体当中的某个部件。渐进启示的有机性意味，在圣约历史的每一点上，上帝都是借由立约的行动将自己完整地启示出

---

12. 《威斯敏斯特信仰告白》7:1，原文如下："The distance between God and the creature is so great, that although reasonable creatures do woe obedience unto him as their Creator, yet they could never have any fruition of him, as their blessedness and reward, but by some voluntary condescension on God's part, which he hath been pleased to express by way of covenant." 此处 "pleased to" 有特定神学含义，是指上帝的 "good pleasure"，亦即上帝预定的旨意，这用语出自《以弗所书》1:4-5："上帝从创立世界以前，在基督里拣选了我们……又因爱我们，就按着自己的意旨所喜悦的，预定我们藉着耶稣基督得儿子的名分。"

13. James Eglinton, *Trinity and Organism: Toward a New Reading of Herman Bavinck's Organic Motif* (London: Bloomsbury, 2012).

来，就像一棵树，在树苗的阶段已经是那棵树的全部，尽管这棵树还没有完全成长起来。

这种有机主义意味，像"上帝不可改变"（God is immutable）之类的命题，不应该用某种抽象的"不变者"概念来理解，而是要透过上帝立约的历史行动，具体地理解同一位上帝如何多次多方地用不可测透的作为来启示祂信实的旨意乃至不变的本质。人类作为受造物，所能认知的对象都是"变者"；声称自己能够在"不能以一瞬"的天地间，"自其不变而观之"，无疑是自以为能够用上帝视角来看万物。诚如罗素（Bertrand Russell）所言，"对不变者的追寻，是引导人走向哲学的最深刻的本能之一"，然而在人类将有限的智慧发挥到极致之后，却只能得到一个结论："赫拉克利特（Heraclitus）所教导的永恒流变（perpetual flux）教义令人感到痛苦，然而我们已然看见，科学完全无力反驳它。"[14]

基督教不同于柏拉图、亚里斯多德，亦不同于老庄：基督教承认，人所能直接认知的一切，皆被局限在瞬息万变的可感世界内，而不变者无法被我们直观——不论是用智性抑或感官。基督教最核心的教义就在于此：上帝俯就人的卑微，借由"变"来启示祂的"不变"，而这启示在耶稣基督里达到高峰；上帝变成了人，祂之为上帝的所是却未曾改变（God became human without ceasing to be God）。"变者"乃是上帝之为"不变者"将自己启示给人类的中介（mediation）。对巴文克而言，启示的有

---

14. Bertrand Russell, *History of Western Philosophy* (London: Routledge, 2004), 45–47.

机性就意味它必然的中介性："启示总是有机地发生"，而这就意味，它总是"中介地"发生。[15]

英美福音派运动的创始人当中，重视神学传承的神学家，包括我的恩师巴刻博士以及范泰尔，还有后来美国东西部二所威斯敏斯特神学院的代表人物葛富恩教授及迈克尔·霍顿教授，都采取了启示中介性的正统观点。他们强调，上帝的自我认识与人对上帝的认识，就像原版（archetype）与复刻（ectype）之间的类比，虽然相似，却具有无限本质的差异。

我们在第二章已经解释过"原版–复刻之分"（archetype-ectype distinction）。在一本十七世纪改革宗经院学派几乎所有学生都必读的课本当中，弗朗西斯科·优尼乌斯用了许多篇幅解释这关键的概念。他写道："神学要不就是原版的，这无疑是上帝自己的智慧，要不就是复刻的，由上帝所创造形塑。"[16]

可惜的是，英美福音派创始人当中，卡尔·亨利（Carl Henry）在《上帝、启示和权威》（*God, Revelation and Authority*, 1976）这部巨著当中采取了戈登·克拉克（Gordon Clark）的立场，否定了《威斯敏斯特信仰告白》所定义的"俯就"教理，以及"原版–复刻"的类比传统。他认为，人类透过圣经的命题启示所领受对上帝的知识，与上帝的自我认识，乃是单义的（univocal）（我们很快就会来解释这专业术语）。亨利的观点是，只要领受圣经的命题，人就能直接认识上帝的本质，而人对上帝的认识与上帝的自我认识之间，只有量的差异，没有本质的

---

15. *RD*, 1:309.

16. Junius, *A Treatise on True Theology*, 104.

差异。霍顿教授指出，巴特的启示论在这方面其实比亨利更贴近宗教改革的正统，因为巴特正确地强调了启示的类比性以及间接性。[17]

亨利的观点，在当代由知名系统神学家雷蒙德继承了下来。[18]雷蒙德清楚明确地拒斥了加尔文关于"俯就"（accommodation）的教导，也就是《威斯敏斯特信仰告白》当中的"降卑俯就"（condescension）。雷蒙德如此陈述这传统的概念："因着我们的有限，上帝无法给予我们一个关于祂自己之为祂在其自身中之所是的单义语文描述（because of our finitude God could not give to us a univocal verbal depiction of himself as he is in himself）。我们所拥有的，最多就是对上帝某种有限的呈现（finite representation of God），因此我们对祂的理解，是'如祂对我们所显现的（as he seems to us）'，而不是如祂在其自身之所是。"[19]雷蒙德主张：

我们在此不应该跟随加尔文，因为我们在上帝语文的自我启示（verbal self-revelation）的基础上，有能力知道许多关于祂的事，这"知道"与祂"知道"这些事的意义是相同的（in the same sense that he knows them）。这就是上帝

---

17. Michael Horton, "A Stony Jar: The Legacy of Karl Barth for Evangelical Theology," in David Gibson and Daniel Strange, eds., *Engaging with Barth: Contemporary Evangelical Critiques* (Nottingham: APOLLOS, 2008), 377.

18. 见 Robert Reymond, "Calvin's Doctrine of Holy Scripture (1.6–10)," in Peter Lillback and David Hall, ed., *A Theological Guide to Calvin's Institutes* (Phillipsburg: P&R, 2008), 44–64。

19. Ibid., 57.

之所以赐给我们圣经的初衷——让我们能够认识祂。当然，我们不会穷尽地（exhaustively）认识上帝，但我们能够真实地认识祂在其自身之所是。[20]

霍顿教授指出，这样的观点"至少对我们这些主张原版知识与复刻知识的传统新教区别（traditional Protestant distinction between archetypal and ectypal knowledge），并且拒绝将真理的概念一点不剩地约化为命题陈述（reduce the concept of truth to propositional statements without remainder）的人来说，是令人不满的"。[21] 宗教改革以及更广泛的古典西方神学都强调，上帝的自我认识以及信徒对上帝的认识，在量与质上皆有差异。按照传统的理解，上帝的不可测透性（incomprehensibility）意味，我们对上帝的认识不但无法与上帝的自我认识等量齐观，而且就连上帝亲自用受造物的语言对我们表达祂的本质时，这外在于祂本体的言说与祂本体的道之间，都有本质上的差异，导致我们对上帝的认识与上帝的自我认识只能具有类比性，却不能具有亨利与雷蒙德所主张的"单义性"（univocity）。

"单义性"与"复义性"（equivocity）出自中世纪经院哲学，是实名论（realism）与唯名论（nominalism）之争的关键所在。所谓"单义"，意思是"相同而非相似"："非洲人"与"欧洲人"这两个词汇里面的"人"，都是指按上帝形像受造的人，辞义并非相似而是相同，是单义的。所谓"复义"，则是指同一

---

20. Ibid., 57.

21. Horton, "A Stony Jar: The Legacy of Karl Barth for Evangelical Theology," 377.

个词汇，被用以指涉两个本质不同的概念，亦即"相似却不相同"。譬如，"机械人"与"非洲人"这两个词汇当中的"人"，并非单义，而是复义：机械人由于**像**人，所以被称为"人"，但机械人并不**是**人。

那么，当我们说到"上帝的智慧"以及"人的智慧"时，这两个词汇当中的"智慧"究竟是单义，抑或复义的呢？在这问题上，实名论倾向于单义，唯名论倾向于复义，但只要还在正统的规范以内，那么两者都不会完全倒向任何一边。因为人的智慧与上帝的智慧如果是全然复义的、如果两者之间只有表面上的一些相似之处，那么人类语言关于上帝的言说，就会变得毫无意义，而人也完全不可能用理性来认识上帝。但倘若人的智慧与上帝的智慧是单义的，那么这就意味着人的心灵里面可以被赋予上帝的本质。一些极端的唯智论（intellectualism）神学家确实大胆地提出，人里面有某种关乎上帝的智慧，是从上帝那里流溢出来的，在本质上并非受造的，但这种理论会被视为异端，尽管教导这种观点的人或许因着一些巧合而逃过了被定为异端的灾难。在西方教会传统底下，正统规范内的神学，包括温和的唯智论，都必须承认上帝的不可测透性。

西方古典神学定义上帝的不可测透性时，使用了一个关键的表述方式：上帝本质的不可知性（essential unknowability），亦即上帝在本质上（*per essentiam*）是人所不可知的。这表述的基础，是西方古典神学关于上帝超越性（transcendence）的阐述，亦即"造物主与受造者的区别"（Creator-creature distinction）。造物主是永恒自存的；一切受造物都是从绝对无有被创造出来的。造物主是无限的，受造物都是有限的。"有限"与"无限"并非量的区别，因为其中的差异不可以计量。"有限"与"无限"是本质上的区别。

人的智慧不可能承载上帝的智慧，除非（一）上帝将自己的本质变为有限，但这样一来上帝就不是上帝了，而上帝不能选择不作无限的上帝；或是（二）上帝将人的本质变得与上帝相同，但上帝不能这样做，因为祂是独一的上帝，不能在祂之外创造与祂本质相同的上帝，正如祂不能造出一块自己举不起的石头。因此正统的古典西方神学家，从中世纪的托马斯·阿奎纳以及波拿文士拉，一直到后期宗教改革正统，都坚持"上帝本质的不可知性"。如果受造的人能够正确地认识上帝，这认识不能够是直接、单义的，只能够是透过启示作为媒介，像一面镜子般映现出来的类比知识（analogical knowledge）。当然，关于这类比的性质究竟该如何理解，乃是西方神学传统当中最具争议的问题之一。但不论如何，类比神学当中的"原版-复刻区别"，就是以上帝本质的不可知性为前提的。

巴文克指出，"对托马斯·阿奎纳而言，并不存在对上帝本质的认识、上帝在祂独一性当中之'是什么'（whatness）；我们只能知晓祂对祂所造之物的意向（disposition）。没有任何的名字能够完整地表达祂的本质"。[22] 上帝本质的不可知性以及不可言说性，在中世纪天主教成为官方教理，而"宗教改革的神学并未修改这一观点"。[23] 反之，正统改革宗神学家比任何天主教

---

22. *RD*, 2:39.
23. *RD*, 2:40.

的修会、传统都更加彻底地贯彻了这神学原则。"他们对一切偶像崇拜之形式的厌恶，使得他们无处不尖锐地区分属乎上帝自身的一切以及受造的万有。他们比其他的神学都更加严肃地对待'有限者无可承载无限者'的命题。"[24]

在今天，"上帝本质的不可知性"这个历久弥新的概念，遭到了一些不熟悉教义史的福音派神学家所误解。[25] 它被错误地定义为以下的概念："只有上帝完全地认识、测透祂自己，而人只能按照他们作为有限的受造物的局限，在延伸的意义上认识上帝。"[26] 这定义正确地描述了上帝的"不可测透性"，但"本质的不可知性"作为"不可测透性"的一个基本维度，却有着更特殊的含义，也就是我们稍早所下的定义。

主张废除"上帝本质的不可知性"这古典教义的当代神学家经常提出的一个三段论证，显示他们并不明白"本质"（essence/*essentia*）一词在古典神学当中的含义。他们声称：（一）假如我们无法认识上帝的本质，而（二）上帝就是祂的本质，那么（三）我们就不认识上帝。[27]

这套抽象的三段论证并未掌握"本质"一词在"本质的不可知性"这古典教义当中的具体定义：上帝的"本质"并不是只是一个抽象的、广义的亚里士多德主义的概念，亦即一件事物恒常之所"是"、其所具有的一切必然属性或形式因，更是包含了三一上帝永恒的内在行动（*opera ad intra*）。"上帝本

24. *RD*, 2:40.
25. 例：Vern Poythress, *The Mystery of the Trinity* (Phillipsburg: P&R, 2020), 624–625。
26. Ibid., 624.
27. Ibid., 626–667.

质的不可知性"的教义告诉我们，上帝内在的三一本质对于人类自然理性（natural reason）而言是不可知的，不论是堕落前或堕落后都一样；人所能认识的、人有限的理性所能承载的，不是上帝无限智慧的本质，而是上帝透过外在于祂本质的行动（opera ad extra），以受造而有限的形式，赐给我们的复刻知识。就连托马斯·阿奎纳等肯定人类自然理性能够获得某种亚里士多德哲学意义上关于上帝本质的抽象知识的正统唯智论者都明确指出，人作为受造者对上帝的认识，在本质上不同于上帝的自我认识，而是间接透过受造的媒介启示给人的类比认识。

再者，我们不可忽略尼西亚教父如何重新定义他们从亚里士多德学派借来的哲学用语。[28] 他们虽然大多拒斥亚里士多德的逍遥学派（Peripatetics）所教导的哲学教义（这很大程度上是因为逍遥派否定了灵魂不朽论），但教父时期的希腊化哲学（Hellenistic philosophy）大多采用了亚里士多德所界定的术语以及他的逻辑学，而在当时，ὑπόστασις（hypostasis）与οὐσία（ousia）这两个字并没有非常明确的区分，虽然用法不太一样，但经常被当成同义词使用。

尼西亚教父为了理解、表达圣经所言说的圣父、圣子、圣灵如何在不变、自存、永恒的行动与关系中就**是**独一的上帝，于是借用了 ousia 来表达上帝纯一的本质与实体，又用 hypostaseis 来表达圣父、圣子、圣灵作为这永恒动态实体的行

---

28. 见 *RD*, 2:297。

动者（agents）。这样去定义 hypostasis 及 ousia 为"位格"与"本质"或"实体"，已然显示说在尼西亚的三一论神学当中，上帝的本质不单单是一个抽象的逻辑范畴，而是包含了圣父、圣子、圣灵在具体永恒关系与互动中所"是"的一切。

奥古斯丁受洗时（公元 387 年），第一次君士坦丁堡会议（公元 381 年）刚刚确认并阐述了第一次尼西亚会议（公元 325 年）所制定的三一论正统，而他在晚期著作《论三一》（De Trinitate）当中阐述尼西亚-君士坦丁堡的三一论时，交替使用拉丁文的 essentia 及 substantia 来表达 ousia 的概念。[29] 格林（Bradley Green）指出，奥古斯丁的翻译是一个"非亚里士多德"（un-Aristotelian）的策略。[30] 所谓"实体"，是指一个实存而且可以被定义（可以说它"是"什么）的东西，而"本质"则是指一个东西之所"是"。亚里士多德认为，"实体"必然是一类事物普遍之所"是"在物质当中的个殊呈现。在此语境下，奥古斯丁认为用"实体"来指涉上帝，并非最佳选择，尽管没有任何哲学词汇能够全然恰当而完整地谓述上帝。格林引用奥古斯丁的《论三一》："上帝是一个实体（substantia），或者说，本质（essentia）可能是更好的词汇；不论如何，就是希腊人所说的 ousia……我们从'是'（esse）这个字得到'本质'（essentia）一词。"[31]

---

29. 见 Ronald Teske, "Augustine's Use of 'Substantia' in Speaking about God," Modern Schoolmen 62 (1985):149。

30. Bradley Green, Colin Gunton and the Failure of Augustine (Eugene: Pickwick, 2011), 163-164.

31. Ibid., 148.

奥古斯丁之所以认为"本质"比"实体"更为恰当，是因为他以上帝永恒的内在行动与关系来理解上帝不变而纯一的所是。他在早年已经提出，《出埃及记》3:14 节揭示了上帝就是"存在自身"或"所是自身"（*ipsum esse*），也就是自存的、自我定义的存在。但这对奥古斯丁而言是不够的，因为这样自存自在、自有永有、不可被命名的上帝，是人所无法认识的本质。上帝的自存，必须在《约翰壹书》4:16 的亮光下去理解："上帝就是爱。"奥古斯丁解释道："爱是从某个将爱付诸行动的位格而来，而随之而来的乃是某个被爱的对象。看哪，这样就有了三者：付出爱的那位、被爱的对象，以及爱。"[32] 上帝不需要在自己之外造出一个外在的对象来**成为**爱。祂作为三一上帝，自己就**是**爱，祂是爱的主体、爱的对象、爱的行动，也就是永恒受生与发出的内在本质行动（*opera ad intra*）。

虽然后期拉丁神学将 *substantia*（实体）当成尼西亚三一论 *ousia* 一词的标准翻译，以强调上帝本质的不变与纯一，但奥古斯丁笔下 *essentia*（本质）一词的三一论内涵仍被保留了下来。[33] 例如，托马斯·阿奎纳在哲学论辩当中会采用亚里士多德的定义使用"本质"一词，但他在神学上，始终明确地强调上帝三一本质的不可知性。

十六、十七世纪改革宗神学传承了上帝本质不可知性的教义，且更加强化了它在整个教义体系当中的地位。路德宗也传

---

32. Augustine, *On the Holy Trinity*, ed. Philip Schaff, trans. Arthur Haddan (Edinburgh: T&T Clark, 1887), 124.

33. Ibid., 101.

承了这教义，且在一些地方显得格外激进，特别是路德对理性的悲观态度以及对自然神学的彻底否定，但在另一些地方却又没有贯彻这教义的原则，特别是在基督论这方面。路德认为上帝全知的本质、无限的智慧能够传递给耶稣的人性，而这也是路德宗的主流观点，尽管跟随梅兰希顿（Philip Melanchthon, 1497–1560）的路德宗神学家，立场有时似乎较为接近改革宗。改革宗将"有限者无可承载无限者"（*finitum non capax infiniti*）的原则发挥到了极致，也比任何一个神学流派更加彻底地在所有的教义上贯彻上帝本质的不可知性的前提。

然而上帝本质不可知性的原则在改革宗传统当中，从来就不意味人无法真实地认识上帝。我们能够透过上帝以圣约为形式，在创造、摄理、救赎的工作当中启示自己的方式，间接却又真实地认识上帝。人不能拥有上帝的原版智慧，却能够借由上帝的启示之工获得那原版的复刻。

此外，严格说来，人类心灵当中对上帝与生俱来的感知，亦即"神圣感知"（*sensus divinitatis*），并非上帝自我启示的内容，而是启示的内容进入人类心灵的通道，是人类心灵承载启示内容的容器。上帝的自我启示都以感官经验的对象为媒介，而人的智性（intellect）在反思、整理感官经验的资料时，会因着内在的神圣感知及宗教因子（*semen religionis*），产生一种对上帝的感应与认知，乃至敬畏的情感。然而在堕落之后，罪的智性影响（noetic effects of sin）造成了一个人所不能避免却又不可卸责的结果，就是将人对上帝的感应变成迷信、偶像崇拜。

因此，在反思上帝借由创造及摄理之工所显明的永能和神性时，人必须以信心为出发点，相信耶稣基督的位格与工作所启示的三一本质。我们间接地透过启示的媒介认识上帝时，信心扮演着关键的角色，因为单凭眼见，没有人能认出那位被钉十字架的拿撒勒人就是永生上帝的儿子。

信心是圣灵所赐的，是祂让信徒想起主耶稣所说的话（约14:26）——"我与父就是一"（约10:30；和合本作"我与父原为一"）。基督就是以"我是"为名的那一位，不是作为圣子自存，而是永恒地由父所生而与圣父、圣灵一同自存，而这位基督对祂的门徒发出邀请："你们当信我，我在父里面，父在我里面；即或不信，也当因我所做的事信我。"

基督的位格并非直接显明为圣子的位格，而是借由祂所做的工显明出来。祂成为使徒"所听见、所看见、亲眼看过、亲手摸过"的人，因为祂作为"从起初原有的道"，不是任何人——包括使徒——可以用心灵的智性直接去智知的对象（约壹1:1）。正因如此，相信基督是"原与父同在"的圣子，进而相信圣父、圣子、圣灵，并非盲目的信心，而是建基于使徒对那已经"显现出来"的道所作的"见证"——不是见证他们用神秘的灵知或理性的智知塑造出来的偶像，而是将他们透过感官"所看见、所听见的传给"信徒（约壹1:2）。三一上帝的本质与真理在其自身是不可知的，唯有通过成了肉身的道，才有可能让信徒间接地从信心出发，去认识三一上帝。

耶稣说："我对你们所说的话，不是凭着自己说的，乃是住在我里面的父做他自己的事。"（约14:10）整个西方古典神学的正统都承认，这句话所揭示的三一真理，必须以信心为出发点才有可能理解。而在这传统当中，改革宗格外强调信心是圣灵的工作。在圣灵的光照之下用重生的理性去反思基督所做的工作，信徒才能够正确地相信基督是由父所生、在基督里面有上帝完整的本质，在肉身的隐藏下启示给了凭信心不凭眼见认识祂的人。而由于上帝在基督降生前每次降卑与人立约、用可见的形式启示祂自己时，都是用预言、割礼、献祭、逾越节羔羊等可见的符号预表耶稣基督，因此旧约的圣徒也能因信基督而透过道成肉身的中保来认识上帝：若非在基督里，没有任何堕落后的人能够真正认识上帝。

圣经最根本的职分，就是将上帝在基督里与人立约的历史记录下来。圣灵默示圣经，将上帝"多次多方"借由圣约启示自己的历史"笔之于书"（《威斯敏斯特信仰告白》1:1）。圣经不是以上帝原版智慧、永恒之道为本质及形式赐下的：有限者无可承载无限者（*finitum non capax infiniti*），且罪人无可承载上帝话语（*homo peccator non capax verbi divini*）。圣经是以受造、堕落后、巴别塔之后的人类语言作为符号，指向上帝借由创造、堕落、救赎的圣约历史所成就的启示。换言之，圣经并非用抽象的命题，直接按本质（*per essentiam*）将上帝启示给我们。认信改革宗传统坚持，启示是有中介的（mediatory），而不是直接的（immediate）。

正统的西方古典神学家一致认信上帝本质的不可知性的教义，不只是出于创造主与受造物的区别，更是出于上帝在基督里启示了祂自己的事实。奥古斯丁在《论三一》第二卷指出，三一上帝的超越实体是不可见的；第四卷进而指出，我们唯有透过道成肉身的基督，才能认识上帝不改变的三一本质。在基督的工作以外，对基督位格的信心都是毫无根据的，这样的信心不是以启示为对象，而是以人自己的认知能力为对象。在基督的位格以外，对三一上帝的信心也是全然无理的盲目信心。圣约历史是上帝自我启示的方式，以基督的位格及工作为中心展开，而在这经验历史的启示之外，任何关乎上帝本质的言说，都是在造偶像，因为上帝本质在其自身（*a se*）是任何受造物都无从认知的。

当然，倘若只是出于误解或者没有明白"上帝本质的不可知性"这教义具体的内容，因而拒绝这个用语，那问题也不是太大。但亨利、雷蒙德等克拉克学派的神学家所提出的启示论，却是明确拒斥了"上帝本质的不可知性"以及"俯就"的实质内容。亨利作为一名浸信会神学家，神学思想缺乏规范也不奇怪，但雷蒙德作为一名认信改革宗、美利坚长老会（Presbyterian Church in America）神学家，签字认信《威斯敏斯特信仰告白》，却赤裸裸地拒斥其中 1:1 及 7:1 的内容，那就相当可疑了。而最大的问题还不在于此。最大的问题在于，拒斥"上帝本质的不可知性"以及"俯就"的教义，其实就等于违背整个西方古典神学正统当中"造物主-受造物区别"（Creator-creature distinction）以及"上帝超越性"（divine transcendence）这最基本的教义基础，进而否定了改革宗正统的"原版-复刻区别"（archetype-ectype distinction）以及任何在真实意义上可被称为"以基督为中心"（Christ-centred）或"救赎历史"（redemptive-historical）的圣约启示观与圣经观。

在这一点上，作为一名认信改革宗传统的新加尔文主义者，我认为巴特强调启示间接性及中介性的方式，是相当重要的提醒。亨利与雷蒙德的启示观与圣经观是在现代思想的背景下发展出来的，而巴特作为一位现代神学家，让我们看见古典改革宗的"原版–复刻类比"（archetype-ectype analogy）传统，能够对现代神学及哲学的提出强而有力的回应：巴特诉诸复刻神学（ectypal theology）的类比法，一方面拒斥了现象主义路线那种否定人类有可能认识上帝的神学，另一方面以近乎碾压的方式令神人同一性神学（identity theology/*Identitätstheologie*）从二十世纪中叶开始，只能苟延残喘地在学术神学的边缘地带继续生存。

再者，任何接受传统宗教改革圣经观的人都应该同意巴特所言，圣经的文字并非上帝的原版知识、本质之道，而是以受造的文字为符号指向上帝自我启示的历史，进而指向上帝永恒无限的本质。由于自我启示的上帝不是一套抽象真理，而是又真又活的上帝，以圣约的形式俯就人，让人类的历史成为祂与人立约的历史，因此信徒并不是以抽象命题的形式去认识上帝的本质。

巴特坚持，在一切涉及"上帝是"的谓语当中，上帝始终是主语而不能被当成谓语。譬如，他阐述《出埃及记》3:14 时强调，圣经将上帝启示为"存在"或"自在者"（being），但我们不能够用抽象哲学建构一个"存在"或"自在者"的概念，然后说"自在者就是上帝"。我们在第二章引用过他的原话："被赋予纯一性（simplicity/*Einfachheit*）和纯粹实动性（pure actuality/*reine Aktualität*）的存在并非上帝，反之，上帝是存在（*Gott is das Sein*）。我们信心与祈祷的对象并非存在，而是上帝。"[34] 如果不认识摩西的上帝，亚伯拉罕、以撒、雅各的上帝，亦即在耶稣基督里将完整的三一本质隐藏并启示出来的上帝，而是把《出埃及记》3:14 的命题从救赎历史当中抽离出来，那么就等于是把"自在者"这个哲学概念当成偶像来崇拜了。

同样地，圣经说"上帝就是爱"，而这主语—谓语的关系不能颠倒：人用有限的经验与理性在人世间所认知的爱并不是上帝。"从来没有人见过上帝"（约壹 4:12），但"上帝差他独生子到世间来，使我们藉着他得生，上帝爱我们的心就在此就显明了"（约壹 4:9）。然而没有人能在基督的工作以外认识祂的位格，因此使徒在这句话之后立即补充道："不是我们爱上帝，乃是上帝爱我们，差他的儿子为我们的罪作了挽回祭，这就是爱了。"（约壹 4:10）"上帝就是爱"不是一个抽象的、非时间性的命题，而是借由救赎历史所启示出来的真理。若将圣经约化为关乎上帝本质的抽象命题，而不正视圣经为指向圣约历史的符号，那么就算将神学言说建立在圣经之上，且将圣经视为上帝无误的话语，最后的结果依旧会是伪神学家用理性的傲慢，从自己抽象的概念出发去造偶像。在这点上，巴特与古典宗教改革神学是相当一致的。

三、中介与命题：
从圣约历史理解普遍启示与特殊启示

我们在第三章提到，巴特说圣经不是启示自身，而是对

---

34. *CD* II/1, 564; *KD* II/2, 635.

启示的见证。这并不是什么"新正统"的发明，而是巴特借自改革宗正统的重要区分。巴文克指出，中世纪神学"几乎完全将启示与默示……，亦即圣经，混为一谈"，而现代神学"区分了启示与圣经"，按照宗教改革的标准来说乃是正确的。[35]

当代专攻改革宗正统研究的知名学者雷曼（Sebastian Rehnman）如此概述"启示"的概念："在基督教传统当中，启示是一个认识论的概念，广义而言，它涉及将未知的对象变为已知（或可知）、将隐藏的揭示出来、将无知驱散，或是将晦暗的显明出来。"[36] 针对那些把启示与圣经完全混为一谈而不加以区分的观点，雷曼强调，按照宗教改革的传统，

> 启示与圣经在逻辑上是有区别又不可分割的（revelation and Holy Scripture are logically distinct but not separable）。上帝在自然与历史当中让自己被认识，进而将人类与自己放在一个宗教关系当中。然而在堕落之后，上帝以一种特殊的、救赎的方式启示了祂自己，是在基督那里达到巅峰的（God revealed himself in a special and redemptive way which culminated in Christ）。这自我启示的方式透过圣经被认识……透过这些书写的文字，人类与上帝的救赎行动之间产生了联结。[37]

---

35. *RD*1:381.

36. Sebastian Rehnman, *Divine Discourse: The Theological Methodology of John Owen* (Grand Rapids: Baker Academic, 2002), 73.

37. Ibid., 73.

换言之，根据宗教改革的传统，圣经并非在直接意义上就是上帝自我启示的行动本身——这启示行动乃是以基督为中心的救赎历史——而是救赎启示的记录，由圣灵默示而笔之成书。

我们稍后会讨论巴特圣经观与宗教改革传统教义的差异，但区分"启示"与"圣经作为对启示的见证"、"启示的话语"（Word of God revealed）与"书写的话语"（Word of God written），其实完全符合宗教改革的传统，包括改革宗正统。十七世纪英国改革宗正统神学家约翰·欧文写道："基督是本质的上帝话语（*verbum Dei essentiale*）、道上帝（*verbum Deus*）……圣经是书写的上帝话语（*verbum Dei scriptum*）。"[38]后者是上帝以受造物为材料与形式的外在行动；前者则是内在于上帝永恒本质的位格。

在此，欧文采取了改革宗正统当中典型的"三重之道"（*triplex Logos*）之说，区分上帝"位格之道、植入之道、先知之道"，亦即太初即有的圣子位格、上帝造人时放在人心思当中一切"人所能知道"的"上帝的事情"（罗 1:19），以及先知与使徒在圣灵默示下所书写的圣经。[39]改革宗正统时期，不同的神学家采用了不同的用语，但正如雷曼所显示的，"三重之道"乃是改革宗正统神学家普遍接纳的论述。[40]

巴特笔下的"上帝话语三重形式"与改革宗正统最明显的差异在于他拒斥了"植入之道"（*Logos endiathetos*）。然而，他

38. John Owen, *Pro sacris scripturis*, in *The Works of John Owen*, 21 vols., ed. Thomas Russell (London: Richard Baynes, 1826), 4:553.
39. Ibid., 4:546.
40. Rehnman, *Divine Discourse*, 85.

区分上帝启示及书写之道的方式，基本上却遵循了改革宗正统的思路。圣经并非直接用命题将上帝本质启示给我们，而是记述以基督为中心的救赎历史。如是，改革宗神学强调，圣经在本源上（originally）就是上帝亲自用受造物的语言所言说的话语，但圣经并非在本质上（essentially）属乎上帝自身（换言之，圣经并非内在于上帝的永恒本质）。

在这里我们再次强调，根据宗教改革的传统，救赎历史才是上帝的启示自身，而圣经是救赎历史笔之于书的记录。这其实也是英美福音派较为主流的观点。巴刻博士在经典著作《认识神》(*Knowing God*) 当中写道："透过神圣默示的智慧，圣经叙事从一开始就采取了一种讲述方式，将一对双生的真理烙印在我们心中：圣经介绍给我们认识的上帝，同时是人格化的（personal），也是威荣的（majestic）。"[41] 圣经用拟人法讲述上帝的性情以及祂与人的关系，同时又强调，上帝是无可比拟的。[42] 这就意味，上帝的自我启示首先是俯就降卑的救赎历史，以基督为中心，而圣经则是用叙事将启示的历史笔之于书，其中关于上帝的命题，都是采用类比法，而不是单义的（univocal）陈述。

按照这宗教改革传统以及主流福音派的立场，圣经并不像亨利他们所说的那样，透过单义的命题让人对上帝的认识能够在本质上相同于上帝的自我认识。圣经所使用的语言在本质上是受造的、有限的，是上帝用以指向启示历史的符号。它在**本**

---

41. James Packer, *Knowing God* (Downvers Grove: InterVarsity Press, 1993), 83–84.
42. Ibid., 85–86.

源**上**是神圣的（它直接出自圣灵默示的工作），但在**本质**上却是人类的语言。

上帝位格之道（亦即本质之道）与书写之道之间不可磨灭的区别以及不可分离的联合意味，信徒在解经时，不应该把圣经的教导从救赎历史的脉络中抽离，将之当作抽象的神学或伦理命题来诠释——这种亨利启示观所造成的现象在现今北美福音派当中尤为普遍。当然，这并不是说不满于亨利圣经观的人，就应该否认或淡化"命题启示"（propositional revelation）以及"逐字默示"（verbal-plenary inspiration）的教义，以某种巴特主义或后自由派（post-liberal）的观点取代之。

巴特以及一些（不是所有的）后自由派神学家在基督中心论的启示（Christocentric revelation）以及命题启示之间时而刻意、时而不经意的对立二分，从认信改革宗神学的角度看来，完全没有必要。而我认为，巴特自己其实也经常在不经意间采取了巴文克所谓的"有机默示论"（organic inspiration）以及相应的命题启示观。巴特其实会同意巴文克的论述：

> 正如人的每个思想与行动都是上帝行动的结果……也同时是人们自己的行动的结果，圣经全然是圣灵透过使徒与先知说话的产物，也同时全然是作者们的产物……基督的道成肉身要求我们追寻它到其降卑的最深处，进入它一切的软弱与羞辱里面。这话语、启示的记录也邀请我们肯认圣经软弱与卑微的维度，也就是它的奴仆样式。然而正如基督的人性不论如何软弱卑微，却始终没有罪也不受罪

的辖制，圣经也是"无瑕无垢地产生"；在每一部分当中都全然是人的话语，却又在每一部分当中都是神圣的。[43]

较激进的后自由派主张，圣经全然是救赎历史的叙事，而教义的命题则完全是教会从圣经叙事当中整理出来的逻辑，就像文法的规则不是语言自身所明示的，而是使用语言的人从其中整理出来的逻辑。巴特经常也体现出这样的观点，就如我们在第二章所看到的，他认为"上帝不可改变"（God is immutable）这命题，是道成肉身的历史当中所隐藏的神学逻辑，由教会的反思所整理出来。但另一方面，巴特其实更像杭星格这样的温和后自由派：巴特其实并未否认说圣经当中有关乎上帝的命题，包括"上帝不可改变"，以及稍早提到的"上帝是存在"（God is being）。巴特与杭星格所强调的是，这些命题不应该被视为抽象的、直接启示上帝本质的命题，而是以又真又活的、与人立约的上帝为主语所附加的谓语。在这方面，巴特与杭星格等后自由派巴特主义者的观点，其实与巴文克等新加尔文主义者相去不远。

杭星格教授在《福音派与后自由派能从彼此学到什么？》（What Can Evangelicals and Posliberals Learn from Each Other?）这篇文章当中力荐凯波尔（Abraham Kuyper, 1837-1920）及巴文克这两位新加尔文主义宗师的圣经观；这篇文章在福音派阵营中受到加州威斯敏斯特神学院迈克尔·霍顿教授的热情接

---

43. *RD*, 1:435.

纳。[44] 杭星格教授以费城威斯敏斯特神学院荣休教授葛富恩的研究为基础，阐述"凯波尔与巴文克在处理圣经的史实性（historical factuality）时所采取的观点"。[45] 杭星格教授引用葛富恩教授指出，对凯波尔及巴文克而言，"'将圣经无误放在聚光灯之下'，乃是'从唯理论者（rationalists）开始的'那种'唯智论'"，而"圣经无误对凯波尔及巴文克来说，并不是亨利所采取的那种唯智论。它的作用并不在于［为圣经提供］客观性、确定性、真实性的关键"。[46]

此处"唯智论"是指一种始于中世纪的哲学及神学路线，主张说人心灵内的智性（intellect）与心灵以外的自然秩序之间，甚至人理性的逻辑（logic）与上帝的道（Logos）之间，有一种真实的对应关系，以至于人对上帝、对世界的理解，能够符合上帝以及世界自身的现实。托马斯·阿奎纳等正统规范内的唯智论者都承认，上帝的智慧与人的智慧虽然不是彻底复义的（equivocal），但仍始终有本质上的差异，也因此不是单义的（univocal）。然而一些激进的唯智论者接受新柏拉图主义的观点，认为人的心灵里面有某种智慧在本质上与上帝的智慧相同，不是受造的，而是从上帝那里流溢到人心灵里面的。笛卡尔（René Descartes，1596–1650）、莱布尼兹（G. W. Leibniz，1646–1716）等启蒙运动唯理论大宗师虽然仍在理论上承认上帝

---

44. 见 George Hunsinger, *Disruptive Grace* (Grand Rapids: Eerdmans, 2000), 338–360。引述于 Horton, "A Stony Jar," 376–379。

45. Ibid., 356.

46. Ibid., 357. 引述于 Richard Gaffin, "Old Amsterdam and Inerrancy?" *Westminster Theological Journal* 44 (1982):272。

的超越性，但他们对理性的乐观使得他们或有意或无意地否定了上帝的不可测透性（incomprehensibility）。到了启蒙运动唯理论集大成者沃尔夫（Christian Wolff, 1679-1754）那里，人类理性的能力被高举到一个程度，基本上就假设了人能够变得像上帝一样全知、像上帝一样用智性来直观万有的本质：按照当代康德研究泰斗阿利森（Henry Allison）的说法，就是假设了一种"妄称的……上帝视角来看事物（putative ... God's-eye view of things）"。[47]

亨利所采取的唯智论，不是中世纪新柏拉图主义的版本，也不是黑格尔那种泛神论（pantheism）或万有在神论（panentheism）的形态，而是在启蒙运动唯理论的影响下，认为圣经虽然是用人的语言写的，其中的命题却与上帝的原版智慧本质相同。亨利又认为，人的理性有能力在圣灵所赐的信心以外、以先，证明圣经是无误的，进而使人不得不相信圣经就是上帝的真理。

葛富恩教授指出，凯波尔与巴文克"延续古典改革宗正统"，在为圣经无误辩护的时候，拒斥了后来亨利所采取的那种启蒙运动唯理论的极端唯智论：

> 根据凯波尔在《教理学》（*Dictaten Dogmatiek*）所表达……的观点（1.66），我们不能以"圣经是否无误？"的问题为起点，因为"倘若撒但已将我们带到了需要争辩圣

---

47. Henry Allison, *Kant's Transcendental Idealism: An Interpretation and Defense* (New Haven: Yale University Press, 2004), xvi–xvii.

经无误与否的境地，那我们就已经不在圣经的权威之下了……较古老的改革宗神学……并不处理圣经的无误，而是处理圣经的权威与必要性（圣经之无误在其中已然无条件被接纳了）"。[48]

换言之，新加尔文主义与改革宗正统将圣经的无误当成信仰规约（regula fidei）的一部分，是"信心追求理解"的过程所预设的真理；像亨利那样的现代无误论者则是将圣经无误当成了信仰前序（praeambula fidei），是万能的人类理性（这理性万能到可以透过圣经命题直接认知上帝的本质！）在圣灵的重生与光照以外、以先，就可以证明或知晓的。如此一来，圣经的权威就被放在现代学术的权威之下，特别是自然科学及历史科学。当某人声称圣经在科学或史学上无误时，这人其实是将科学及史学当作高于圣经的权威，来衡量圣经无误与否。这正是葛富恩教授所说的"唯理论"形态的"唯智论"。

根据新加尔文主义以及改革宗正统的规范性教导（normative teaching），圣经之为上帝书写的话语，其"无误的真理与神圣的权威"乃是由圣经"充分地自证自明的"，而在主观上，"从圣灵在我们心中借由上帝话语并与上帝话语一同作见证的内在之工"，我们获得对圣经无误及权威的"完整说服与保证"（《威斯敏斯特信仰告白》1:5）。如此，"圣经的权威……并不取决于任何人或教会的见证，而是全然取决于圣经的作

---

48. Gaffin, "Old Amsterdam and Inerrancy?", 271–272.

者——上帝（祂就是真理）：因此，圣经之所以应当被接受，乃在于它就是上帝的话语"。(《威斯敏斯特信仰告白》1:4）

约翰·弗拉沃尔（John Flavel, 1628-1691）跟随《威斯敏斯特信仰告白》，写道："圣经都是上帝的话语……作为上帝所赐的独一准则，圣经的完美性质也因此必须是完美的。"[49]宗教改革神学并不把圣经无误当成信仰前序，而是当成上帝论的内容，这在布灵格（Heinrich Bullinger, 1504-1575）笔下十分明显："上帝在本性上是真实、公义、良善、圣洁、永生、恒在的。祂的话从祂口里而出，与祂本性相应，亦是真实、公义、毫无虚伪或谎言、无谬误（ohne Irrtum）亦无邪恶的动机、神圣、良善、永生、恒在的。正如主耶稣在福音书中说道：'你的话就是真理。'（约 17:17）"[50]

换言之，信徒对圣经的绝对信任，乃是基于圣经自身对又真又活的上帝在基督里的自我启示的见证。当人透过圣经，在基督里认识上帝的时候，人就全然服膺于圣经的权威之下。巴刻博士写道："面对［圣经当中］这些［关于基督神人二性的］断言，我们只有两条路可选。我们要不就接受这些断言，将全然神圣的权威归于耶稣一切的教导，包括祂宣布旧约圣经的默示及权威的教导，要不就拒绝这些断言，并在每一点上都质疑祂教导的神圣权威。"[51]

---

49. John Flavel, *The Works of John Flavel*, vol. 6 (Edinburgh: Banner of Truth, 1968), 144.

50. *Die Erste Dekade*, in Walter Hollweg, *Heinrich Bullingers Hausbuch: Eine Untersuchung über die Anfänge der reformierten Predigtliteratur* (Gießen: Münchowsche Universitätsdruckerei, 1956), 365.

51. Packer, *Knowing God*, 61.

根据巴刻博士的论点，圣经的默示与权威乃至无误，完全取决于耶稣是谁、祂为我们做了什么。当我们以圣经为媒介认识基督时，我们就会承认圣经是上帝的话语、是真理；是基督教导信徒服膺于圣经作为上帝默示的话语的权威。作为堕落的人，我们不可能在认识基督之前，用理性去证明圣经具有神圣的权威，然后以此为前提去相信圣经所见证的启示。若不以认识基督为前提，那么任何关于圣经默示、圣经无误的论证，都只能够是极端唯智论的傲慢。

杭星格教授引用葛富恩教授文中一段出自巴文克的引文："圣经的目的甚至不是……提供我们一个符合其他知识领域所要求的可靠标准的历史记述。"[52] 圣经的"历史叙事……用意不在于传递'在其自身的……历史时序地理数据（historical chronological geographical data）'；在它们的用意下所要见证的，乃是'在基督里向我们涌流出来的真理'"。[53] 当然，杭星格教授也指出，"弗莱与林德贝克（George Lindbeck）等后自由派神学家"比起"他们的前人，在圣经叙事及历史事实之间看到了更大的出入"，而凯波尔与巴文克则保留了关于"圣经一致性（unity）、史实性（factuality），以及真理真相（truth）"的传统观点，作为我们透过救赎历史的启示认识上帝的客观条件。[54]

此外，在巴文克的启示论当中，"历史叙事"与"真理命

---

52. Hunsinger, *Disruptive Grace*, 356. 引用 Herman Bavinck, *Rereformeerde Dogmatiek*, 4 vols. (Kampen: J. H. Kok, 1976), 1:357. 引自 Richard Gaffin, "Old Amsterdam and Inerrancy?" *Westminster Theological Journal* 45 (1983):231。

53. Hunsinger, *Disruptive Grace*, 356; Gaffin, "Old Amsterday," 259; Bavinck, *Gereformeerde Dogmatiek*, 1:546–547.

54. Hunsinger, *Disruptive Grace*, 357.

题"之间虽然有区别，却并没有任何对立二分：

> 从这［救赎］历史我们发现，启示并非单单对人类的理智说话（revelation is not exclusively addressed to the human intellect）。在基督里，上帝自己带着拯救的大能来到我们这里。同时我们也不可以犯相反的错误，否认说启示传递真理及教义（revelation communicates truth and doctrine）。启示的言行（Revelatory word and deed）在上帝计划以及救恩的诸般行动中，是相辅相成的。[55]

在这一点上，我认为新加尔文主义、改革宗、福音派读者，以及巴特主义、温和后自由派读者，不但都能大致认同凯波尔及巴文克的观点，同时也会认为霍志恒的论述相当发人深省。霍志恒以耶稣自己的解经为典范指出，只要我们正视圣经命题为"上帝真理与旨意的有机表达"（an organic expression of the truth and will of God），那么命题启示论就不需要"被污名化为字义主义而机械化的（stigmatized as literalistic and mechanical）"观点。[56]

事实上，霍志恒此处使用有机主义（organicism）的用语，是从德国观念论借来的。[57] 在这方面，霍志恒与巴特所关注的问题相当一致，采取的路线也颇有异曲同工之妙。面对启蒙运

---

55. Bavinck, *Reformed Dogmatics*, 1:324.

56. Geerhardus Vos, *Biblical Theology: Old and New Testaments* (Eugene: Wipf and Stock, 2003), 359.

57. 见拙作 Shao Kai Tseng, *G. W. F. Hegel* (Phillipsburg: P&R, 2018), 77–86。

动在"理性的必然真理"（necessary truths of reason）以及"历史的偶然真相"（contingent truths of history）中间所划下的鸿沟，他们都借用了黑格尔以及德国观念论的一些洞见，为启示的历史性辩护，但他们同时都迫切地反驳观念论在上帝与人类意识之间所设定的同一性。他们共通的立场是：历史是外在于上帝本质（ad extra）的进程，是以上帝所定下的旨意为终极目标的行动，以创造为外在基础，在上帝的摄理下发展。他们二人都强调，历史具有内在的圣约性，因为历史是由上帝与人立约的内在基础所构成。他们二人也都视基督为圣约历史的中心，围绕着霍志恒所谓信徒与基督"有机奥秘的联合"（organic mystical union）渐进展开。[58]

在具体陈述圣约历史的时候，霍志恒与巴特的差异就浮现出来了。巴特坚持，上帝与人之间只有一个圣约，也就是在创世以先，上帝与预定成为人的圣子作为人类的代表所立的约。受造的万有在本体上都是各从其类被这圣约所规定，人的本质也是在基督里被规定的天性。巴特的基督中心本体论排除了行为之约与恩典之约的区分：就连亚当都是上帝在基督里与之立约的对象，而不是在救赎历史的时序上先于基督的另一个圣约代表。如此一来，由行为之约所赐下的普遍启示，包括刻在心里的良知律法，与恩典之约的救赎启示之间，就不再有那么明确的区分了。这并不是说巴特真的完全拒斥了普遍启示与特殊启示的区别：他区分创造与圣约作为启示的外在基础及内在基

---

58. Vos, *Biblical Theology*, 385.

础时，其实就区分了启示的普遍维度与特殊维度，这两者是同心圆，以基督为中心。

这观点与巴文克、霍志恒、改革宗正统的启示论其实十分相似，主要差别就在于背后的圣约神学。在巴特那里，启示的普遍维度与特殊维度之间诚然有不可磨灭的区别：我们不可从普遍的历史事件、自然现象来妄自推断上帝的旨意与安排，更不能将这些启示普遍维度中的事物当成上帝的显现。巴特的圣约神学强而有力地否定了他所谓的这种"自然神学"，也就是从启示的普遍维度出发，用人的臆测去造神的那种思想方式：他的圣约神学强烈禁止人主观地让启示普遍维度凌驾于特殊维度之上，确保了启示特殊维度的完整性，使其不在任何意义上被启示的普遍维度所定义。

但另一方面，他否定了行为之约与恩典之约的区别时，启示普遍维度与特殊维度的区别，就变成是以创造与圣约的区别为基础，而不是行为之约与恩典之约的区别。这样一来，启示特殊维度的完整性与独立性是守住了，但由于创造是被圣约所规定的，因此启示的特殊维度就凌驾于普遍维度之上。普遍启示当中各界域的相对自主性（sovereignty）及多样性（diversity），在很大程度上被基督的绝对主权以及圣约规定下的一体性（unity）给淡化了。

巴特的圣约神学与启示论对他的整体思想来说，造成了不小的损失。譬如，虽然他跟巴文克都大声呼吁，神学乃是以上帝为研究对象的科学（*Wissenchaft* / *wetenschap*），但当他说"物理学是一门科学"以及"神学是一门科学"时，两个语句当中的"科学"具有任何单义性，甚至充分的类比吗？而如果受造万有都是在基督里被规定的，那么这世上岂不就只有一门科学，也就是神学？似乎巴特的启示观会迫使他在神学与众学科的"一"与"多"之间划下错谬的二分：神学与众学科之间的区别要不就在基督中心本体论当中被彻底磨灭，要不神学与其他学科就是截然不同意义上的"科学"，没有任何有机的联结。当然，这并不是巴特的用意：巴特其实相当尊重各学科的专业，他甚至没有全然否定现代史学所使用的一些专业方法。他的用意不是让神学成为众学科的王母，也不是在神学与众学科之间筑起不可跨越的藩篱，而是让神学成为众学科的内在基础。然而，巴特的圣约神学与启示论，似乎很难帮助他达到这个目的。

再举一例：基督教的自然法（natural law）传统始于中世纪（在此且不论古希腊的自然法思想），并在十七世纪改革宗自然神学那里达到巅峰。撒母耳·卢瑟福（Samuel Rutherford）与约翰·洛克（John Locke）以改革宗自然启示论当中的"心灵白板"（tabula rasa）之说为基础，阐述"上帝形像"的概念，提出了现代的法治、人权等思想。法治、人权都是巴特十分珍视的价值，然而他的圣约神学，是否有足够的力度去维系这些价值呢？他能够强而有力地主笔《巴门神学宣言》，拒斥一切政治偶像，但巴特的神学是否能够产生《世界人权宣言》这样的文献呢？

当代苏格兰神学巨擘大卫·弗格森（David Ferguson）2009年在普林斯顿主讲华腓德讲座（Warfield Lectures）时，我有幸在场听课。[59] 那次讲座主题是上帝的摄理（providence），弗格森教授的核心论点是，人类有责任按照上帝的普遍启示，在地上建立符合上帝心意的社会。讲座结束后，普林斯顿的巴特主义大师麦科马克教授坦言，在巴特所建立的范式之下，巴特主义者是否可以说"人人受造而平等，造物主赋予他们一些不可剥夺的权力"这句美国开国之父借自洛克的话，是"不证而自明"的普遍真理，是相当值得怀疑的。当然，如果采取了摄理自然神论（providential deism）的立场，那么面对希特勒的政权，或许也很轻易地就会屈服了，因为摄理自然神论赋予了普遍启示过多的自主性，让它几乎完全独立于特殊启示之外而成立。[60]

在这问题上，巴文克、霍志恒二人的新加尔文主义思想，以雄厚的改革宗神学历史传统为基础，有一套相当成熟的圣约神学体系，处理《巴门神学宣言》与《世界人权宣言》两者之间看似鱼与熊掌不可兼得的两难之境。霍志恒在行为之约与恩典之约的关系上，采取了古典改革宗的认信立场。在这基础上，霍志恒肯定了人透过上帝的创造之工所获得的自然知识（natural knowledge），包括对上帝的天然感应、对物理及道德的自然法则的认识等。

霍志恒需要处理的问题，是巴特也意识到并且尝试处理的问题：倘若在历史上确实有过这么一个堕落前的时期，在其中

---

59. 弗格森教授借由那次契机，开始了一个研究计划，现已发表：David Ferguson, *The Providence of God*（Cambridge: Cambridge University Press, 2018）。

60. 参 Charles Taylor, *A Secular Age* (Cambridge: Harvard University Press, 2007), 221–269。

上帝曾经与人立约，但人类的代表却不是耶稣基督，那么这岂不意味，当代新加尔文主义巨擘沃尔特斯（Albert Wolters）所说的创造—堕落—救赎（creation-fall-redemption）的历史，并非全然在基督里被规定的吗？这样一来，霍志恒的基督中心论，岂不就打了折扣？而霍志恒所采取的认信立场，难道不会导致巴特所谓的"自然神学"，也就是在基督的启示以外去臆测上帝的存在以及祂的旨意？这难道不就是巴特在重构传统改革宗"三重上帝话语"（triplex verbum Dei）时，否定"植入之道"（Logos endiathetos）所欲避免的错谬，也就是二十世纪两次世界大战所揭示的神学"危机"（crisis/Krisis）背后的错谬吗？

霍志恒的天才之处，可见于他如何诉诸古典教义来回应现代的挑战：巴特也采取了这策略，然而巴特是到了当上教授以后才开始学习古典神学，而且他对古典神学的认知受到了现代德语教义史学家的影响，带有一些根本的误解，以致他无法像霍志恒那样熟稔并信任改革宗教理。霍志恒能够一方面肯认行为之约及普遍启示所带来的自然知识，又不妥协启示论整体的基督中心论，强调普遍启示、特殊启示是一个整体的两个维度，同以基督为中心。这其中关键就在于古典改革宗神学经典的"救赎之约"（pact of salvation；covenant of redemption/pactum salutis）教义，又称"平安之约"（covenant of peace；counsel of peace）。

我的好友马克·琼斯（Mark Jones）简明扼要地解释道，所谓"救赎之约"，是指"父与子之间的永恒交易（eternal transactions）"，在其中"圣子承诺要为选民行使保证人（surety）

的身份，进而'为一切……对祂父的侵犯来弥补（satisfy）祂
的父'"。[61] 许多古典改革宗神学家会在这里加上圣灵的参与。
古德温（Thomas Goodwin, 1600–1680）用他生涯后期才逐渐开
始用被改革宗正统神学接纳的意象（imagery）写作法，表达了
这概念：

> 圣父说，我会拣选他得生命，但他将会堕落，亏缺我
> 的爱对他的设计：圣子说，但我会将会救赎他脱离那失丧
> 的景况：圣灵说，但作为堕落的人，他会拒绝那恩典以及
> 那恩典的施予，并且藐视它，因此我将会使他成为圣洁，
> 克服他的不义，并使他接受那恩典。[62]

这看似充满想象的教义，其实是根据许多的经文发展出来
的。这些经文显示，在上帝与亚当立定行为之约，又在历史
上以基督为选民的代表立定恩典之约，甚至在创世以先在基督
里拣选祂的子民之前（不是时序上，而是逻辑上的"之前"），
三一上帝的位格之间，已经用本质外的行动（opera ad extra）
立定了一个永恒的约。最为明显的经文出自耶稣受难前的祷告，
在其中祂对父上帝说："你从世上赐给我的人，我已将你的名显
明与他们。他们本是你的，你将他们赐给我，他们也遵守了你

---

61. 见 Mark Jones, *Why Heaven Kissed Earth: The Christology of the Puritan Reformed Orthodox Theologian, Thomas Goodwin (1600–1680)* (Göttingen: Vandenhoeck & Ruprecht, 2010), 128。

62. Thomas Goodwin, *Mans Restauration*, in *The Works of Thomas Goodwin*, 12 vols. (Grand Rapids: Reformation Heritage Books, 2006), 3:19. 引述自 Jones, *Why Heaven Kissed Earth*, 141–142。

的道。"（约 17:6）

霍志恒评论道：

> 如果人在堕落之前就已经与上帝处于一个圣约关系当中，那么我们就该预期，圣约的概念会主导救赎之工。上帝不能就这样放弃祂曾经设立的旨意，反之，不论人的罪与悖逆如何，祂都贯彻这旨意，以彰显祂的荣耀。当我们在这理解的亮光下去思考中保［基督］的职责时，［我们就会看见，］这［恩典之约的教义］与行为之约的教义无非是一体的两面。接下来，我们就能论述一个平安之约（Counsel of Peace/*Pactum Salutis*），也即救赎之约（Covenant of Redemption）。我们有两个选项：我们要不就否认圣约的安排作为得永生的普遍规则，或是承认这一点，而这就意味，我们必须承认，借由中保得着永生，乃是一种圣约的安排，并且承认它背后有一个［永恒］圣约的设立。如此我们就清楚看到，为什么对行为之约的否定，往往与缺乏对平安之约的重视相辅相成。[63]

在这点上，霍志恒与他好友巴文克的观点与分析相当一致。巴文克清楚地意识到，行为之约与恩典之约的区分，很容易导致在信心以外寻求理解的那种唯理论，也就是后来巴特所

---

63. Geerhardus Vos, "The Doctrine of the Covenant in Reformed Theology," in *Redemptive History and Biblical Interpretation: The Shorter Writings of Geerhardus Vos*, ed. Richard B. Gaffin, Jr. (Phillipsburg: P&R, 1980), 245.

谓的自然神学。巴文克在《改革宗教理学》的第一卷"导论"（Prolegomena）当中就强调："行为之约（foedus operum）并不是自然之约（foedus naturae），亦即从人性自然倾向所生发出来的约，而是超自然启示的结果。"[64] 但上述问题仍未解决：行为之约难道是上帝在基督以外所成就的超自然之工吗？

巴文克在论述基督的救赎时，回答了这问题。他注意到，论及上帝与人所立约，圣经仅仅提到两个约，亦即"行为之约与恩典之约"。[65] 诚然，行为之约是上帝与"堕落前的人"在"亚当里"所立的约，而非与"在基督里的人"所立。[66]

然而，上帝与人所立的两个约，皆是以另一个更高的、创世前所立的约为前提，亦即三一上帝的位格之间，以祂的永恒外在行动（opera ad extra）所立定的救赎之约。"在救赎之约当中，基督没有任何一刻可以在属乎祂的一切之外被我们想象。"[67] 在救赎之约当中，"神秘的基督"（the mystical Christ）就是圣约的中保。[68]

　　　　而既然亚当就连在堕落前都是基督的预表（正如林前15:45ff. 所显示的），因此上帝为之预备恩典之约的第一人并非挪亚或亚伯拉罕，也不是由上帝与亚当（在堕落后）所立的恩典之约所预备的，而是在行为之约当中就已经预

---

64. *RD*, 1:308.
65. *RD*, 3:228.
66. *RD*, 3:228.
67. *RD*, 3:228.
68. *RD*, 3:228.

备好了，同时也是借由行为之约所预备的。上帝知晓万事并预定万事，而祂在创造亚当时，已在永恒计划当中也包括了亚当破坏行为之约的事件，且已然诉诸基督以及祂的恩典之约。[69]

虽然改革宗正统时期的神学家之间对于救赎之约的细节有些辩论，但他们大多数会赞同吉列斯比（Patrick Gillespie, 1617-1675）所说的："这协定既是从永恒来的，那么它就在受造万物存在之前就已经是一笔完成的交易了。"[70] 然而，由于这三一位格间的永恒圣约乃是实现于经世的救赎历史，因此它透过可感知的媒介，向我们间接地启示上帝三一本质的荣耀。

欧文肯定了三一上帝的本质不可知性，同时又提出，基督的降生、牺牲、代求等工作，都像一面镜子一样为我们映现出圣父、圣子、圣灵之间的永恒圣约。这圣约是由上帝三一本质之外的行动所立定的，不是上帝本质的属性，但它却映现出上帝本质的信实之爱。"这神性的虚己、这自我降卑如此住在我们中间，乃是单属于［上帝］第二位格的行动，更确切地说，是属于第二位格的神性。圣父与圣灵在其中并无任何共同行动（concurrence），除了喜悦、赞赏，以及永恒的圣约。"[71]

---

69. *RD*, 3:228.

70. Patrick Gillespie, *The Ark of the Covenant Opened* (London: Parkhurst, 1677), 59.

71. John Owen, "The Death of Death in the Death of Christ," in *Works*, ed. William Goold, 10:175.

范斯寇教授对"救赎之约"之于改革宗以基督为中心的启示论至关重要的作用，提出了相当精辟的分析："由于这 *pactum* 必然意味道成肉身，这就使得上帝的启示必须预备基督的降生，亦即道成肉身，并在这之后解释圣子工作的意义。"[72]范斯寇教授以贺智（Charles Hodge）为典范，显示现代改革宗神学家如何诉诸古典的救赎之约教义来阐述以基督为中心的启示观：

> 贺智以基督道成肉身为上帝自我揭示的巅峰（pinnacle of God's self-disclosure），这不仅意味上帝设计人类时赋予人类领受启示的能力，也意味着这设计毫无悬念地联结于基督的道成肉身。人论、基督论、启示论、认识论之间的联结，都是由那 *pactum* 所产生的。[73]

事实上，早在巴特与施莱尔马赫、霍志恒与贺智之前，十七世纪的改革宗正统神学家就已经深刻地意识到，任何在基督以外的神学思辨，都毫无根据且会阻拦人认识上帝，造成偶像崇拜的结果。欧文写道：

> 基督的位格是上帝一切旨意（counsel）的根基（foundation），就是在教会的呼召、成圣、救恩当中，以自

72. John Fesko, *The Covenant of Redemption: Origins, Development, and Reception* (Göttingen: Vandenhoeck & Ruprecht, 2016), 232.
73. Ibid., 158.

己的荣耀为目的的旨意……因此有［旧约圣经］论及祂的话，谈到祂将来的道成肉身以及中保的工作，说在上帝造化的起头，在太初创造万物之先，就有了祂；从亘古，从太初，未有世界以前，祂已被立。[74]

欧文透过他与索西尼派（Socinianism）的辩论认识到，只要不以基督的位格与工作为根基，那么一切关乎上帝永恒旨意的探索，到最后终究会将上帝看作一个肆意而为的暴君。上帝成为肉身，揭示了祂不能改变的存在以及旨意，这旨意并非出于随机的意志，而是按照上帝信实的爱，以三一位格之间永恒的救赎之约为基础所立定的。因此，虽然"上帝［永恒旨意］的第一个源头单单属乎上帝的意志及智慧"，以致"除了上帝的意志以外，这些旨意没有任何的缘由、肇因能够解释"，但欧文坚持说："这些旨意的成就，唯独在圣子的位格当中奠定下来。由于祂是上帝本质的智慧（essential wisdom），所以万物从起初都是借着祂受造的。而当上帝预见万有被罪所破坏时，上帝就在祂里面、借着祂（in and by him）——因祂被预定要成为肉身——挽救万有。"[75] 古典改革宗神学到了十七世纪后期，就愈来愈普遍地透过这种以基督为中心的方式来理解上帝永恒的旨意以及经世的工作。

古典改革宗的启示论如此侧重于以基督为中心的圣约历史，

---

74. John Owen, "Glorious Mystery of the Person of Christ," in *The Works of John Owen*, 23 vols., ed. William Goold (Edinburgh: Banner of Truth, 1965), 1:54.

75. Owen, "The Person of Christ," 62.

与这套神学强调上帝的"不可测透性"以及"本质的不可知性"的方式密不可分。在古典改革宗神学里面，欧文在上面那段引文中所提上帝本质的智慧或本质的话语（*verbum Dei essentiale*）以及书写的话语（*verbum Dei scriptum*）之间在形式本质上的区别，排除一切将圣经当成一套抽象神学真理命题而不正视圣经救赎历史叙事之首要性的启示观。圣经首先是将救赎历史笔之于书的见证，是指向救赎历史的符号；唯有在这前提下，圣经的命题才能具有真正的神学含义，而不至于沦为费尔巴哈所说的那种伪装成神学的人学。

上帝本质话语、书写话语在本质形式上作为无限的造物主以及受造物之间的区别，反映着改革宗正统在三种形式的"上帝荣耀"（*gloria Dei*）之间的区分。改革宗神学比任何一个传统都更加强烈且一致地坚持上帝"本质的荣耀"（essential glory）的不可认知性，不论是感知抑或智知。古典西方神学的正统一致主张，就连在伊甸园里面，亚当都无法直接感知或智知上帝本质的荣耀，只能看到上帝以受造物为形式的显现。托马斯·阿奎纳解释道，就连"亚当"在堕落前的景况中，都"没有透过上帝的本质来看上帝"，而是"在一个奥秘当中看见上帝，因为他是在一个受造的果效中看见了上帝"，如同"一个人透过镜子被看见，并且用镜子被看见"。[76] 巴文克指出，在这点上，改革宗神学完全传承了西方教会的正统。他解释改革宗教理学的立场："就连在乐园当中，都有超自然的启示（创 1:28-

---

76. Thomas Aquinas, *Summa Theologica* (trans. Fathers of the English Dominican Province), I.Q94A4, https://ccel.org/ccel/aquinas/summa/summa.i.html.

29; 2:16-17）。因此，启示在最开始的时候，并不是因着的罪而变得必要。就连在完好无瑕的景况中，都曾有一个恩典的启示。"[77]

这启示以上帝所造的天地为媒介，借由上帝的摄理之工，像一面镜子一样，对人映现出上帝"彰显的荣耀"（manifest glory），也就是上帝的永能和神性。这荣耀不是从上帝所出的上帝（God of God）、真光所出的真光（light of light），甚至不是那真光的折射。它只是受造的光，以原版－复刻的类比形式，用受造而有限的人能够承受的方式被人看见。

上帝荣耀的第三种形式，被称为"位格荣耀"（personal glory；hypostatic glory），这是上帝的第二位格在道成肉身的基督里独有的荣耀。基督是"光所出的光，真上帝所出的真上帝，受生，非受造，与圣父同一实体；万物是借着祂造的；祂为了我们及我们的救恩，从天降下，由圣灵透过童女马利亚而成为肉身，并且成为人"（《尼西亚-君士坦丁堡信经》，公元381 年）。

恰恰就是在论及上帝位格荣耀的时候，改革宗对上帝本质不可知性的坚持，显得比任何一个正统的西方神学传统都更加强烈。路德虽然发展出"十架神学"（*theologia crucis*），强调说上帝的荣耀乃是透过羞辱彰显出来的，但路德仍主张，基督神人二性的"属性相通"（*communicatio idiomatum*）包含了"权能相通"（*genus maiestaticum*）。这意思是，圣子将神性"不可归

---

77. Bavinck, *Reformed Dogmatics*, 1:359.

予的属性"（attributa incommunicabilia）归予自己的人性，致使基督不但按神性拥有无限的权能及智慧，按人性说，亦被赋予全能、全知的神圣属性。论及基督在圣餐的真实临在时，路德坚持说基督在升天后，人性的身体与宝血都被赋予了无限的上帝才能够具有的全在性，因此祂的身体与宝血能够同时在全能父上帝的右边，又临在于圣餐桌上。

对于路德的理论，加尔文坚持"有限者无可承载无限者"（finitum non capax infiniti）的原则，而这意味着耶稣有限的人性不可能承载无限的神性。诚然耶稣之死是圣子之死；诚然耶稣的母亲马利亚是上帝之母。但这是由于基督的位格不能一分为二：祂所是（genus idiomatum）以及所做（genus apotolesmaticum）的一切，都是对于整个位格的谓述。加尔文强烈坚持基督神人二性不可磨灭的区别乃是造物主与受造物的区别，这被称为"外分加尔文主义"（extra Calvinisticum），而其背后"有限者不可承载无限者"的原则，可以说是改革宗神学最重要的几个神学公理之一。在这方面，改革宗与托马斯所代表的天主教主流观点其实较为相近。托马斯在《神学大全》中写道："基督位格当中，二性相互联合联合的方式，乃是各性的属性始终不相混，换言之，如大马士革［的圣约翰］所言：'非受造者始终非受造，受造者始终在受造物的局限之内'……再者，既然无限者不被有限者测透，那么就没有任何受造物能够测透上帝的本质……因此我们必须说，基督的灵魂在任何意义上皆从不测透上帝的本质。"（III.Q10A1）

改革宗将迦克墩基督论"不可相混"的原则贯彻到底。基于这原则，改革宗正统坚持，在基督的位格里面，上帝的荣耀（*gloria Dei*）以及权能（*maeistas*）始终是单属于基督的神性，而不会传递给基督的人性。巴文克强调，基督在祂的人性当中"不是一个测透（上帝及万有）的认知者，祂凭着信心与盼望前行，而不是凭眼见，祂在地上的时候，也不曾有份于'荣福知识'（*scientia beata*）"。[78]

而论及荣福直观（beatific vision），改革宗坚持上帝本质荣耀不可直观的方式，又再次显得比任何正统西方神学的传统更加强烈而前后一致。托马斯代表天主教的主流观点，这观点也被多数的路德宗神学家承袭下来：他们认为，将来在新天新地里面，信徒能够获得对上帝本质的智性直观（intellectual intuition）。当然，托马斯也会强调，这种直观或眼见（*visio*）并非测透（*comprehensio*）：有限者始终不能测透无限者。托马斯在《神学大全》中强调，荣福直观的知识也始终是模拟知识、类比知识，而不是单义知识："虽然有限与无限之间不可能有任何比例（*proportio*）……却能够有类比性（*proportionalitas*），类似于比例（*quae est similitudo proportionum*）。"（III.Q92A6）然而，托马斯仍然以上帝的本质为荣福直观的对象。

改革宗正统并不否认将来在新天新地里面，信徒会用智性直观面见上帝，但除了图伦丁（Francis Turretin, 1623-1687）的表述较为接近托马斯，其他论及荣福直观的改革宗正统神学家几乎一致坚持，荣福直观的对象并非上帝本质的荣耀，而

---

78. *RD*, 3:312.

始终是上帝在基督里的位格荣耀。这荣耀虽然不再被会朽坏、必死的身体所隐藏，成了属灵的、荣耀的身体，但基督圣体始终都是受造的，不会变化成上帝的本质。换言之，根据改革宗正统的教理，荣福直观的对象不是三一上帝的本质自身，而是三一上帝透过被杀过的羔羊所映射出来的位格荣耀（启5:12）。因此欧文这样解释信徒将来的"荣福"（beatifical）直观："**所有从上帝的存在与祂的无限完美到得荣耀的圣徒的沟通**（*All communications* from the Divine Being and infinite fulness in heaven unto glorified saints），都是在耶稣基督里、借着耶稣基督成就的，祂将永远担任上帝与教会间的沟通媒介，就连在荣耀中仍是如此。"[79]

的确，认信改革宗神学家不会否认，荣福直观是一种"直接、无中介、纯粹"的"眼见"（visio）以及"测透"（comprehensio）。[80] 然而正如稍早所述，这感性与智性直观的对象，并非上帝本质的荣耀，而是位格荣耀，因此在新天新地里面，众圣徒"将会按照各人的心灵承载能力来认识上帝，这种知识有上帝知识的形像与类比"。[81] 换言之，就连在新天新地当中，人对上帝的荣福直观也始终是复刻知识，在本质上异于上帝的原版知识，却以最亲近的方式类比于上帝的原版知识。

基督"复和的中保职分"（mediatorship of reconciliation）在新天新地当中将会止歇，但巴文克指出，按照改革宗教理学的

79. Owen, "The Glory of Christ," in *Works*, ed. William Goold, 414–415. 中文粗体与英文斜体为原作者所加。
80. *RD*, 4:722.
81. *RD*, 4:722.

传统，"基督联合的中保职分（mediatorship of union）将会保留。基督届时仍是先知、祭司、君王，因为这三重职分是必然地属乎祂的人性，被包含在上帝形像当中，在基督里得着至高至伟的实现，因为祂就是上帝形像的原型"。[82] 荣福直观并非对上帝本质的直接认知，而是用眼见与理解、感性与智性来直观升天后"充满上帝丰盛"的基督，而基督会一直担任人与上帝联合的中保，直到永远。[83]

这套改革宗的启示观一直是英美福音派的中流砥柱。而就算不像改革宗如此强烈而一贯地坚持上帝本质的不可知性乃至启示的中介性，任何正统规范内的古典西方神学，包括托马斯的唯智论，都必须承认说人对上帝的认识与上帝的自我认识始终不是单义的，就连在荣福直观的景况中亦然；也必须承认，上帝无限的本质对于在地上只能凭信心认识上帝的人来说，是无法直接认知的。

这样看来，巴特的启示观其实远比亨利要忠于古典神学。亨利那种观点，诚然违背了古典西方神学最根本的教义原则，是一种十八世纪遗留下来的前康德时期现代主义神学，也就是巴文克严厉抨击的那种遗忘"上帝不可测透性"的十八世纪神学。[84] 对于接受古典神学传统，特别是接受改革宗"外分加尔文主义"的基本原则"有限者无可承载无限者"（*finitum non capax infiniti*）的人来说，巴特坚持启示的间接性，不应该招致

---

82. *RD*, 2:482.
83. *RD*, 4:723.
84. *RD*, 2:50.

任何质疑。就算他与康德一致，否定人的智性直观，但正如我们稍早所见，巴文克也说康德在这一点上是"全然正确的"，因为这不是康德的发明，而是整个古典西方神学的正统。[85]

巴特的启示论的确在一个关键的地方偏离了传统：那就是他对启示的普遍维度及特殊维度的重构。在巴尔塔萨等天主教神学家看来，巴特无非是贯彻了宗教改革的原则，彻底否定了天主教的自然神学以及实体类比（*analogia entis*）。从认信改革宗的角度来看的话，巴特偏离传统的地方其实不在于他强调启示的中介性与间接性、否认人能拥有智性直观，而在于他对圣约神学的改动。

如稍早所见，巴特否定了行为之约及恩典之约的区别，结果这就使得他让启示的特殊维度完全凌驾于启示的普遍维度之上。这套启示论的优势在于它能够强而有力地杜绝一切按受造物形像造神的伪神学、拒斥一切将不是上帝的东西当成上帝的偶像崇拜。然而，我认为这套启示论所造成的损失，原本并非巴特愿意承担的。他的原意是要让神学成为所有学科的内在基础，同时维护众学科的相对自主性，避免让神学变成众学科的王母。譬如，神学可以为史学提供"人是什么""历史是什么""历史意义何在"等基本问题的出发点，但神学不能指导史学如何鉴别史料。巴特的神学内容实际上也能够产生这样的作用，然而在理论上，他的圣约神学以及启示论似乎很难将神学与其他学科当成相同意义上的"科学"（*Wissenschaft*），以致神

---

85. *RD*, 2:50.

学能够为其他学科服务，除非他将其他学科的知识都当成神学知识体系的内容，但这显然不是他想做的。在这方面，我认为新加尔文主义有明显的优势，我们稍早已经初步分析过了，本章最后一段会回来，以"世界观"为题，继续讨论这问题。

四、萨迦 vs. 命题：复活叙事的历史客观性

讨论巴特的启示论时，我们必须更具体、更深入地来探讨他的圣经观。上一章提到，他以"萨迦"这种源自北欧的文类（genre/*Gattung*）来形容圣经当中那些显然被作者当成史实来陈述，却无法被史学研究证实或证伪的叙事，特别是创世叙事以及复活叙事。一方面，这确实较卡尔·亨利所提倡的那种命题启示观更加符合宗教改革神学的正统，但另一方面，正如杭星格教授所言，这也意味着巴特对圣经"萨迦"具体内容的历史客观性，远不如凯波尔或巴文克那般看重。[86] 对巴特来说，当福音书作者以类似北欧萨迦的文类叙述基督复活时，我们一方面知道四福音都是根据同一个客观史实所写下的叙事，而叙事的目的不仅包括报导这史实，也包括对这史实提出神学上的客观诠释，而在这样的诠释过程当中，作者会使用自己的想象力杜撰出一些情节。这有点像阿尔特（Robert Alter）所说的"历史化的杜撰"（historicised fiction）以及"杜撰化的历史"（fictionalised history）。福音书当中的复活叙事就像巴特引用"耶稣爱我"的小故事一样：我们有理由相信许多关于这事件的

---

86. Hunsinger, *Disruptive Grace*, 356.

见证人报导（eye-witness reports），都是基于一个客观的史实，但这些报导中间有许多出入，因此我们不能把所有的细节都当成事实真相。这些在报导上显然运用了想象力而不尽然在每个细节上都符合史实的叙事，主要的价值在于在神学上正确地诠释、呈现了基督复活的意义，而不在于所报导的细节是否全然属实。

但倘若福音书当中这些复活叙事都是用这种近似萨迦的方式在报导那四十天当中所发生的许多事迹，而倘若这些叙事都是在教会里、为教会而写的，那么似乎对于教会而言，最合理的释经学进路，就会是布鲁格曼（Walter Brueggemann）所谓的"见证与审判"（testimony and trial）模型。假如我们在巴特所提出的含义上将创造、复活等叙事当成"萨迦"，布鲁格曼对旧约的总体描述，也会适用于新旧约的这些经文。例如，布鲁格曼用音乐学的概念，比喻旧约为"复调"（polyphonic）文本，其中许多对上帝所作所为的见证，往往有相互矛盾之处，透过多种"辩证"的陈述，以"典型模棱两可"的修辞表达出来。[87]当巴特形容四福音的复活叙事为"萨迦"时，他也是这样来看这些叙事的。

如此一来，解经家、神学家的职责就当在于以这些叙事当中难以"拼凑在一起"的见证为基础，试着去"形塑出一个规模更大、更加融贯的描述"。[88]布鲁格曼将这过程比作"见证

87. Walter Brueggemann, *Theology of the Old Testament* (Minneapolis: Fortress, 1997), 106, 112.
88. Ibid., 267.

与审判"：教会作为诠释圣经的群体，以及解经家、神学家作为其中的成员，必须像陪审团一样去审视每个证人所提供的证词。[89] 是在这样的意义上，"见证成为启示"，而圣经的见证才能被当成"可靠"的材料。[90] 圣经的权威在于教会这法庭所定为"合乎真理"的"人的见证"，而不在于"经院哲学的'默示'及'启示'等范畴"。[91]

当然，巴特并不会同意布鲁格曼的提议，诉诸"利奥塔（Lyotard）与德里达（Derrida）"，"解构那构成基督教信仰的"规约权威。[92] 但我们可以从巴特圣经观推论出来的一套诠释学方法，是布鲁格曼的"见证与审判"模型。由于四福音作者对那四十天所发生的一些关键事件有不同的观点，采用了不同的报导，因此我们需要教会作为一个诠释的群体，从不同的证词来重构事件的现场。教会之于圣经就像法官或陪审团之于证人那样，被赋予判断其证词真伪的权柄。

如此一来，巴特虽然想要坚持圣经拥有高于教会教理的规约权威，但实际上在他的"萨迦"模型之下，圣经的权威被严重弱化了。改革宗正统高举圣经权威高过教会教理的关键，恰恰就在于圣经"清晰性"（perspicuity）以及"逐字默示"（verbal-plenary inspiration）的教理：这教理承认，圣经当中有一套清晰的教义命题，规约我们对圣经记史的诠释，而圣经的记史在圣灵逐字的默示下，是可靠无误的权威报导，不是我们能够以庭

---

89. Ibid., 121.

90. Ibid.

91. Ibid.

92. Ibid., 332.

方的姿态去判断的证词。一旦否认了圣经的清晰性以及逐字默示，那么任何解经家、神学家都可以去解构圣经的文本，按照自己的一套方案去重构圣经叙事的含义。结果，巴特虽然反对解构主义，但他的解经却往往有解构的意味，因为毕竟"萨迦"本身就不是一种需要按字义（ad litteram）诠释的文类。

我们不妨举两个具体的例子。第一个例子是巴特对性别的看法，特别是他对同性恋现象的观点。在书写《教会教理学》III/4（1951 年出版）时，巴特仍按字义理解《创世记》1:27，认为上帝所造的人，仅有男与女二种性别。在此字义理解的基础上，他以类似于奥古斯丁的方式对文本进行神学诠释，认为上帝"照着祂的形像造男造女"，乃是借由一男一女的婚姻来映现祂的三一本质。在 §54 底下一段长达 125 页的分段当中，巴特以"男与女"为题，展开关于"上帝形像"（imago Dei）的探讨。[93] 他写道："《创世记》1:27-28 提到人有上帝形像，要表达的意思是：上帝造男造女的事实，对应于上帝自己乃存在于关系而非孤独当中的事实。"[94] 巴特主张，在一男一女的婚姻当中，人对配偶的忠诚，映现出上帝圣约与拣选之恩中的信实，而多配偶婚姻乃是严重的罪，亵渎上帝在基督里赐予人的上帝形像。[95]

在《创世记》1:27 的基础上，巴特更按字义接受《罗马书》1:25-27，称同性恋为"偶像崇拜"（意指人不接受上帝所赋予

---

93. CD III/4, 116–240.
94. CD III/4, 117.
95. CD III/4, 198–199.

的形像，反倒按自己的形像造神的行为）这"疾病"所导致的"症状"。[96]"这是人类拒绝承认上帝命令的有效性所导致的……生理、心理、社会疾病，以及悖谬、颓废、败坏的现象。"[97]巴特此时完全接受保罗在字面上对同性恋行为所做出的评价：

> 由于自然和自然的创造主是不可亵慢的……，由于顺性的倾向在他身上仍然有效，因此随之［指人的悖逆］而来的乃是一种情感上的败坏，这种败坏最终导致一种生理上的欲望，令人寻求一种不真实且不可能真实的性关系，男人在其中以为他必须也能够在另一个男人身上寻求一个替代被他藐视的配偶的对象，女人亦然。[98]

有趣的是，巴特到了晚年，对于性别倾向的问题已不再坚持保罗在《罗马书》1:25-27 所提出的立场。至少他已不再坚持按照字义接受这段经文对信仰及生活的规范。巴特过世那年（1968）6 月初，收到德国知名记者、文化人类学家罗尔夫·意大利安德（Rolf Italiaander, 1913-1991）来信，询问巴特对所谓"同性恋问题"（*Homophilen-Problem*）的看法。[99] 当时意大利安德正在编写一部编著，题为《非疾病亦非罪行：为一少数族群的请求》，写信寻访了各领域知名专家，巴特也在其

---

96. Ibid., 166.
97. Ibid.
98. Ibid., 166.
99. Eberhard Busch, "An den Ethnologen Rolf Italiaander, Hamburg, (von E. Busch), 1968," in Karl Barth, *Offene Briefe 1945-1968*, in *Gesamtausgabe* 5:15 (Zurich: Theologischer Verlag Zürich, 1984), 610-613.

列。[100] 意大利安德在信中表示，世界多国正在进行同性恋行为去刑化运动，与当时美国种族平权运动一般，都是"自由精神"的表现。[101]

巴特其时健康状态欠佳，无法亲笔回信，委托助理埃伯哈德·布许（Eberhard Busch, 1937–　）代笔。布许在信件中提出了两点说明，为《教会教理学》III/4所采取的激烈措辞缓颊，并在信件结尾指出，巴特在医学和心理学的新发现之下，认为自己得自保罗的性别观念有必要重新评估：

> 至于他先前［在《教会教理学》III/4当中关于同性恋］的评论，巴特教授有鉴于著书至今发生的种种变迁以及新发现，已不再对那些评论感到满意……在与医学家和心理学家的对话当中，我们能够对这现象［同性恋］做出一种新的评估，并提出新的讨论。[102]

当然，巴特晚年如何重新评估同性恋现象，并无任何一手资料可供我们参考。我们无从确认他是否仍认为同性恋行为乃如保罗所言，是"逆性"的（罗1:26–27）。至于巴特今天若仍活在世间，是否仍会坚持婚姻必须是一男一女的结合，我们也无从得知。

重点是，圣经在巴特神学当中并不具有十分确定的权威性。唯有在一段经文的字义符合他神学立场时，他才会按字义去接

100. Rolf Italiaander, ed., *Weder Krankheit noch Verbrechen: Plädoyer für eine Minderheit* (Hamburg: Gala Verlag, 1969).
101. Busch, "An R. Italiaander, 1968," 611.
102. Ibid., 613.

受那段经文的规范权威。他在圣经与时代潮流之间，通常会倾向于接受圣经权威，然而这前提是，相关经文在字义上必须符合他的神学思想。当他的神学思想受到了时代潮流的影响，而时代潮流又与圣经字义相左时，他往往会用近乎解构的方式去诠释圣经文本。

对圣经的神学诠释（theological interpretation）固然是无可避免的：没有任何人在解经时，能够不采取任何神学预设。问题在于，在解经过程当中，如果圣经不在理论和实践的层面上被当成"具有规范权威而不被规范的规范"（*norma normans et non normata*），那么圣经读者往往会陷入"以经注我"的境地。这样的神学很难避免费尔巴哈"神学即人学"的指控。

第二个例子是巴特的拣选论。我们在第二、三章看到，巴特主张"全人类"都在基督里蒙了拣选，而他最主要的经文根据就是《罗马书》11:32："因为上帝将众人都圈在不顺服中，特意要怜恤众人。"从词意看，此处"众人"（πάντας）一词在新约圣经当中，鲜少是指全人类，而从上下文看，保罗所指的是"你们"（外邦人）与"他们"（犹太人）的共通之处，而不是在指全人类。杭星格教授也承认，"巴特笔下普世客观联合（universal objective participation）的教义几乎与整个拉丁神学传统分道扬镳……我们需要一路回到亚他拿修（Athanasius）等早期希腊教父，才能找到相对可比的文献，将'在基督里'与'众人'一词联系在一起。"[103] 将新约圣经的"众人"一概解释

---

103. George Hunsinger, "A Tale of Two Simultaneities: Justification and Sanctification in Calvin and Barth," in *Conversing with Barth*, ed. John McDowell and Mike Higton (Aldershot: Ashgate, 2004), 77.

为"全人类",又声称《罗马书》11:32揭示说全人类都"在基督里"蒙拣选,完全不是从文本的字义能够读出来的含义,而是巴特自己天马行空的创意。

而接下来的问题就是:倘若巴特用叙事文类的范畴彻底取代命题启示,否定圣经当中神学命题以及历史命题自身的清晰性,那么信徒的信仰会在什么程度上受到教会教理的规约,而教会教理又在什么程度上受到圣经叙事的规约呢?这问题的答案其实相当不确定。接受巴特圣经观的神学家,可以像杭星格教授那样,比大多数福音派还更加坚持传统教理以及信经的权威,却也可以像侯活士那样大幅修改传统教义词汇的定义与内涵,并且将自己的一套叙事神学强加于圣经文本。

当然,我认为巴特对圣经所采取的叙事启示观,还是有很多地方值得深思。在我看来,他作为一名曾经受教于马尔堡新康德主义学派,又深谙德国观念论哲学及自由派神学的思想家,强而有力地揭示并驳斥了现代历史批判的傲慢与偏见,那力道远远超过我所知道的任何一位现代神学家,可能巴文克是唯一的例外。而他对现代史学的批判,在他处理基督复活与空坟墓的圣经叙事及教义时,就显得格外珍贵。

我们在上一章看到,巴特坚持说现代历史研究的方法论建基于一些自然主义、实证主义、客观主义的根本预设,而史学家在这些预设下,完全无法证明或证伪基督复活的历史性。现代史学家傲慢地认为,唯有可证实或至少可证伪的历史陈述,才有资格被当成"历史",而巴特站在神学的制高点,对这种偏见嗤之以鼻。他对这偏见的批判,提醒我们去认识历史批判研究的局限。而许多在亨利的路线上坚持圣经历史无误的人，其实往往不自觉地跟高等批判学者一样迷信现代史学。

在这里我们可以举马太的复活叙事为例。首先，我们没有理由像巴特那样认为马太的复活叙事采取了与其他部分不同的文类。马太从第一章开始，就用神学真理来诠释史料，又用史料来传递神学真理。譬如，耶稣族谱这份史料经过马太的整理后，以圣约历史的分期结构，由亚伯拉罕之约、大卫之约，乃至被掳时期，指向耶稣基督。马太又在族谱上用特殊的修辞凸显犹大与她玛（1:3）、撒门和妓女喇合（1:5）、波阿斯和路得（1:5）、大卫和"乌利亚的妻子"（1:6）。这几段历史令当时自诩为亚伯拉罕后裔、将以斯拉的临时政策当成永恒律法而禁止犹太人与外邦信徒乃至撒玛利亚人通婚的宗教领袖十分难堪。在这几对男女之外，只有另一位亚伯拉罕的后裔、大卫的子孙，是父母双方名讳都在族谱上被提及的："雅各生约瑟，就是马利亚的丈夫。那称为基督的耶稣，是从马利亚生的。"（1:16）这样的修辞，显然不只是单纯记史，而是正视历史的启示性以及启示的历史性，将历史与启示当成一体的两面。

马太笔下的复活叙事，也是用同样的手法将特殊启示的历史笔之于书。我们没有理由认为，马太写到基督复活时，突然采取了一种与先前不同的文类；我们也没有理由认为，马太用了萨迦的方式，对他手上的史料加油添醋，进而呈现史料的启示意义。马太的史料自身就已经具有启示意义了，他只需要用叙事、修辞的文学手法将这意义体现出来，并不需要将历史"杜撰化"。

空坟墓以及相关报导，是马太在复活叙事当中所使用的关键史料。在他写作的年代，耶稣的坟墓成了空坟，是件公认的史实。当时并没有人去反驳这公认的事实。跟随耶稣的人、与耶稣为敌的人，都将空坟墓当成不争的事实，而双方所争取的，乃是对这事件的解释权。

在马太写作的年代，"传说在犹太人中间"的故事版本主张，耶稣的"门徒"趁"夜间"看守的兵丁"睡觉的时候"，将祂的遗体"偷去了"（太 28:11-15）。兵丁的报导，成为当时关于耶稣空坟的一种解释。他们就像托马斯·库恩（Thomas Kuhn）笔下那些被种种个人或集体利益驱使的科学家那样，按照利益原则对中立的、公认的事实观察提出主观的解释（太 28:15）。

马太则指出了一份历史证据（historical evidence），是上述理论无法解释的：耶稣安葬之后，兵丁在坟墓口"封了石头，将坟墓把守妥当"（太 27:66）。祭司长和法利赛人带着兵丁，按照彼拉多的吩咐，"尽〔他们〕所能的"将坟墓封锁并把守妥当（太 27:65）。祭司和法利赛人，乃至全城见证耶稣受死的人都知道，那坟墓是在滴水不漏的封锁及防守下变成空坟的。就算兵丁在夜间睡着了，也不可能不被坟前巨石滚动的声响所惊醒。然而与耶稣为敌的人，仍旧选择相信了兵丁在祭司长及长老的授意下所散播的故事版本，因为这种后真相（post-truth）的解释，正好迎合了他们所预设的宗教教条、他们所持定的弥赛亚神学。

在这里特别值得我们注意的是，法利赛学派用以解释空坟墓的理论，在现代历史批判学的自然主义预设下，是能够成立的，而福音书的解释却不具备历史科学的可证伪性。当批判学者用现代实证意识来审视马太所提供的证据时，他们可能会认为法利赛人所主导的那一套解释可信度非常低。然而批判学者如果坚持要用现代史学的预设及方法来审视空坟墓的事实的话，那么他们仍旧会坚持说，坟墓变空的事件一定有一个自然因果的解释。在自然主义的预设之下，基督的复活始终无法被接受为可行的史学立论。

现代史学家在某种（新）康德主义的局限之内，用类比事件方法（method of analogous events）来研究史料。[104] 他们预设说今天的事件与千年前的事件，都是在世界历史这同一条繁复的有效因果（efficient causality）长河上发生的（且不论关于历史目的因的争论），而性质相同或相似的因果事件之间，总是具有某种类比，使得今天的人能够研究古代的事。

举个显而易见的例子：傍晚与日落、江河与海洋的因果关系，古今都没有改变过。因此，不论世代如何更迭变迁，今人总能读懂"白日依山尽，黄河入海流"这句诗。尽管我们的感官经验只能够观察到傍晚与日落、江河与海洋的对应关系（correlation），但康德的哲学赋予了史学家讨论其间因果关系（causation）的权利。这类可由因果来解释的常规现象，为后康德时期的现代史学家提供了史学研究方法的哲学基础，使得他们能够透过史料去解释千年前所发生的事件。史学研究的对象必须

---

104. 参 Karl Ameriks, *Kant and the Historical Turn* (Oxford: Oxford University Press, 2006)。

局限在自然秩序内的因果事件，这也是现代史学的价值所在。

然而童女生子与复活的事件，显然不在这范围之内。或许圣经所记载的一些神迹可以用自然现象的因果来解释，譬如以色列人过红海、过约旦，都有可能是上帝摄理下所发生的奇妙自然现象。[105] 也确实，这世上时不时就会有被医生误判死亡的人奇迹般地活了过来，这虽然罕见，但都有医学上合理的解释。然而新约圣经论及耶稣复活的时候，显然将背后的因果全然归结于上帝超自然的介入："上帝却叫他从死里复活"（徒 3:15；4:10；13:30-34；17:31；罗 10:9；西 2:12；彼前 1:21）——成为"不朽坏的"（林前 15:20，42）。

换言之，新约作者所呈现的复活事件，在自然因果上与过去的历史事件没有任何正面的联结；这事件仅仅由基督之死提供了负面的因果条件，也就是说，如果祂没有死，也就没有复活一说。然而使耶稣复活的有效因，却并非出于自然秩序内的历史现象或事件。

再者，历史上没有任何事件可以被当成基督复活的类比，不像王之涣所见的日落，跟今天人们在西班牙与英国所见到的日落，有一种因果上的可比性。在圣经的叙事里面，就连拉撒路复活的时候，都是带着会朽坏的身体复活的。历史因果的诸多常规模式当中，没有任何一者能够为史学家提供研究基督复活的方法论基础。在基督教信仰当中，基督复活作为一个历史事件，是独一无二的，按照新约作者的说法，只有在基督再

---

105. 参 V. Philips Long, *The Art of Biblical History* (Grand Rapids: Zondervan, 1994)。

来时，同样性质的事件才会被复制。既然它在今天没有任何可比性，那么它也就不是现代历史批判法有资格去研究的对象了。

此外，根据福音书的叙事，耶稣复活后不再受到我们所处的时间与空间的限制。这不是说他变得无所不在了，但他却获得了"瞬移"的能力。然而现代史学研究却是以时空性（spatio-temporality）为条件的：康德以时空性作为经验知识的先决条件后，才产生了成熟的现代历史意识。用较浅显的话来说就是，现代历史学科所研究的事件都以空间及时间为条件，而四维空间之外的事，都不在史学研究的范围内，包括宇宙的"历史"、时间的"历史"，都不是史学家所能研究的"历史"，只能交由物理学家去探索。而既然耶稣复活后那四十天里的许多事件都不再由四维空间所局限，那么这些事件自身也就不是史学家能够研究的对象了。

在现代历史批判学的预设下，如果执意要用史学研究的方法来解释关于基督复活的种种史料，那么他在那四十天内多次的显现，特别是在群众面前的显现，或许能被解释成集体幻象，或是有人在耶稣死后冒充祂，又或者被钉十字架的其实是个替身；然而关于祂突然出现、突然消失的报导，就只能被当作不具可证伪性的证据而排除在"历史上的耶稣"或"耶稣生平"的重构内容之外了。

史学家最多只能论证空坟墓的报导有极高的可能是真实的，他们也可以排除关于空坟墓一些不可信的理论。可能排除到最后，只剩下基督复活能够合理地解释空坟墓，但基督复活如果是史实，也始终不是史学家能够用史学方法去解释的一个事件。解释耶稣的复活，必须回答"耶稣是谁"这问题。关于这问题，史学家可以解释基督如何"按肉体说，是从大卫后裔生的"，却不能以教会的信仰为出发点，预设说基督"按圣善的灵说"是"神的儿子"（罗1:3–4）——就连基督徒史学家都必须承认这预设已经超出了史学研究的能力范围。基督徒史学家可以作为一名信徒去理解耶稣的复活，但作为一名史学家，他不能将自己的专业知识方法用在这里，正如他不能用自己的专业知识来研究宇宙的起源。

在这里我们可以看到，这世上并不存在范泰尔所说的"中立的史学家"（neutral historian）：他用前设论（presuppositionalism）拒斥中立性的方式，其实与巴特对现代史学的批判颇有异曲同工之妙。[106] 巴特认为，所有中立的历史事实（neutral facts of history）都必然在某些特定的预设上被诠释，而这些预设终极而言都是神学的预设。史学家在这些预设之下，不可能客观地诠释这些中立的历史事实（我们在上一章详细讨论过这一点）。对巴特（以及巴文克、范泰尔等新加尔文主义者）而言，这适用于一般历史，更适用于基督复活的历史：对空坟墓这中立史实的唯一客观诠释，就是福音书作者笔下天使在坟前的宣告："他不在这里，已经复活了。"（路24:6；太28:6）

然而我认为，这种福音诠释的客观性在巴特那里稍嫌薄弱，因为他以萨迦文类比拟复活叙事时，会容许自己较为随意地诠

---

106. Van Til, *Christianity and Barthianism*, 14.

释文本。倘若福音书任何关于那四十天的报导都可能有杜撰的成分，那么我们就可以怀疑其中任何报导的真实性了。只要承认基督确实复活了，那么任何关于那四十天的叙事，都只需要被当成具有启示性或启发性的故事，而不需要太过认真地被当成真实发生过的事。这样一来就会像我稍早所说的那样，大幅弱化圣经对教会教理以及个人神学反思的规范。复活叙事的意义可以按照新约的字义被理解为救赎的福音，也可以被诠释成鼓动政治解放的寓言故事。

另一方面，以亨利为代表的那种命题启示观主张，上帝的本质能够透过文字命题直接被我们认识，而这会严重弱化启示的历史性以及历史的启示性：基督的救赎历史主要是关乎罪人如何得救赎，而上帝的自我启示则主要是用圣经文字赐下的。在这样的观点下，复活历史性的意义仅在于救赎，而我们并不需要透过这段历史来认识上帝。这段历史顶多起到了辅助作用，就像数学老师教学生解方程时，会使用"鸡兔同笼"的故事来帮助学生理解其中的道理。对大多数孩子来说，这是相当有效的学习方式，然而对于聪明一些的孩子来说，其实完全没有必要。

根据亨利的启示观，我们只需要圣经命题就能够认识上帝了，而圣经之所以记述救赎历史，除了为我们提供关于救赎所需的知识以外，无非就是辅助我们来认识用命题启示自己的上帝，因为我们不是聪明的孩子，需要靠鸡兔同笼的故事才能学会解方程。当然，我们仍需要知道圣经所记载的复活历史才能得救，但我们不需要透过救赎历史才能反思、理解上帝的本质，因为圣经命题已经将上帝的本质单义地、直接地启示给我们了。

于是在亨利那里，"救赎"与"启示"被割裂为两个范畴；罪以及罪对智性的影响也被割裂了。然而当我们的救赎不再取决于启示的历史性时，我们也就不再需要在意圣经叙事到底是否符合史实。按照亨利的那种启示观，我们只需要肯认圣经在神学上是无误的，亦即肯认圣经全然真实地用命题启示了上帝的本质；而肯认圣经历史真实性的必要，则完全是基于一种抽象的圣经无误概念，以及救赎知识之所需。

我认为，巴文克、霍志恒等新加尔文主义者所提倡的圣经观，能够同时避免亨利的谬误以及巴特的那种不确定性。有机逐字默示（organic verbal-plenary inspiration）的观点一方面坚持圣经命题的清晰性，一方面又强调，圣经所书写的内容，仅仅是复刻的、模拟的智慧，是人有限的心灵能够承载的话语。如巴文克所言："圣经清晰性的教义经常遭到误解并错误地被呈现……它并不意味圣经所处理的题目与内容不是远超人的理智所能触及的奥秘……救恩之道——并非其实质自身而是关乎其传递的模式——在其中清晰地为了想要得着救恩的读者写下。尽管读者或许无法理解其所以然（the 'how'），但其之然（the 'what'）却是清晰可知的。"[107]

这种有机逐字默示的观点，会在阅读及诠释的过程中，带来更强的客观性与确定性，避免神学诠释的主观、随意发

---

107. *RD*, 1:477.

挥。读者可以信任地说福音书关于妇女（们）在空坟墓旁的叙事（太 28:1-10；可 16:1-8；路 24:1-12；约 20:1-18），跟巴特引用"耶稣爱我"那小故事的不同版本，有本质上的差异。根据有机逐字默示的观点，四福音对同一个事件的见证，并非杜撰化的历史，让读者从相互出入的版本当中较为随意地、不受文本规范地去找到一些启发灵感的素材，进行神学建构。

巴文克、霍志恒会承认说四福音关于空坟墓的报导有些表面上的差异，但相互间并无矛盾；同时他们也不会巨细靡遗地试着去化解这些叙事间的出入，因为那明显不是清晰的文本所要提出的重点。有机逐字默示观承认这些见证都是真实的报导，以叙事的方式重现上帝在个殊的时间、个殊的地点，以具体方式在独一的耶稣基督里与个别的人互动的事迹。巴文克与霍志恒都会借用德国观念论的一些洞见，显示说启蒙运动在"理性的必然真理"以及"历史的偶然真理"之间所设定的鸿沟，其实早在康德之后就已经过时了（可惜的是，亨利以及一众跟随他的克拉克学派神学家仍然用康德前的启蒙运动思维来建构他们的圣经观）；而他们诉诸了改革宗的认信传统来回应现代神学的启示观，坚持启示的类比性，以及有机逐字默示的权威性、必要性、充足性、清晰性。在我看来，这样的进路，其实更能够贯彻巴特自己的用意：信徒与神学家的个人信仰必须模拟并服膺于教会认信、教会认信必须模拟并服膺于圣经的规范，而圣经作为上帝书写的话语，信实地见证上帝借由圣约历史所成就的自我启示。

五、巴文克与巴特论"世界观"

从前两章的内容我们可以看见，巴特的基督中心论神学采取了两个古典改革宗的原则作为基础：（一）造物主对于受造者的超越性以及不可测透性（有限者不能承载无限者——*finitum non capax infiniti*），以及（二）上帝与堕落的人类之间的罪恶鸿沟（罪人无可承载上帝话语——*homo peccator non capax verbi divini*）。巴特在这基础上所建构的启示论，其实离巴文克所阐述的新加尔文主义以及改革宗正统并没有许多人所想象的那么遥远。

巴文克与巴特都诉诸迦克墩的基督论以及改革宗基督论的"外分加尔文主义"来回应德国观念论的泛神论历史哲学，强调造物主–受造者的区别，以及受造物的全然败坏。费城威斯敏斯特神学院学者杉农（Nathan Shannon）教授在近期发表的重要研究成果中指出，巴特的思想其实与新加尔文主义相距不远：巴文克与巴特都不把基督论的应用局限于"启示论及圣经论"，而是将"道成肉身的角色"当作整个"创造主–受造者本体论"（Creator-creature ontology）的核心。[108]

巴文克与巴特都坚持，堕落的人在救赎圣约历史的启示之外，不可能正确地从创造以及普遍的历史获得对上帝的自然知识（natural knowledge）。然而，他们二人都刻意为自然神学保留了一定的理论空间。巴文克采取"宗教改革"的立场，并指

---

108. 见 Nathan Shannon, *Absolute Person and Moral Experience: A Study in Neo-Calvinism* (London: Bloomsbury, 2022), 153。

出说宗教改革"诚然承袭了"中世纪经院者学的"自然神学"以及"其中的论证"。[109] 巴文克甚至认为,在某种意义上"自然神学曾被正确地归纳为'信仰前序'（preamble of faith）,亦即皈依基督之前的神圣预备以及教育"。[110] 但巴文克又指出,中世纪经院哲学对于信仰前序一直没有相当明确的定位,而宗教改革则是明确否定了信仰前序的独立地位,"将其纳入信仰教义（doctrine of faith：指教会的信仰规范、教理）的内容,而不在信仰教义之前处理它"。[111] T. F. 托伦斯也指出,巴特仅仅是

> 拒斥……自然神学……作为 *praeambula fidei*（信仰前序）的……地位,亦即在对上帝的现实知识（actual knowledge）之前的一个独立概念体系,被当作知识论的框架,用以诠释并建构对上帝的经验知识,进而令这知识从属于各种扭曲的思维形式……然而,巴特并未全然拒斥自然神学,而是将其转化为神学的实质内容,在这转化过的形式当中,它就构成我们认识上帝的知识论结构。[112]

在这里我们可以看到巴文克与巴特之间一个看似细微却相当重要的差异。巴文克仅仅否定了自然神学作为信仰前序独立于特殊启示的地位,而巴特则是彻底否定了自然神学作为信仰

---

109. *RD*, 2:8.

110. *RD*, 1:322.

111. *RD*, 2:8.

112. Thomas Torrance, *Space, Time and Resurrection* (Edinburgh: T&T Clark, 1976), x.

前序的地位。这是出于巴特对普遍启示的否定，我们稍早已经开始探讨这问题了。巴特坚持，上帝独一的启示就是以耶稣基督为中心的圣约历史，除此之外别无启示。

但另一方面我们也已经看到，巴特认为这启示有两个维度，亦即创造与救赎：这两者是不可分割的整体，其间却有不可磨灭的区别。巴特反驳古典改革宗神学在自然启示或普遍启示与救赎启示或特殊启示之间所划下的区分。在他看来，改革宗神学将普遍启示与特殊启示当成了上帝的两个启示，彼此没有重叠，却紧贴着彼此。范斯寇教授精辟地指出，巴特拒斥传统改革宗神学在自然与恩典之间作出的区分，是出于对改革宗圣约神学的根本误解。[113] 当巴特对自然神学发出狮子吼，大声呐喊"不！"（"Nein!"）时，他其实并没有意识到，布龙纳或是他所读到的现代德国改革宗教义史作品，都扭曲了传统改革宗的教义，而主流新加尔文主义在古典改革宗的基础上所建构的启示观，其实非常强调启示的独一性及一体性。

在这方面，巴文克的表述是新加尔文主义教理学家当中最为清楚的。他将普遍启示及特殊启示看作两个同心圆，而基督就是圆心。"所有启示（单数）——普遍与特殊——的意义，终极而言都在基督里得到圆满。上帝在创造当中以及在救赎当中，都是同一位不改变的上帝；恩典挽回自然。"[114] 我们可以借用巴特的修辞，十分贴切地表达巴文克的思想：普遍启示是特殊启

---

113. John Fesko, *The Covenant of Redemption: Origins, Development, and Reception* (Göttingen: V&R, 2016), 191.
114. *RD*, 1:302.

示的外在基础；特殊启示是普遍启示的内在基础。巴文克是这样说的："普遍启示是特殊启示在其上建立自身的基础。"[115] 巴文克坚持，普遍启示与特殊启示是一个不能切割的整体，尽管两者也不容混淆："特殊启示断不可从它与历史、世界、人性的有机联结被分离出来。"[116]

> 普遍启示将自然与恩典、创造与再造、现实的世界与价值的世界不可分离地维系起来，而普遍启示丰富的重要性就在这里凸显出来。若没有普遍启示，特殊启示就会失去它与整个宇宙实存及生命的联系……在普遍启示当中从不让自己不被见证的上帝，与在特殊启示当中自我揭示为恩典之主的上帝，乃是同一位不改变的上帝。普遍启示与特殊启示便这样彼此互动。[117]

古典改革宗神学研究大师范斯寇教授指出，凯波尔与巴文克所采取的这种启示观，并非他们自己的创见，而是源自福修斯（Gisbert Voetius, 1589-1676）等正统时期的神学家。[118] 我认同范斯寇教授所言：巴文克与巴特相比，有个明显的优势，就是巴文克对古典神学教义史的认识远胜于巴特，特别是古典改革宗神学。格隆斯鲁德（Ryan Glomsrud）教授巨细靡遗的文献

---

115. *RD*, 1:322.
116. *RD*, 1:353.
117. *RD*, 1:322.
118. John Fesko, "Introduction," in Geerhardus Vos, *Natural Theology*, trans. Albert Gutjes (Grand Rapids: Reformation Heritage, 2022), 31–34.

比对研究成果显示，巴特在哥廷根时期所学到的改革宗正统神学，"几乎不外乎他在海因里希·海佩（Heinrich Heppe）以及那传统的一众十九世纪教义史学家身上的发现"。[119] 巴特学习古典改革宗神学，并"不完全是个溯源的事件（*ad fontes* event）"，因为"巴特完全是透过十九世纪教义史学家的文本来与改革宗正统相遇，而不是透过一级文献自身"。[120] 虽然巴特后来研读了波拉努斯（Amandus Polanus, 1561-1610）、图伦丁、马斯特瑞克特（Petrus van Mastricht, 1630-1706）、福修斯等古典改革宗神学家的著作，但正如我过去发表过的研究成果所显示，巴特就连在 1936-1942 年间使用大量古典改革宗术语来建构基督中心拣选论时，都在海佩、史怀哲（Alexander Schweizer）等十九世纪教义史学家的误导下，误解了一些关键的概念与词汇。[121] 相较之，就连范斯寇教授这样对新加尔文主义有些成见的古典改革宗研究学者，都对巴文克大为叹服，因为巴文克全面、精确、深入地掌握了改革宗经院主义的理路及内容。

巴文克晓得，在认信改革宗神学的规范下肯认圣约为上帝降卑俯就的启示，就意味普遍启示与特殊启示是一个不可切割的整体当中两个不可混淆的维度。在这点上，巴特始终误解了古典改革宗神学，这是因为他在初学阶段所读到的十九世纪德语教义史著作，基本上都是透过十八世纪一些被启蒙运动扭曲

---

119. Ryan Glomsrud, "Karl Barth as Historical Theologian," in *Engaging with Barth*, ed. David Gibson and Daniel Strange (Nottingham: Apollos, 2008), 89.

120. Ibid., 86-87.

121. 见拙作 Shao Kai Tseng, *Karl Barth's Infralapsarian Theology* (Downers Grove: IVP Academic, 2016), 42-45。

后的教义来理解十七世纪改革宗正统，以致他们以为十七世纪的改革宗自然神学将自然启示及救赎启示当成了两个不同的启示，而非同一个整体的两个维度。

巴文克却知道，十八世纪改革宗自然神学与十七世纪正统大相径庭：到了十八世纪，"就连在改革宗神学当中，上帝不可测透性的重要意义，也愈发遭到忽视……上帝不可测透性的真理，几乎全然被神学遗忘了"。[122] 如先前所见，巴文克回归十六、十七世纪的正统，指出福修斯等主流古典改革宗神学的代表人物，几乎无一例外地将信仰规约（*regula fidei*）当成自然神学的前提，而不将自然神学当成独立的信仰前序（*praeambula fidei*）。而这意味着普遍启示与特殊启示是一体的两个维度：特殊启示在普遍启示的外在基础上展开，而堕落之人若不以特殊启示为前设，就无法正确地理解普遍启示。

巴文克出于对古典改革宗教理的深入理解，远比巴特更加信任改革宗的认信正统。有趣的是，这份信任意味着，巴文克与巴特同为回应时代挑战的建构神学家（constructive theologian），但是当他们进入前人尚未抵达的神学疆域进行开垦时，巴文克其实在许多方面比巴特更加激进、大胆，而巴特往往因为谨守正统，而对一些颇具说服力的现代哲学及神学概念显得犹豫不决。

一个相当重要的例子，是巴文克与巴特处理"世界观"一词时所展现出来的差异。"世界观"（荷兰文：*wereldbeschouwing*）

---

122. *RD*, 2:41.

是新加尔文主义的关键词，源于德文 *Weltanschauung*，意思是"对世界的直观"（world-intuition），英文通常被译为 worldview。这概念原是德国观念论对康德的回应。所谓"直观"（intuition/*Anschauung*），是指"直接的认知"。

康德通常被视为第一位使用"世界观"一词的哲学家。[123] 康德提出，我们对外物的一切认知都是透过感官经验与智性或理解力的复杂互动所产生的，最后呈现给我们心灵的都是感性的现象；只有上帝能够用全知的智性直接认知万物的本质。如稍早所言，这就意味康德彻底否定了启蒙运动理性论意图测透上帝以及世界的意图。另一方面，康德在《判断力批判》中指出，形而上学的观念在人类心灵中乃是自然生成的，而人类会直观地用形而上观念来解释在这世界上一切的经验，因而在心灵中形成一套对世界观。值得注意的是，"世界观"一词在康德笔下只出现过一次，而这与他在《判断力批判》多次使用的"对世界的观察"（*Weltbetrachtung*）乃是同义词。[124]

"世界观"一词在康德笔下虽有明确指涉，却并非特殊术语。黑格尔、施莱尔马赫等观念论者则在康德之后，设定了各种或直接或间接的神人同一性理论，进而主张说人类能够透过直观各种有限的殊相、历史的表象等被视为上帝显现的现象，经过系统的反思或思辨之后，获得对世界本质、对上帝本质的测透知识。

巴特拒斥了"世界观"的概念，这是因为他与巴文克都认

---

123. Alexander Englert, "The Conceptual Origin of Worldview in Kant and Fichte," *Journal of Transcendental Philosophy* 4 (2023): 1–24.

124. Ibid., 2.

为，从新教正统的角度看来，康德坚持人类无法拥有"智性直观"（intellectual intuition/*intellektuelle Anschauung*）是完全正确的。巴文克指出，当十八世纪"神学几乎完全遗忘上帝不可测透性的真理时，哲学兴起并提醒了我们这真理"："康德……带来了知识基础的巨大转变……我们的知识……被局限于经验的界域……因此［智性中的］观念无法扩张我们的知识，只能规约我们的知识。"[125] 换言之，我们无法用智性去直观上帝，或是世界以及人类的形而上本质。巴文克评论道："当康德说我们的知识无法逾越我们的经验时，他是完全正确的。"[126]

巴特在相同的出发点上，认为"世界观"的概念必然违反"上帝不可测透性"的正统教理，因而彻底拒斥了这概念。如前一章所见，巴特认为，费尔巴哈（Ludwig Feuerbach）与施特劳斯（David Strauss）已然揭示说黑格尔、施莱尔马赫等观念论思想家所谓的"世界观"，本质上就是伪装成神学的人学。巴特在基督中心论时期最开始的时候就拒斥了施莱尔马赫那套具有浓厚一元论色彩的基督中心论，宣称那种"对人类历史的系统研究，无非就是一套思辨臆测的世界观（*spekulative*

---

125. *RD*, 2:41.
126. *RD*, 2:50. 巴文克指摘康德，认为康德在这正确的基础上否定了上帝的特殊启示，因而走向了不可知论，否定了神学的科学地位。其实这是对康德的误解，在十九世纪欧陆哲学相当常见，甚至在今日都仍旧是许多人的观点。事实上，康德的用意是想要看看，在普遍启示之下，若没有特殊启示直接的帮助，人的知识体系能够走多远，而他的结论大抵上是符合新教正统的：人只能相信上帝存在、宇宙受造、人有良善天性以及根本恶并被赋予了自由意志，但这些合理的信念只能规约、整理我们的知识，让知识形成体系，其对象在理性的理论使用中，却始终不能成为认知的对象。再者，康德其实从未否定理性神学的科学性，甚至从未将其完全局限在理性的实践用途内；他仅仅否定了启蒙运动唯理论那种试图用上帝视角来认知上帝以及世界的理性形而上学。详见拙作 Shao Kai Tseng, *Immanuel Kant* (Phillipsburg: P&R, 2019)。

Weltanshauung）"。[127]

　　巴文克当然也深刻地意识到德国观念论的一元论及泛神论倾向。早在巴特之前，巴文克就诉诸了费尔巴哈及施特劳斯，揭示了观念论世界观的偶像崇拜以及人学本质。[128]巴文克像巴特那样，拒斥了观念论的提议，亦即透过直观神性在世间个殊现象或表象中的显现，在智性上与上帝的智慧达到某种天人合一的境界，进而获得某种世界观的体系。巴文克会由衷赞同巴特的观点，认为德国观念论所谓"神性的显像"（*dem Schein-Göttlichen*）都必须被视为"妖魔者"（*dem Dämonischen*）。[129]

　　然而巴文克在这里迈出了大胆的一步，是巴特始终犹豫不决的一步：巴文克在凯波尔大刀阔斧地借用了"世界观"一词来表达改革宗认信神学的启示论之后，更明确地诉诸德国观念论的具体内容，经过一番批判后，发展出一套改革宗特有的"世界观"理论。巴文克采取了经验主义观念论者特兰德伦堡（Friedrich Adolf Trendelenburg, 1802–1872）的定义，称"世界观"为"观念的科学"（science of the idea）。[130]旅美印尼籍华裔学者廖绍良（Nathaniel Gray Sutanto）解释道，观念论主张说"人的思想能够对应于上帝的思想，是因为受造的现实是上帝智慧的产物"，而巴文克完全赞同这点，但一反观念论那些智性上的天人合一理论，巴文克坚持，人类的智慧"始终"只能在

127. Barth, *Gottes Gnadenwahl*, 25.
128. *RD*, 1:166. 参 *PTNC*, 554。
129. *KD* II/1, 461.
130. Herman Bavinck, *Christian Worldview*, ed. & trans. N. Gray Sutanto, James Eglinton, and Cory Brock, (Wheaton: Crossway), 51.

"受造的、复刻的层次上"模拟上帝的智慧。[131]

换言之，观念论的"世界观"是指人类的理智从下而上（from below）与上帝的神圣观念联合，而新加尔文主义所说的"基督教世界观"则以基督为中心：道成肉身是上帝"从上而下"（from above）的自我启示，信徒在基督里、透过基督、与基督一同有份于上帝的智慧。按照外分加尔文主义的原则，这智慧始终只能是受造、复刻的模拟智慧，是耶稣作为人对上帝的认识，而不是祂作为上帝的自我认识。[132] 信徒能够透过基督里的特殊启示，有系统地去理解、明白特殊启示的外在基础，也就是普遍启示，而这就是所谓的"基督教世界观"或"圣经世界观"。

事实上，这套世界观理论，基本上就是十七世纪的改革宗自然神学，只不过在内容上更加细致、丰富，在表述上更加精确地避免了十八世纪改革宗自然神学当中的唯理论倾向。这种"世界观"形态的基督信仰，其实可以追溯回十六世纪。加尔文在《基督教要义》（1.6.1）当中提出，创造好似上帝所写的一本书，诉说祂的荣耀，但人在堕落后，理智受到罪的影响，只能模糊看见眼前有这么本书，却无法看清书上的内容；圣经则好比一副眼镜，透过这副眼镜，人们即可正确、清楚地看见上帝借着所造之物彰显的永能和神性。这与中世纪经院哲学较为主流的自然神学有明显的区别，虽然并不是根本的对立。中世纪

---

131. Nathaniel Gray Sutanto and Shao Kai Tseng, "Revisiting Bavinck on Hegel: Providence, Reason, and the Unsublatable," *Scottish Journal of Theology* 75 (2022):229.

132. 见 Herman Bavinck, *Christelijke wereldbeschouwing* (Kampen: Kok, 1913), p. 56。

主流的自然神学一直没有说清楚"自然"与"恩典"之间的关系。譬如托马斯有时似乎暗示，哲学家实际上并无法用中立的理性去找到上帝，而自然神学作为信仰前序，只能为他们提供认识上帝的预备工作；但有时候，托马斯似乎又认为哲学家不需要信仰的规约，也不需要启示的光照，就可以用理性去论证上帝的存在，而且所论证出来的上帝，就是在圣经当中启示自己的上帝。如此一来，"启示（圣经）"与"自然"或"本性"，亦即特殊启示与普遍启示，很容易就被当成两个分开的启示。加尔文著名的"眼镜"比喻，背后有一套明确的启示论，视后人所谓的普遍启示为特殊启示的外在基础、特殊启示为普遍启示的内在基础。自然启示与圣经所记载的救赎启示在加尔文看来，是紧密相连而不容切割的整体。圣经赐下，是为了帮助信徒在圣经的亮光中观看上帝透过创造所彰显的荣耀。

这种"世界观"形态的信仰，不仅具有认识论的维度，而且是整个改革宗伦理学的基础——基督教世界观的伦理维度在巴文克的思想当中尤为显赫。[133] 认信改革宗神学明确否定了中世纪常见的圣俗二分，以及路德宗当中反对"加密加尔文主义"（crypto-Calvinism）的神学家在律法与福音以及所谓"两个国度"之间所设定的悖论。在改革宗"世界观"形态的信仰当中，信徒生活的一切都应当分别为圣，正如十七世纪英国清教徒布尔克理（Peter Bulkeley）所言："若上帝在我们之上，我们就必须在一切事上全面地顺服祂。祂不能单就一件事情在我们之上，

---

133. 参巴文克：《改革宗伦理学（卷一）：被造、堕落和归信的人性》，徐西面等编译，爱丁堡：贤理・璀雅出版社，2021 年。

却就另一件事情在我们之下，而是必须在每件事上，都在我们之上。"[134]

六、总　结

从以上讨论我们可以看到，巴文克笔下的"基督教世界观"（*Christelijke wereldbeschouwing*），从某种意义上可以被理解为"信心追求理解"（*fides quaerens intellectum*）这经典思辨法在现代语境下的重述与发展。巴特在 1930 年左右，也开始从安瑟尔谟身上学会了这样的思辨法，更深入地掌握了他在 1920 年代从古典改革宗神学所学到的原版-复刻类比（archetype-ectype analogy）。熟悉巴文克的读者应该都知道，这类比是他神学思维模式（thought-form）最重要的特色。然而在巴特学界，虽然他的类比法是最受重视的研究课题之一，但多数学者都聚焦于安瑟尔谟对他的影响，却鲜少有人注意到巴特借自改革宗正统的原版-复刻类比，如何主导巴特后期神学的整体内容。在他神学本体论当中最重要的原版-复刻类比，当属他所谓的"关系类比"（*analogia relationis*）：他称三一上帝内在的爱为圣约之爱的"原版"（*Urbild*），并称上帝与人在基督里的关系为三一内在关系的"复刻"（*Abbild*; *Nachbild*）。[135] 巴特主张，当我们透过这类比来理解一切时，我们就能凭信心而不凭眼见，明白上帝所造的大自然以及祂所摄理的世界历史当中的意义。

这样的论述，其实已经相当接近新加尔文主义的世界观理

---

134. 引自 Leland Ryken, *Worldly Saints* (Grand Rapids: Zondervan, 1986), 208。
135. *KD* III/2, 260–262.

论，然而巴特还是拒斥了"基督教世界观"一说。我认为这其中一个很重要的原因在于，巴特对古典改革宗神学不够熟稔，以致他在诉诸传统来回应现代的挑战时缺乏自信，不敢用"世界观"以及"体系"或"系统"（system）这样的现代观念论词汇来表述普遍启示的古典教义。巴特从海因里希·海佩以及史怀哲那里承袭了一些对古典改革宗的根本误解，而他又受到他老师哈纳克"希腊化立论"（Hellenisation thesis）的一些误导（虽然不是全面的误导），这就使得巴特在他与传统的观点其实十分一致的地方，因着误解而否定了传统。[136] 假如他正确地理解了改革宗正统的启示论，那么我认为他其实会欣然接受普遍启示的教理，像巴文克那样站在巨人肩膀上发展他的思想，而不必因着脱离传统而被迫孤身一人去面对十八世纪唯理论以及十九世纪观念论在二十世纪对基督教神学带来的挑战。

另一方面，我认为任何珍视传统的读者，不论是像布伊亚德（Henri Bouillard）、巴尔塔萨、莫尔纳（Paul Molnar）那样的天主教学者，或是追随凯波尔、巴文克的新加尔文主义者，都应该尊敬巴特对传统的重视。在他学生时代，德语神学完全被自由派主导，而德语哲学则几乎完全被或左或右的黑格尔主义宰制。他 1920 年代初期研究改革宗正统、后期研究中世纪神学，完全是无师自通。虽然他对古典教理有诸般误解，但至少他十六、十七世纪改革宗正统原典的阅读量，远远超过当今大多数改革宗学者，包括费城、加州两所威斯敏斯特神学院的几

---

136. 参 Ryan Glomsrud, "Karl Barth as Historical Theologian," in *Engaging with Barth*, 84–112。

位学界明星。

约翰·韦伯斯特正确地指出，巴特在 1920 年代勤奋研读传统改革宗原典，"深深形塑了他神学思考的路线"。[137] 巴特尽其所能地将他神学上的建构及创新建基于他对传统的学习与理解，这让韦伯斯特感叹道，"当代基督教神学较为严重的一个弱点是教理上的（catechetical）：它根本就没有带着充分的深度及热爱去学习基督教的诸多传统，以致能够在其中行动自如，并带着充足的精确性来重述甚或反驳这些传统。"[138] 作为一名历史神学研究者，我发现了一件屡试不爽的事实：史上不乏极具创意、红极一时而忽视传统的神学家，但他们的著作都会随时间的流逝而失去价值，因为他们反对传统的时候，鲜少先认真地学习并理解传统的内容，而他们看似新颖的创新点，会随着时间的沉淀，在后人眼中看出其实毫无新意。

至少巴特是经过勤奋学习后，迫于他时代文化背景的限制而误解了传统，之后才决定在传统之外进行创新。他早年在瑞士及德国求学时，未能"领受"凯波尔、巴文克、霍志恒在荷兰及美国所接受的那种认信神学传统环境下的熏陶，只能无师自通，去学习当时在德语学界遭到严重蔑视的古典神学作品。而既然都是"领受"的，那么凯波尔、巴文克、霍志恒的追随者在巴特主义者面前，也没有什么好夸口的（林前 4:7）。巴特从自学的成果悟出以下结论，而他的体会较我所熟识的许多北美福音派神学家更为深刻："教理学不是一门自由的科学。

卡尔·巴特：奇人其思

---

137. John Webster, *Barth's Earlier Theology* (London: T&T Clark, 2005), 1.
138. Ibid., 64.

它被局限在教会的界域内，唯有在其中它才具有可行性以及意义。"[139]

巴特在此表达的信念，曾为许多大公对话（ecumenical dialogues）提供了重要的基础——我们在第一章已经讨论过巴特主义与天主教、东正教的对话。新加尔文主义一直是与巴特互动最密切的神学流派之一，而我相信巴文克以下这段话，能够促进新加尔文主义与巴特主义的进一步对话。

当今……每个人都有自己的教理，而在此时，基督教教理学家能够将自身置于信仰之内，进而表述对上帝话语的顺服以及祂在历代教会团契中的参与，实在是一种特权以及殊荣。正因如此，"教理学"的定义同时包含这概念：它呈现的乃是上帝**给教会**的话语当中所赐下对上帝的认识。[140]

---

139. *CD* I/1, xiii.
140. *RD* 1:46.

第五章
与当代巴特主义对话：
救赎的刑责替代维度

上一章从启示论切入，为当代新加尔文主义与巴特主义持续对话提供了基础，亦即教会教理对解经的"信仰规约"（*regula fidei*）。本章将在这基础上，与当代巴特主义大师杭星格对话，讨论"与基督联合"（union with Christ）这概念对于救赎论（doctrine of the atonement）的重要性。我会从救恩论（soteriology）的"成圣"（sanctification）概念切入，进而聚焦于"替代受刑"或"刑责替代"（penal substitution）以及"除罪"（expiation; removal of sin）两个概念之间的张力。

十八、十九世纪英美新教神学有一种倾向，就是在早期欧陆以及英伦启蒙运动的双重影响下，用一种机械式的思维来剖析教义，忽略基督教教义的有机整体性（organic unity）。在论证"刑责替代"的救赎模型时，通常是用许多与之直接相关的支持经文（proof texts），佐以神学逻辑进行论证，却往往未能显示这救赎论模型如何以上帝论（doctrine of God）为根本。二十世纪英美福音派主要是在荷兰改革宗神学的影响下，重新认识到十六、十七世纪改革宗正统的有机整体性。霍志恒在这过程当中扮演了关键的角色。

我在这一章当中，会采取霍志恒学派（Vossian）的立场，与杭星格教授近期发表的解经著作展开对话。他对福音派当中常见的一种刑责替代论提出疑虑，这种理论倾向于单方面强调新约救赎论的庭审（forensic）维度，忽略祭祀（cultic）维度，而这会在上帝论的层面上造成许多严重的问题。我会指出，他采取巴特主义的基本框架，对这种倾向所提出的疑虑诚然是重要的提醒，而事实上，当代霍志恒学派也看到了这些问题。不只如此，我会诉诸十七世纪英国改革宗清教徒神学家约翰·欧文的著述以及《多特信经》（Canons of Dort, 1618）的内容，显示古典改革宗神学其实已经处理过这些问题。

巴特以及当代巴特主义诚然提出了重要的提醒。然而对于像杭星格教授那般重视认信传统的读者，我会建议他们重新去认识十六、十七世纪的改革宗正统神学，在其中去发现巴特当年想要在其中寻找，却因他当时所受的种种限制而未能找到的一些答案（见本书第四章）。就算读者最后仍决定采取杭星格教授在巴特主义的基础上所提出的提案，也至少应该在今天神学资源如此丰富的条件下，先去了解巴特生前最为珍视却未有机会深入掌握的神学传统，再来决定是否要在救赎论的问题上选择传统之外的路线。

一、成圣：巴特神学的"重大逻辑漏洞"

巴特神学最知名的特点，就是它彻头彻尾的基督中心论（Christocentrism）。我们在前一章讨论过古典改革宗以及新加尔文主义圣约神学（covenant theology）的基督中心论，并且在第二、三章看到巴特如何发展出一套基督中心本体论（Christocentric ontology）。许多人误以为这套本体论主张，上帝的本质是由道成肉身所规定的，而我们已经澄清了这误解。也就是说，在上帝论的层面上，巴特的基督中心本体论只不过采用了一些现代哲学的表达方式，但就实质内容而论，却仍旧遵循了西方古典神学的传统。

然而，巴特否定了"行为之约"（covenant of works）与"恩典之约"（covenant of grace）之间的区别，以及这两个历史圣约与永恒"救赎之约"（*pactum salutis*）之间的区别，以一个独一的永恒圣约取代之，这就意味他修改了整个西方神学传统的创造本体论（creational ontology）。他将基督里的独一圣约描述为创造的内在基础，因而将基督里的圣约当成了万有的天性（nature/*Natur*）与本质（essence/*Wesen*），亦即本体意义上的规定（determination/*Bestimmung*）。人之为人的本质，就是在基督里已然蒙拣选、被称义、与上帝和好的本质，而一切的罪与不信，皆是违背这本质的虚无者（nothingness/*das Nichtige*），是本体上的不可能性（ontological impossibility/*ontologische Unmöglichkeit*）。

加尔文讲述救恩论时，强调"与基督奥秘的联合"（mystical

union with Christ）具有"最高等级的重要性"。[1] 巴特将"与基督联合"的重要性拓展至整个创造本体论，甚至将其纳入他的神学本体论：虽然这联合并不构成上帝的内在本质，但它却规定了上帝的第二种绝对存在模式。达尔费尔斯（Ingolf Dalferth）如此解释巴特的基督中心本体论："我们共通经验（common experience）的世界是个**位格内的现实**（enhypostatic reality），它唯有被纳入上帝在基督里的救赎启示的具体现实方始实存。自然现实（natural reality）在其自身只是一个非位格的抽象之物（anhypostatic abstraction），一旦离开了［基督里］具体现实的结构，就无法独立且有系统地实存。"[2]

这套基督中心本体论并不会导致潜在的普救论——我们在第三章已经说明过这点。而它最大的问题在于重新定义"罪"与"成圣"。在西方神学传统当中，不论天主教抑或新教，都追随奥古斯丁，以良善天性的"败坏"（*corruptio*）以及"缺乏"（*privatio*）来定义罪性。当巴特用基督里的圣约"从上方"（*von oben*）的本体"规定"来定义人类"天性"及"本质"时，他就声称"罪"是全然外乎"天性"与"本质"的第二个规定。人实存之存在（existential being/*Sein*; *Dasein*）全然"从下方"（*von unten*）被罪恶的行动与历史所规定，因此是全然败坏的

---

1. John Calvin, *Institutes of the Christian Religion*, ed. John T. McNeill, trans. Ford Lewis Battles, 2 vols. (Philadelphia: Westminster Press, 1960), 3.11.10.
2. Ingolf Dalferth, "Karl Barth's Eschatological Realism," in *Karl Barth: Centenary Essays*, ed. S. K. Sykes (Cambridge: Cambridge Universtiy Press, 1989), 28–29. 转引自 John Bolt, "Exploring Barth's Eschatology: A Salutary Exercise for Evangelicals," in Sung Wook Chung, ed., *Karl Barth and Evangelical Theology: Covergences and Divergences* (Grand Rapids: Baker Academic, 2006), 216–217.（粗体为原作者所加。）

人，但这败坏无关乎"从上方"所规定的本质与天性。巴特用路德"全然义人、全然罪人"（*simul iustus et peccator*）的辩证模式来解释这"全然–全然"（*totus-totus*）的双重规定。

如此一来，"称义"（justification）的现实在巴特这里就成了一个本体现实（ontological reality）了。在古典新教神学当中，不论是路德宗或是改革宗，都把"称义"当成实存现实（existential reality），是由信心所实现的。如此，古典新教救恩论的"全然–全然"就构成了一种"已然–未然"（already-not-yet）的张力，亦即称义与成圣的张力。加尔文称此二者为"双重恩典"（*duplex gratia*）：基督好比太阳，而称义与成圣好比太阳的光与热。一旦联于基督，就有份于称义与成圣，但这两者却又不能混为一谈。信徒因信联于基督时，就全然称义，也因而全然得救了，但同时在自己的本性上仍全然是罪人，需要借由每日悔改治死老我，得着更新，渐渐成圣，才能最终全然得救，脱离取死的身体。相较之，罪在巴特这里则被描述为本体上的不可能性，这就意味救恩论的"已然–未然"被严重淡化了。

杭星格教授指出，当巴特将古典新教的"全然–全然"从实存的层面提升到本体层面时，基本上就排除了"加尔文对渐进［成圣］的强调（emphasis on the gradual［sanctification］）"，而这不免"造成一些损失"。[3] 路德与加尔文都"为渐进［成圣］保留了特定的地位，是巴特根本没有保留的"。[4] 新约救恩论乃

---

3. George Hunsinger, "A Tale of Two Simultaneities: Justification and Sanctification in Calvin and Barth," in *Conversing with Barth*, ed. John McDowell and Mike Higton (Aldershot: Ashgate, 2004), 86.

4. Ibid., 86.

至整个基督教传统多方强调的成圣，在巴特基督中心论神学当中形成了一个重大的缺失。作为一名巴特主义者，杭星格教授谦卑地指出，这是巴特神学当中一个"重大的逻辑漏洞"（large logical space），仍"有待充足地填补"。[5]

蒂兹（Christiane Tietz）教授令人惊艳的巴特传记用"矛盾中的一生"（*ein Leben im Widerspruch*）作为标题修辞，相当贴切地体现出巴特伦理生活上的挣扎，以及他神学上的漏洞如何被他用来当成婚外情的借口。[6]他神学伦理学的优势在于公共神学、政治神学，他能够强而有力地拒斥纳粹德国的政治偶像。他引用《创世记》1:27 告诉我们，上帝形像、上帝自由之爱在人类身上最根本也最彻底的实现，并不在于号称能够实现绝对自由的现代国家，而在于"一夫一妻制的婚姻"：夫妻之间"相爱的抉择"模拟了上帝在基督里"自由且恩慈的拣选"，而"婚姻的联结"则类比于"圣约的信实"。[7]尽管如此，巴特仍旧在婚姻当中迎来了第三者，强迫自己妻子接纳这三角关系，而当他如此违背自己教导的神学伦理时，他在写给情妇的书信中一方面承认自己犯罪，另一方面却用"全然–全然"的神学辩证将自己的罪给合理化。[8]

当然，我在这里的用意不是对巴特进行人身攻击。我向来

---

5. Ibid., 86.

6. Christiane Tietz, *Karl Barth: Ein Leben im Widerspruch* (Munich: C. H. Beck, 2019). 英译本参 Christiane Tietz, *Karl Barth: A Life in Conflict*, trans. Victoria Barnett (Oxford: Oxford University Press, 2021)。

7. *CD* III/4, 198.

8. 参 Christiane Tietz, "Karl Barth and Charlotte von Kirschbaum," *Theology Today* 74 (2017):110。

反对因人废言（ad homine）。如果我们可以因人废言，那么就可以因赖德（George Ladd）而废掉圣经无误论，因拉维·撒迦利亚（Ravi Zacharias）而废掉基督教。有人拿巴特的婚外情来比喻他的神学，说他以正统自居却与现代主义偷情。这种论辩方法与违背逻辑定律一样，是技术上的论证谬误（fallacious argument）。任何尊重理性的人，都不应该接受这种荒谬的论证。

我在这里仅仅是要指出，巴特的基督中心本体论有一个逻辑上的漏洞，而抓住这漏洞而刻意忽视成圣重要性的人，正是他自己。他将"全然–全然"的辩证提升到本体层面；虽然他仍主张人必须信靠基督才能避免终末的审判与定罪，但成圣的必要性却仍被严重淡化了。

这是巴特主义者必须正视的漏洞，而杭星格教授也非常重视这问题，并且在自己的神学建构当中试着补足巴特主义神学在这方面的缺口。如杭星格教授所言，"巴特并未全然磨灭……基督徒生命当中成长与进步的可能性"，这是巴特主义神学仍有待继续发展的地方。[9]

在这一点上，我认为福音派较之巴特主义具有明显的优势，而福音派传统当中有许多丰富的内涵可供巴特主义神学参考。杭星格教授在一篇相关的文章当中指出，"福音派毕竟是一条神学反思的历史长流，其中许多主张都可追溯回新教改革或是后新教改革时期（post-Reformation period）"。[10] 他在文章总

---

9. Hunsinger, "A Tale of Two Simultaneities: Justification and Sanctification in Calvin and Barth," 86.

10. George Hunsinger, "What Can Evangelicals and Postliberals Learn from Each Other? The Carl Henry/Hans Frei Exchange Reconsidered," in *Disruptive Grace*, 341.

结处提出，"历史上，福音派因其对基督救赎之死作为福音核心（very heart of the gospel）不妥协的坚持，故而至今一直有无可估算的价值"。[11]

杭星格教授引用福音派大师斯托得（John Stott, 1921-2011）的话，指出福音派神学最核心的内容："斯托得写道，基督的十字架'是古旧信仰、合乎圣经的信仰之核心……福音派基督徒相信，上帝在被钉十字架的基督里，借由祂，以自己替代了我们，担当了我们的罪，替我们受了我们所当受之死，以致我们能够重新得着祂的喜悦，并被收养到祂的家里'。"[12] 我的恩师巴刻博士在《认识神》一书中，也称刑责替代的救赎（penal substitutionay atonement）为"福音的核心"，这可以说是英美福音派的主流观点，甚至在某种意义上是福音派之为福音派的规范性（normative）教义，尽管近期福音派神学的多元化趋势已经开始淡化了福音派神学的诸多规范。[13]

不论如何，主流福音派的教导视刑责替代的救赎为"福音的核心"，而杭星格教授认为，这显示"福音派神学……始终拥有一种令人钦佩的优先次序意识"。[14] 当然，杭星格教授并不完全认同福音派的刑责替代论，而这是我们在下一节会回来讨论的问题。这里的重点是，杭星格教授发现，福音派所持守的刑责替代论当中有些宝贵的教义传统，能够帮助巴特主义神学（包括后自由派神学）突破一些当前所面临的难题，这些难题包

---

11. Hunsinger, *Disruptive Grace* (Grand Rapids: Eerdmans, 2000), 358.
12. Ibid., 358-359. 引用 John Stott, *The Cross of Christ* (Downers Grove: IVP, 1986), 7。
13. Packer, *Knowing God*, 156, 179-199.
14. Hunsinger, *Disruptive Grace*, 358.

括"成圣"这概念在巴特神学中的逻辑漏洞。

在以斯托得、巴刻等二十世纪大师为代表的主流福音派神学当中，福音的敬虔（evangelical piety）乃是以基督刑责替代的救赎为基础以及核心。"成圣"虽然是救恩论（soteriology：圣灵施行救恩的教义）的主题，但其基础与核心始终是基督的救赎。

圣灵的救恩之工整体而言，皆以基督为中心：圣灵在施行救恩时最重要的工作，就是使信徒与基督联合。圣灵使全然败坏的人从死在罪恶过犯的景况中活过来，以有效的恩召使信徒归向基督，以内在的光照赐下信心，都是为了使信徒因信联于基督；信徒得以称义、成圣、成为上帝儿女、坚忍、得荣耀，都是因为联于基督而得着祂所拥有的一切。在这过程当中，成圣并不是信徒用自己内在的义来行善，而是借由悔改而得着灵性上的更新，而悔改则取决于"掌握上帝在基督里对忏悔之人的恩慈"（apprehension of God's mercy in Christ to such as are penitent），乃至信靠基督的罪人"为自己的罪忧伤并且痛恨自己的罪，致使他离开诸罪转向上帝，恒定地立意并努力在一切新顺服的道路上与上帝同行"（so grieves for and hates his sins, as that he turns from them all to God, purposing and endeavoring constantly to walk with him in all the ways of new obedience [《威斯敏斯特大要理问答》第 76 问]）。欧文在一部教导"治死罪"（mortification of sin）的教牧实践作品当中指出福音性悔改（evangelical repentance）以及成圣的精髓："让信心仰望福音所传的基督，祂为我们被钉在十字架上等候死亡。仰望祂如何在我们罪的重压下祈祷、流血、等候死亡；用信心将那处境中的基督带到你的心中；将祂所流的血施于你的败坏；每天都要这样做。"[15]

巴特坚持，人若不认识基督，就不可能正确地了解罪，而欧文也会同意这点，但欧文会强调，我们必须透过基督刑责替代的救赎来认识上帝的义，才有可能正确地了解罪。欧文用触人心弦的文笔写道，十字架的牺牲揭示罪如何"透过恶性的蜕变之能，将天使变成魔鬼、光明变为黑暗、生命变为死亡、乐园变为沙漠，将一个美好、丰盛、蒙福的世界变成虚空、黑暗、受诅的牢狱，并将万主之主变成了万仆之仆"。[16] 如此理解基督的救赎，就不允许我们用巴特所说的莫扎特式态度将人的堕落看为欢愉之罪（*felix culpa*）。反之，当基督用十字架揭示上帝的爱时，祂显明这爱是圣洁的爱、嫉邪的爱、刑罚并除去罪恶的爱，而这样的爱就要求信徒用最严肃的态度面对罪，每日借由悔改治死老我，得着更新。

巴特其实并未全然排除救赎的刑责替代维度。然而他坚持，基督已然先验地（*zum Vornherein*）胜过罪，因此"凯旋基督"（Christus victor）的维度才是首要的，属乎本体（ontological）范畴，而"刑责替代"的维度是次要的，仅属乎实存（existential）范畴。换言之，"凯旋基督"的救赎理论描述的是上帝本质之所是，亦即上帝在自由中的爱，而"刑责替代"仅仅描述上帝的爱在受造历史中的实存彰显。巴特写道："刑罚的概念……不

15. John Owen, "Of the Mortification of Sin in Believers," in *The Works of John Owen*, 23 vols., ed. William Goold（Edinburgh: Banner of Truth, 1965）, 6:85.
16. John Owen, "A Dissertation on Divine Justice," in *Works*, 10:620.

能完全被拒斥或避免……当上帝的爱被拒绝时，它就将自身形成为致死的忿怒。如果耶稣基督彻底走过了我们作为罪人所踏上的道路，行至它外在的黑暗，那么我们就可以跟着那段旧约经文（赛53）一起说：祂担当了我们所当受的刑罚。但我们断不可用某些老旧的救赎论模型（特别是跟随安瑟尔谟的那些理论），将这当成一个主要的概念，不论是主张说我们因祂所受的刑罚就能得赦免，或是主张说祂借由受刑罚而'弥补了'上帝的忿怒，或是对上帝忿怒献上了弥补之祭。"[17]

杭星格教授采取了巴特的基本立场，但他认为"刑责替代"的维度在巴特那里过于薄弱。福音派将上帝论当成"刑责替代"的基础，而这就成了杭星格借重福音派来补足巴特神学的关键。杭星格他在2020年出版的《〈腓利比书〉注释》（*Brazos Theological Commentary on the Bible: Philippians*）当中提出了"恩慈替代"（merciful substitution）之说，并且将安瑟尔谟的弥补论当成祭祀参与（cultic participation）的维度之一，在福音派救赎论的启发下，强化了巴特主义救赎论的"刑责替代"维度。

本章接下来会采取以葛富恩、毕尔（G. K. Beale）等当代福音派学者为代表的霍志恒学派立场，与杭星格教授展开对话。双方都主张，救赎的庭审（forensic）维度乃是以祭祀参与（participatory）或奥秘联合（mystical union）的维度为前提与基础，而基督替代救赎的刑法维度终极而言乃是源于上帝不改变的恩慈及圣洁。尽管二十世纪福音派有一种趋势，将基督救赎

---

17. *CD* IV/1, 253.

之工整体约化为刑责替代，并且视刑责替代为救赎之工最根本而首要的定义，但至少霍志恒学派以及巴刻等重视十六、十七世纪古典新教教义的神学家，并不是如此。

我会举欧文为例，并诉诸《多特信经》，显示说"刑责替代"在认信改革宗神学当中并非一个独立的教义，也不是救赎论的根本。至少在多特传统当中，"刑责替代"仅仅是基督为选民之罪献上满足或弥补之祭（satisfaction）的庭审维度，而基督的弥补之工乃是根植于上帝不改变的本质及属性，包括上帝的恩慈与圣洁。这就意味，刑责替代在上帝工作的目的因上并非首要的，在有效因上也不是终极的。基督替选民受刑罚，目的是除去选民的罪（expiation; removal of sin），将选民从堕落的景况中拯救出来，并且使选民在基督里成为圣洁。再者，基督替选民受刑罚所达到的效果仅仅是负面的：信徒仅仅因基督所受的刑罚而免去刑责，而除了"不再定罪"（罗 8:1）之外，基督里的一切丰盛，包括基督的义、圣洁的生命、君尊祭司的样式、儿女的名分及荣耀，也都要因基督的献祭而"白白赐给我们"（罗 8:32）。

杭星格教授关于"恩慈替代"的提议，对于福音派来说确实是很好的提醒：他正确地指出了过度强调"刑责替代"的误区。然而，我认为透过霍志恒学派回归十六、十七世纪的新教神学传统，能够帮助我们对基督救赎之工建立更整全的理解。毕竟巴特与杭星格教授不论再怎么天赋异禀，也不可能与教义传统的雄厚底蕴相提并论——这其实也是杭星格教授与巴特自己不断用来自我提醒并进行自我修正的根本信念。

诚然，教会传统对杭星格教授而言，是神学家在解经的时候最重要的依据。他在《〈腓利比书〉注释》的序言当中开宗明义提出，这部著作从头到尾都是"教会释经学的实操"（an exercise in ecclesial hermeneutics）。[18] 杭星格教授诉诸他恩师弗莱的晚期思想，将圣经"字义含意"（literal sense）的主要内涵视为其"群体含意"（communal sense），"亦即信仰群体如何呈现该文本"。[19] 然而杭星格认为弗莱等耶鲁神学家对圣经权威的论述过于薄弱，而杭星格教授在强化后自由派关于圣经权威的论述时，比弗莱更进一步提出，圣经正典的"群体含意"并非一套较为模糊、依附于信仰群体故事，却不具强烈规范性的教义命题。如本书前一章所言，杭星格教授认为，福音派的"命题启示"观点对后自由派来说是重要的提醒，而他也认为，凯波尔、巴文克等新加尔文主义神学家在这方面远远胜过林德贝克，甚至也比弗莱的论述更加完善。杭星格主张，圣经的"群体含意"乃是由"分裂前的教会由大公会议所界定的"，特别是"尼西亚、君士坦丁堡、以弗所、迦克墩"所制定的信仰告白。[20] 当然，"群体含意"（*sensus communalis*）并不局限于"大公会议含意"（*sensus conciliorum*），它也包括所有在信经正统的规范内对圣经进行诠释及反思的神学论述，亦即大公教会的传

---

18. George Hunsinger, *Brazos Theological Commentary on the Bible: Philippians* (Grand Rapids: Brazos, 2020), xvii.

19. Ibid., xviii.

20. Ibid.

统。因此在《〈腓利比书〉注释》当中，杭星格教授多方与古代至当代的神学家进行深入互动。

杭星格教授对圣经"群体含意"的重视，体现在注释书所采取的两大释经模式。首先，杭星格承袭了弗莱的观点，坚持圣经叙事的一致性（unity），认为"现实叙事（realistic narrative）、字义含意、预表诠释（typological interpretation）"三者在圣经文本当中"始终紧密交织"。[21] 这意思是，新约作者以及教会群体以基督为中心来诠释旧约为基督的预表，造就了圣经正典在现实叙事以及字义含意上严谨的一致性。杭星格进一步发展了弗莱的释经学观点，提出说"预表诠释"的"逆向解读"不仅是"从新约到旧约，也包括从大公会议到正典文本"，而这繁复的"诠释反馈循环"（hermeneutical feedback loop）就构成了圣经的"群体含意"（*sensus communalis*）。[22]

其次，杭星格将"奇妙交易"（*admirabile commercium*）这新教教义当成释经学的最高规范原则。[23] 这是路德神学的核心思想，由加尔文承袭，在改革宗正统的圣约神学当中也具有主

---

21. Ibid.

22. Ibid.

23. 在汉语语境当中，有些读者不喜欢将 *commercium* 翻译成"交易"，因为在"士农工商"的阶级意识底下，这样的商业用语会让人想到追逐利益的商人。文艺复兴时期，人们提及商人，也确实有"唯利是图"的联想，特别是意大利城邦那些统治阶级的商人家族。然而新教改革改变了人们对商业行为的刻板印象：商业交易的前提是契约精神，而商人的天职是服务社会，其诚信精神以及乐善好施的形象广受百姓尊敬。新教社会当中这种商人形象，充分体现于莎剧《威尼斯商人》（*The Merchant of Venice*）主角安东尼奥，尽管剧本以意大利城邦为背景。路德在旧教社会文化背景下使用商业用语来比喻基督的工作，可谓相当大胆，却也完全符合他关于"信徒皆祭司"以及商职作为"圣职"的教导。到了十七世纪，英伦改革宗神学家甚至用"商业交易"（transaction）这样的词汇来比喻圣父、圣子、圣灵之间的永恒约定。有鉴于此，我认为一些汉译刻意淡化 *commercium* 一词的商业维度，实乃不智之举。

导地位。它的基本内容其实相当简单：信徒因信与基督联合之后，凡是属于基督的，都归于在祂里面的人，而凡是属于信徒的，也都归于基督。如是，信徒的罪就传递给了基督，而基督的义归算给了信徒，同时祂的生命、祂的圣洁、祂儿子的名分、祂复活所得着的荣耀等，也都在救恩的过程当中，或已然或逐渐地赐给信徒（参林后 5:19–21）。杭星格主张，这"交易的模式"（pattern of exchange）乃是以"与基督联合"为基础，以预表的方式"根植于"旧约的祭祀（cultus），以致"基督与罪人的替代同一性（vicarious identity）"在保罗的著述以及其他新约书卷当中，乃是以希伯来律法的祭祀维度为首要，其次才以罗马法用语表达出庭审维度。[24]

　　杭星格的注释在最开始的地方，就强调保罗与提摩太的事工具有"大公会议"（conciliar）的本质，并从圣经文本大公会议含意（conciliar sense）出发，展开讨论保罗笔下"在基督里"（in Christ）一词（腓 1:1）。[25] 杭星格提出，这用语"同时具有'奥秘的'（mystical）以及'终末揭蔽的'（apocalyptic）"内涵。[26] 在奥秘的维度上，"在基督里"是指"与基督的属灵联合（spiritual union with Christ）"，这"同时包括个人与基督的联合，以及基督身体里的成员身份"。[27]

　　此处"奥秘联合"一词乃是借自加尔文，他以《约翰福音》第 15 章葡萄树与枝子的隐喻为核心，讲述信徒联于基督如同

---

24. Hunsinger, *Philippians*, xviii.
25. Ibid., 1–3.
26. Ibid., 3.
27. Ibid.

枝子"嫁接进入"（ingrafted into）葡萄树。[28]信徒与基督的联合之所以被形容为"奥秘"，是因这联合乃是一个实存的现实（reality），而不只是庭审的宣告或法律名义上的契约关系，但这现实却又超越一切可感知的对象，只能用嫁接等隐喻来表达。

杭星格认为，加尔文将重点放在"基督在我们里面"（这样解读加尔文不一定准确），而杭星格则强调，信徒与基督奥秘的联合是"基督住在'我们里面'"以及"我们在'基督里面'"的双向现实。[29]虽然杭星格在书中并没有展开讨论这双向性，但我们若整合书中几处内容就不难发现，他所表达的观点其实就是他在诠释巴特著述时所提出的"客观主义"（objectivism）母题，亦即"在基督里的客观祭祀参与"（objective participation in Christ）。[30]巴特主张，基督借由圣灵住在"我们里面"的实存现实，乃是以我们"在基督里"的本体现实为基础的，亦即"在祂的位格里、在祂的意志里、在祂自己神圣的抉择里、在上帝针对每个人所实践的基本决定里"。[31]

在巴特以及杭星格笔下，"基督里的祭祀参与"（*participatio Christi*）以及"与基督联合"（*union Christi*）乃是同义词；在十六世纪改教家以及后新教改革时期正统著述当中大抵也是如此。杭星格在巴特的启发下提出，"信徒因着恩典在基督里的客观祭祀参与……要等到祂被承认并且借由信心被接纳时才完满

---

28. Ibid., 173.
29. Ibid.
30. 参 George Hunsinger, *How to Read Karl Barth* (Oxford: Oxford University Press, 1991), 35。
31. *CD* II/2, 117.

实现"。[32] 与基督的客观联合是由上帝永恒的拣选所确立的："在基督里的客观祭祀参与在逻辑上先于其主观维度，这观点出自《以弗所书》1:4（时间生成之前在基督里被拣选）以及《哥林多后书》5:14（基督之死作为替代全人类的死亡，是人用信心去承认之前就成立的）。"[33] 这样的论述当然也基本符合古典新教神学。此处似乎杭星格有意不将他对这些经文的诠释局限于巴特主义。

巴特关于"客观祭祀参与"的论述对杭星格的主要影响在于其历史意识的维度（事实上，霍志恒也诉诸德国观念论的有机历史观来发展古典改革宗神学当中尚未深入阐述的概念）。巴特写道："上帝在耶稣基督里所造世界的历史……不能不以祂为中心与目的。"[34] 值得注意的是，巴特笔下大量出现德国观念论的词汇，而杭星格则选择用较传统的教会用语来表达这些概念，尽管他也会与当代神学互动。

杭星格发现，柯林斯（John Collins）对"终末揭蔽文类"（the genre of apocalypse）的定义，能够适切地表述巴特主义对"在基督里"这概念之历史维度的理解。[35] "终末揭蔽"（apocalypse）一词源于希腊文 ἀποκάλυψις，由字首 ἀπό 及动词 καλύπτω 组成，意为"揭开遮蔽"。终末揭蔽文学研究在 1970 年代成为英语圣经研究显学，至今方兴未艾。杭星格引述柯林斯："'终末揭蔽文学'是一种启示文学的文类（a genre of revelatory literature），带有叙事架构，在其中，启示由一名异世

---

32. Hunsinger, *Philippians*, 204.

33. Ibid., 209.

34. *CD* IV/1, 506.

35. Hunsinger, *Philippians*, 173.

的存在（an other-worldly being）透过中介传递给一名人类接收者，揭示一个超越的现实，这现实预见着终末的拯救，且涉及一个超自然的异世界，在此意义上，这现实同时具有时间与空间的性质。"[36]

杭星格如此形容"与基督联合"为"终末揭蔽的"（apocalyptic）现实，是为了强调救恩过程"已然−未然"的张力。基督作为人所有的一切，都已然一次归于祂里面的人而永远有效（once for all），但这恩典同时也是一次次（again and again）地施予他们，在每个人的生命以及救赎历史的进程当中恩上加恩（more and more），直等到祂来。杭星格解释道："'在基督里'的前提是一套终末论（eschatology），在其中，启示从罪恶带出公义、从死亡带来新生、从咒诅带出祝福、从当下的邪恶世代带出新创造，在此意义上，'在基督里'乃是'终末揭蔽的'现实。"[37] 保罗的"揭蔽终末论"（apocalyptic eschatology）在新旧之间的"根本不连贯性中间设定了连贯性"，这终末不连贯性中的连贯性透过老我之死，以"已然而未然"的预象（proleptic）模式呈现于当下那些"不再为自己活"（林后 5:15）的人当中。[38]

换言之，"与基督联合"的启示、揭蔽维度，乃是以救赎为基础以及前提。杭星格在《腓利比书》3:9 的注释中解释道，"因信联于基督是［上帝］指定的救恩媒介"。[39] 这概念同时具

---

36. Ibid.
37. Ibid., 174.
38. Ibid., 174, 213.
39. Ibid., 107.

有客观维度（在我们以外——*extra nos*）以及主观维度（在我们里面——*in nobis*）："客观而言是靠恩典，主观而言是借由信心。"[40] 主观而言，圣灵在我们里面生发信心，以致我们与基督联合的"具体现实"能够在今生成为一种"可能性"。[41]

在这段注释当中论及与基督联合的客观维度时，杭星格参照了《哥林多后书》5:21，采取了一套可追溯至教父时期的诠释，并引述拿先斯的贵格利（Gregory of Nazianzus）："成了肉身的圣子为了我们的缘故被变成了罪之自身（*autoamartia*）。"[42] 杭星格认为，这基本上是一道祭祀性质的命题，同时带有庭审性质的内涵。希伯来祭祀当中"诸如逾越节（Passover）及赎罪日（Yom Kippur）等牺牲献祭的操作"，都是旧约的预表（types），"在祂〔基督〕里面得着满足（林前5:7）"。[43]

《腓利比书》论及"与基督联合"所带来的"奇妙交易"，在著名的"虚己诗"（Kenotic Hymn，腓2:5-11）达到高潮。杭星格用了相当可观的篇幅讨论这段难解的诗歌。这段注释的核心观点反映出杭星格对尼西亚-迦克墩传统的重视：

> 基督耶稣并不将祂荣耀的实存模式（glorious mode of existence）视为不可放弃的。祂可以放弃它，却始终不失为祂所是的一切。诚然，当祂放弃它的时候，祂仍始终一往如前，完满地是祂之所是。祂放弃祂荣耀的实存模

40. Ibid.
41. Ibid., 35.
42. Ibid., 107.
43. Ibid., 78.

式，但袖之为上帝的本质却未曾改变（He relinquishes his glorious mode of existence without ceasing to be God）。袖并不拒绝以自己为代价，无私地为了他人付出。我们可以说，袖自愿经历的改变乃是"实存的"（existential），而非"本体的"（ontological）。袖放弃平时行使并享受袖神性实存模式的权柄，袖之为上帝的本质却未曾改变。[44]

杭星格这段注释暗示着改革宗的核心教理——外分加尔文主义。其他宗派的基督论或许会认为，基督在地上时行神迹，是在行使他的神性、袖作为圣子的权柄，但改革宗坚持，袖乃是按人性，靠着圣灵浇灌在袖身上的能力行神迹。在这意义上，袖在地上并未"行使并享受袖神性实存模式的权柄"。

简言之，上帝成为人，袖之为上帝的本质却未曾改变。"基督成为罪的自身，袖之为义之自身的本质却未曾改变（Christ is made to be Sin itself without ceasing to be Righteousness itself）。"[45] 选民的罪透过道成肉身所实现的客观联合，全然传递给了基督。杭星格认为，保罗笔下关于罪之不归算（non-imputations of sin）以及义之归算（imputation of righteousness）的庭审用语，皆是以祭祀用语所描述的联合为根本。[46]

在"奇妙的交易"这以"与基督联合"为基础的经典教义当中，祭祀维度是庭审维度的根本及前提，而杭星格以这概念

---

44. Hunsinger, *Philippians*, 42–43.
45. Ibid., 108.
46. Ibid., 201.

为基础，发展出"恩慈替代"的救赎论模型，提议用这模型修正或取代古典新教的"刑责替代"理论。他主要针对的是他所谓"拉丁西方过于注重法理道德的思维方式"。[47] 在 T. F. 托伦斯的启发下，杭星格提议用"救赎论的祭祀主题——除罪（血）、替代、祭祀参与、交易，还有最重要的恩慈……——当作解药，化解单一道德主义（mere moralism）乃至单一庭审主义底下之外在关系（the external relations of mere forensicism）的毒素"。[48]

杭星格指责古典新教神学"不当的庭审主义"（undue forensicism），认为这种让救赎的庭审维度凌驾于祭祀维度之上的思维方式，造就了"'刑责替代'这已然造成巨大伤害而令人不悦的词汇"，并主张用"一个解经上更整全的词汇来代替之，例如'牺牲替代'（sacrificial substitution），或是一个更好的词汇，就是此处提议的'恩慈替代'"。[49]

我们在此必须澄清：（一）杭星格完全没有否认救赎的庭审维度，而且（二）他也从未否认基督替代牺牲的受刑性质。"死亡显然在定义上就是一种刑罚。此处重点不在于否认说死亡乃是刑罚，而是要拒斥一个不幸的观点，这种观点认为刑罚是恩慈的先决条件。"[50] 换言之，"对保罗而言，基督里的救赎并非带有恩慈维度的庭审事件，而恰好相反：是一个带有庭审维度的恩慈事件。它首先是'恩慈替代'，其次才具有庭审的要素，而

---

47. Ibid., 186.
48. Ibid., 200.
49. Ibid., 186.
50. Ibid.

不是一个带有次要恩慈要素的'刑责替代'"。[51]

这套救赎理论反映出杭星格对"造物主与受造者之区别"（Creator-creature distinction）以及"上帝不变性"（divine immutability）这两大古典教义的重视。尼西亚会议、君士坦丁堡会议、以弗所会议、迦克墩会议对这两大教理的阐述，对杭星格来说是基督教神学家不可逾越的规范。论及基督的虚己（腓 2:7），杭星格写道："圣子有自由成为肉身，祂之为上帝的本质却不改变：这点已经成立了。圣子本质的神圣属性虽然在这过程当中被隐蔽（或大抵被隐蔽），却没有被放弃。"[52] 论及《腓利比书》2:9（"上帝将他升为至高"），杭星格解释道："正如上帝涉足罪恶与死亡之境而祂之为上帝的本质却未曾改变，现在圣子所取那以耶稣为名的人性在与圣子位格的联合当中，被升高至神性的威严，其之为人的本质却未曾改变。"[53]

杭星格将这套迦克墩基督论应用于基督替代性救赎的"奇妙交易"："自身就是义（*autodikaiosynē*）的那一位，成为罪之自身（*autoamartia*），祂之为义之自身的本质却未曾改变，而在祂里面，不义之人得以从死亡得着拯救。"[54] 在此我们再次看见杭星格对上帝在道成肉身过程中之不变性的重视。

在杭星格看来，之所以"保罗如此强调上帝的恩慈"而非"刑罚"，是因为恩慈乃是上帝不改变的属性，与上帝公义的属性在上帝纯一的存在（simplicity of being）当中是不可分割的，

---

51. Ibid.
52. Ibid., 46.
53. Ibid., 61.
54. Ibid., 210.

而刑罚仅是上帝外在于本体（*ad extra*）的行动，虽出于上帝的公义，却非上帝公义自身，而是公义的上帝为了回应人的罪所采取的决定与行动。[55] "上帝从太初到永久都是恩慈的上帝"：这是上帝不改变的属性，但上帝的刑罚却能够因着基督所献的祭而不再降下。[56]

当杭星格写到上帝"从不是一个报复的圣父（a vengeful Father）"时，他用意并不在于否定上帝刑罚的报复正义（vindicatory justice）性质。[57] 他的意思是，报复正义的刑罚仅仅是上帝外在于本体的行动，虽完美地对应于上帝恩慈又公义的纯一圣洁本质，却并非上帝本质的属性。上帝"不需要借由'平息忿怒'才能变得恩慈。祂自身就是恩慈的。祂只需要在施行恩慈的时候不妥协祂的公义，而这正是祂借由基督替代性的死亡所做到的（罗 3:25-26）"。[58] 在基督替代性的牺牲当中，"上帝不但得以在施行恩慈的时候不从宽对待人的罪，同时也得以在施行公义的时候不妥协祂的恩慈"。[59]

上帝的"恩慈与公义是一体的"，不仅在上帝纯一内在本质当中如此，"在基督救赎的宝血当中"亦然。[60] 正因如此，救赎的恩典必须具备庭审的维度以及刑责的性质。杭星格诉诸巴特的观点，认为上帝对罪的拒斥（No）乃是以对圣约选民的接纳（Yes）为目的，但杭星格似乎为了保持"恩慈替代"理论的大公

---

55. Ibid.,186.
56. Ibid.
57. Ibid.
58. Ibid.
59. Ibid.
60. Ibid., 187.

性，因此并未将这套目的论辩证提升到永恒拣选以及本体论的层面。换言之，读者不需要接受巴特的基督中心拣选论，也能够认同杭星格用这套目的论辩证所建构的救赎论模型。杭星格写道：

> ［上帝的］忿怒乃是祂对罪的必然拒斥（necessary No），这罪使得祂所造的人定意远离祂（罗 1:18）。但上帝并不以祂的拒斥为最终的宣告……祂在本质上乃是恩慈的上帝，而祂对罪的拒斥乃是祂对一切违背祂的爱并阻拦与祂建立团契（koinōnia）之事物的弃绝，这团契就是祂造人造物的目的。[61]

如此以目的论来理解上帝的拒斥及接纳，有助于强化杭星格的救赎观："上帝在基督里的目的……终极而言并非**报复性的**（retributive），而是**拯救复原性的**（restorative）。"[62] 基督替代性的牺牲诚然具有报复的性质，但报复（retribution）并非终极目的，拯救复原（restoration）才是。我们稍后会看到，其实这也是十七世纪改革宗正统论及基督救赎时的目的论立场。

总之，杭星格所反对的刑责替代论是"一种限于庭审性质的模型"。[63] 在保罗所借用的罗马法概念（甚至在许多当代主流法理学体系）当中，庭审正义意义上的刑事处罚（criminal punishment）诚然属于报复正义（retributive justice）的范畴，

---

61. Hunsinger, *Philippians*, 188.
62. Ibid., 191.
63. Ibid., 188.

而非分配正义（distributive justice）。问题是，在一个只有庭审维度的模型当中，债务可以按照分配正义的原则进行归算（imputation），但按照报复正义的原则，罪犯的刑责并不能归算于无罪之人，进而免去罪犯自己的刑责。[64] 因此，保罗借用罗马法用语所建构的救赎论庭审维度，只是一套隐喻、一套类比用语，而它所描述的现实，乃是以祭祀隐喻所描述的联合与交易为基础及前提。

杭星格强调，"处理罪的祭祀模型"在"本质上是恩慈的"，而仅在延伸意义上是"报复性的"（retributory or vindictive）。[65] 由于救赎论的祭祀模型必然带有庭审维度，因此它并不排除"挽回祭"（propitiation）作为除去上帝忿怒的刑责替代性牺牲。"正如'除罪'（expiation）（承担并移除罪孽）与'挽回'（承担并移除忿怒）并不相斥，反而相辅相成，同样地，这两者也都与'施恩座'（mercy seat）（罗 3:25）的祭祀隐喻没有任何不合之处。"[66]

然而在此我们必须强调，杭星格虽然认同"挽回祭"之说，但他却拒斥了主流福音派以"平息忿怒"（appeasement）的概念所阐述的"挽回祭"。[67] 他的担忧在于，"平息忿怒"这样的用语很容易造成一种暗示，让人误以为"祭祀的目的是要透过牺牲的仪式使得上帝'变为'恩慈，或者'平息'祂的忿怒"。[68]

---

64. Ibid., 177.
65. Ibid., 190.
66. Ibid.
67. Ibid.
68. Ibid.

杭星格坚持，上帝的恩慈始终没有改变，因为上帝的属性是永不改变的：上帝不需要透过外在的行动"变为"恩慈。上帝的忿怒是发自祂圣洁公义的属性，是祂面对罪恶时的外在反应。上帝会因人的罪而变得忿怒，也会因公义得到满足而不再忿怒，但上帝的恩慈自始至终不会改变。祂可以选择对一些人施恩、对另一些人施以忿怒，但在祂自身而言，祂的恩慈乃是永不改变的属性。

换言之，杭星格的担忧在于，"平息忿怒"一词可能暗示说上帝的本质在与受造的人建立关系时，添加了一些新的属性（事实上，有些当代福音派神学家明确地提出过这样的主张），又或者上帝并没有任何必然的内在属性作为祂与受造物互动的基础，以致上帝的存在乃是被祂与受造物的关系所定义。后者是十七世纪索西尼派（Socinianism）所采取的路线，拉纳和麦科马克等二十世纪神学家也采取了类似的上帝论观点，而这种观点在当代福音派当中也不算罕见。遵守古典教义规范的主流福音派神学诚然拒斥了这种观点，不接受说上帝的存在是由祂救赎之工所定义，也不承认说上帝的外在之工在祂本质的存在当中添加了任何新的属性，但我们稍后会解释，早在十七世纪，欧文的后期作品就开始显示出类似于杭星格的担忧。欧文认为，有些改革宗神学家过度强调救赎的庭审维度以及刑责替代性质，可能会开出一个缺口，容许索西尼派的谬误进入。

杭星格坚持传统巴特主义（traditionalist Barthianism）的立场（参本书第二、三章）：上帝是"行动中的存在"（being-in-act），而不是"作为行动的存在"（being-as-act）。巴特的实动主义（actualism）并不意味上帝的行动规定祂的本质、拣选规定三一。上帝内在行动（*opera ad intra*）所构成的三一本质以及上帝的内在属性乃是永不改变、不可扬弃的，这是上帝一切外在行动（*opera ad extra*）的基础。杭星格用这套实动主义"诠释保罗的上帝观念"，并解释道"'存在'（being）不可与'行动'切割。上帝的存在与行动在一种'区别中之合一'（unity-in-distincity）的模式上相辅相成。上帝的行动是公义的，因为上帝在祂自身是公义的"。[69] 杭星格此处明确地赞同"加尔文"的教导："上帝是公义的，且诚然不是众多义者之一，而是在祂里面具有完满公义的独一义者。"[70]

此处杭星格与加尔文的共通之处意味深长。它意味着上帝的恩慈与公义从在体（ontic）角度观之诚然纯一而不可分，但从人的纯理（noetic）角度观之，则必须区分上帝的公义与恩慈。上帝的纯一性并不意味着上帝的本质可以被约化为任何一个属性，乃至上帝的公义被溶解于祂的慈爱当中，使得恩慈的上帝以有罪为无罪、宽待罪恶而不施以严惩。"公义与圣洁一样，乃是形容上帝存在的谓语，而不仅仅形容祂的行动。在定义上，上帝的公义可以与祂的恩慈交叠，但不能被约化为祂的恩慈。"[71] 正因如此，"挽回"乃是基督救赎牺牲必备的内涵。

杭星格依照大公传统，将赎罪日（Yom Kippur）诠释为基督的预表（type），进而申论："当罪被承担且移除（除罪），上

---

69. Ibid.
70. Ibid., 191. 引用 Calvin, on Rom. 3:26, in *Calvin's New Testament Commentaries*, 8:77。
71. Hunsinger, *Philippians*, 190.

帝的忿怒也就随之被承担且移除（挽回）。挽回（propitiation）与除罪（expiation）之间不可能有任何冲突。"[72] 这两者是"救赎过程一体的两面"，有不可切割的一体性以及不可磨灭的区别（distinction-in-unity），映现出上帝纯一本质的多样属性（diversity-in-simplicity）。[73]

一言以蔽之，杭星格对古典新教神学刑责替代论的批评在于，他认为（误以为）这种救赎论模型单方面强调了救赎的庭审维度，却未能正视祭祀维度为救赎之工的根本。不论是单方面强调、过度强调救赎的庭审维度，抑或将祭祀与庭审的优先次序本末倒置，都会导致至少两种严重的谬误。其一，基督替代罪人受刑的事件若非以祭祀预表所描述的联合与交易为前提，那么赦罪与称义就等于是毫无现实根据地算无罪者为有罪，这种理论无非将上帝形容为不公不义、是非不分的审判者，并且将上帝的主权与自由跟独裁暴君肆意而为的行径混为一谈。上帝不是独裁者：祂是三一上帝。其二，一旦刑责替代论的救赎模型排除了"除罪"的维度，或是容许"挽回"在目的论以及有效因的优先次序上凌驾于"除罪"，就会造成上帝论的严重谬误。杭星格正确地指出，这种偏激的刑责替代模型无法避免一种结论，亦即上帝的属性在救赎之工的过程当中有所改变或增减，而这显然会妥协上帝的不变性。由此可见，杭星格提出"恩慈替代"的模型，主张视祭祀为救赎的首要维度、庭审为延伸维度，目的在于强调：（一）上帝透过基督替代性牺牲来刑罚

---

72. Ibid., 195.
73. Ibid.

人的罪，并不违背上帝恩慈与公义的本质属性，反而完美地表达了上帝的本质；（二）上帝面对罪人而变得忿怒时，祂恩慈的本质从未改变过，而同样地，祂在赦免罪人的时候，公义的本质也未曾改变过。

三、刑责替代论：当代福音派论述

事实上，杭星格教授对"挽回祭"的用语以及福音派"刑责替代论"的担忧并非空穴来风。在一些较为肤浅、大众化的福音派教导当中，"挽回祭"往往被简单粗暴地约化为"平息忿怒"的概念，这与简单粗暴的"加尔文主义五要点"以及"属灵四律"相辅相成，在福音派教会当中造成了巨大的破坏。在教牧实践上，上帝的慈爱与公义往往在这种过度简化的教义下被错误二分，导致有些教会单方面强调上帝的爱，以"上帝恨恶罪却爱罪人"（God hates the sin but loves the sinner）这样的修辞，将"罪"当成是外在于"罪人"的加害者，并主张无条件接纳所有愿意加入教会的人，甚少要求他们悔改。另一些教会则单方面以"落在忿怒上帝手中的罪人"这样的修辞来恫吓信徒，将悔改与信心混为一谈，甚少以"基督的荣美"（excellencies of Christ）来吸引信徒"渴慕上帝"（desiring God）。[74]

---

74. "渴慕上帝"是约翰·派博（John Piper）教牧事工的核心概念，深受约拿单·爱德华兹（Jonathan Edwards, 1703-1758）启发。"基督的荣美"这修辞贯穿爱德华兹的著作及讲道。然而有些福音派牧者却喜欢单方面、断章取义地效法爱德华兹《落在忿怒上帝手中的罪人》（Sinners in the Hands of an Angry God）这篇讲道，在教牧事工上极尽恫吓信徒之能事。

在神学方面，近年来福音派一再出现"圣子永恒从属"（Eternal Subordination of the Son）、"圣约属性"（covenantal attributes）等理论，从不同方面、出于不同目的，妥协了"上帝不变性"的古典教义。至于反对"上帝不可受感性"（divine impassibility）的种种倡议，更在过去几十年福音派运动当中广受欢迎。这些现象在在显示许多主流福音派系统神学家、新约神学家、护教学家对教义史的忽视及无知。当他们坚持"刑责替代论"以及"挽回祭"为"福音的核心"时，他们往往没有去研究、思考过古典新教神学的救赎论与上帝论之间的有机连结。将救赎论与上帝论的优先次序本末倒置，甚至将神学教义与社会行动的主次关系本末倒置，诚然是当代北美福音派的一大通病。

然而，我们不应以偏概全：至少"圣子永恒从属"这样的谬论在福音派当中只是少数人的意见；提出"圣约属性"的费城威斯敏斯特神学院教授也被院方勒令修正自己的观点，而他提出这套谬论的书籍也已被院方买断下架。我们可以很确定地说，古典上帝论在福音派神学当中仍是主流，仍具有相当程度的规范性，而至少坚持古典改革宗教理的当代神学家，仍旧是当代福音派神学的中流砥柱。他们的神学思想造就了近二十年席卷福音派的"基督中心"（Christ-centred）运动，包括凯勒（Timothy Keller）、柴培尔（Bryan Chapell）等人提倡的"基督中心讲道"（Christ-centred preaching）、"基督中心教会"（Christ-centred churches）、"基督中心敬拜"（Christ-centred worship）。这运动的支持者有时在教牧实践方面会偏离"基督中心"的神学原则，有时在"基督中心讲道"当中所采用的解经相当牵强附会、不够尊重文本，但这主要是个别实践者的问题，而不是背后教义理论模型以及释经学原则的问题。

总之，福音派"基督中心"运动背后神学思想的核心，就是古典改革宗认信神学"与基督联合"（union with Christ）的概念，在近代英语福音派神学主要由旧普林斯顿大师霍志恒发扬光大。上帝论、创造论、基督论、救赎论、救恩论、教会论、终末论，全都密集地汇聚于这核心概念。这样一套有机的神学体系排除了那种单方面强调"刑责替代"而难免肤浅粗暴的神学思想，正视"联合"维度为"庭审"维度的基础。

当代霍志恒学派当中，深深影响福音派"基督中心"运动的著作之一，是葛富恩的《凭信心不凭眼见》（*By Faith, Not by Sight*）。[75] 我 2008-2009 年在普林斯顿求学时，杭星格教授在网上读到一段葛富恩教授阐述"与基督联合"的文字，如获至宝，第二天兴奋地在课堂上逐字朗读，深表赞同。

葛富恩与杭星格对福音派救赎论及救恩论的担忧十分相似。葛富恩批评一种神学"倾向"，就是"在讨论称义的时候，忽略称义乃是与基督联合的彰显、称义如何彰显信徒与基督的联合——亦即切割祭祀参与及法理庭审（the participatory and the forensic）、联合与称义（union and justification）的倾向"。[76] 葛富恩强调，"庭审与转化（the transformative）的维度、称义与

---

75. 中译本可参考葛富恩：《凭信心不凭眼见》，翁洋、彭彦华译，台北：改革宗出版社，2019 年。

76. Richard Gaffin, *By Faith, Not by Sight: Paul and the Order of Salvation* (Phillipsburg: P&R, 2013), 124.

成圣，皆是关系的（the relational）维度附属效用或彰显。更具体地说，二者皆是与基督联合的彰显或维度。"[77]

在保罗笔下，要解决上述罪作为刑责全然关系性的责任（fully relational liability of sin as guilt），救恩当中关系与法理的关注（relational and legal concerns）、祭祀参与和法理庭审的维度乃是相辅相成的。祭祀参与或关系的维度涉及一个不可外分的法理、庭审维度，而庭审的维度并不在祭祀参与的维度外运作，却总是在祭祀参与的维度之内运作。[78]

葛富恩此处的修辞相当明白地表示，法理庭审以及祭祀参与的维度在优先次序上有别：庭审的维度依附于奥秘联合的维度，并且在奥秘联合的维度之内运作。

"与基督联合"同时涉及基督"在我们里面"（in nobis）以及我们"在基督里"（in Christo）的双重现实。基督在我们以外（extra nos）客观实现的救赎（redemption accomplished）决定信徒在祂里面的身份，而这为基督借由圣灵的运行在信徒里面所施行的恩典（redemption applied）提供了基础。"基督之'在我们里面（in us）'始终也是基督之'为我们'（for us）。在祂与我们的联合当中，基督的重要性同时具有决定性的庭审性质，以及大能的转化性质。"[79]

---

77. Ibid., 46.
78. Ibid.
79. Ibid.

基督"在我们里面"所带来的更新，将我们转化为我们已然"在祂里面"之所是的样式，亦即信徒在称义的庭审宣告中所获得的新身份。"成为你**在基督里**之所是（Become what you are *in Christ*）"：这是葛富恩从《加拉太书》5:25、《以弗所书》5:8 等经文所总结出的信息。[80] 他注意到，保罗交替使用肯定语气（indicative）以及祈使语气（imperative）来论述"与基督联合"：一方面，信徒已然穿戴基督（肯定语气），如《加拉太书》3:27 所示，但另一方面，保罗也在《罗马书》13:14 等经文当中吩咐信徒要穿戴基督（祈使语气）。[81]

在此我们看见，杭星格在"与基督联合"的客观及主观面之间所作出的区分，亦即本体（我们在基督里已然之所是）以及实存（我们仍有待成为的样式）的维度，对于当代福音派神学来说其实并不陌生。他用以批评"单一庭审主义"（mere forensicism）的基本思路，在葛富恩以及其他霍志恒学派的保罗读者中间，早已有了一套源自十六、十七世纪的博大传统。

如稍早所述，杭星格指出，死亡在定义上就是对罪的刑罚，这观点无疑承袭自教父、中世纪乃至宗教改革的古典教义，因此葛富恩会提出同样的观点，丝毫不令人诧异："在保罗看来，人类的死亡就其全部的维度而言，皆具有刑责的（penal）性质，并且在本质上就是刑罚（essentially punitive）。"[82] 葛富恩解

---

80. Ibid., 79.
81. Ibid.
82. Ibid., 37–38.

释道，他所谓"其全部的维度（all its dimension）"，是要表达说死亡全然是"人类之罪的后果"。[83]

"既然死亡对信徒而言具有不可外分的刑责性质（'因着罪'），那么死亡之移除（removal）——作为在称义当中已然实现的判决反转的法理结果——就不是一蹴而就的成果，而是通过两个步骤展开，一方面已然实现，另一方面仍待实现。"[84] 如此，救赎的完成式与未来式，不外乎一套建基于信徒联于基督之主观面及客观面的庭审程序，而这客观面乃是由基督十字架的代赎之工所成就的。

当然，葛富恩这部著作乃是聚焦于称义与成圣在保罗神学中的关系，他的重点在于救恩论（救赎之施行，redemption applied），而非救赎论（救赎之成就，redemption accomplished）。全书只有一处提及挽回性或替刑性的救赎，在这里葛富恩写道，保罗说信徒"在基督里"，意思是基督"作为他们的代表（representative）"，"以替代者的身份"受刑，因而"挽回了（propitiating）他们的罪所当受的义怒（例：罗 3:25–26）"。[85]

葛富恩采取了英文标准版（ESV）的翻译，将《罗马书》3:25 的 ἱλαστήριον（hilastērion）译为"挽回祭"（propitiation），但他同时也澄清，"挽回"这概念所表达的替刑救赎维度，乃是基督在祭祀联合的维度上担任信徒代表所成就的果效，而不单是法律名义上的代表。他在这段论述的脚注中解释："视基

---

83. Ibid., 126n29.
84. Ibid., 101.
85. Ibid., 41.

督为代表，特别是仅仅将祂当成榜样，却不同时视祂为替代者（substitute），严重地扭曲了保罗的观点。"[86] 在脚注之后的正文当中，葛富恩随即开始解释基督代表性（representative）以及替代性（substitutionary）的牺牲："在这意义上，'为了我们'（for us）以及'为我们的罪'（for our sins）的用语乃是对应于'在祂里面'（in him）以及'与祂一同'（with him），二者之间密不可分；前者单单在后者所揭示的联结当中运行。"[87]

如果说葛富恩教授采取了英文标准版的翻译，将 *hilastērion* 理解为表达救赎之刑责替代维度的概念，那么同属霍志恒学派的毕尔教授（G. K. Beale）所采取的翻译，就更加凸显这学派与杭星格教授的共通之处了。毕尔在救赎历史的视野下阐述《罗马书》3:25，与杭星格在赎罪日（Yom Kippur）的预表诠释下阐述"挽回""除罪""施恩座"的模式非常相似。毕尔写道：

> 在过去一个世纪当中，*hilastērion* 一词的含义备受争议。有些人想要把它当成涉及"挽回祭"（propitiation）的概念：借由一名替代者承受刑罚而赦免罪刑（例：钦定版、新美国标准版圣经、英文标准版、霍尔曼基督教标准圣经）。另有些人则偏向"除罪"（expiation）的概念：借由基督之死赦免或移除罪，却不涉及刑责替代的概念，同

---

86. Ibid., 126n33.
87. Ibid., 41.

时也不解释罪如何被移除（例：修订标准版）……我认为
最好的翻译是"施恩座"（mercy seat）（不是作为一个形容
词，而是一个中性单数宾格名词），指涉约柜的金盖子……
hilastērion 的背景必定源自"律法与先知"之内，而不是
源自这词汇的异教用法，也就是对诸神献上祭品来平息他
们的忿怒（或是赢得他们的偏爱）。大祭司在每年的赎罪日
（Day of Atonement）将血洒在施恩座上。[88]

　　我们在此看见，对毕尔而言，《罗马书》3:25 *hilastērion* 一
词所表达的救赎，乃是一个带有庭审维度的祭祀概念，而不是
一个带有祭祀维度的庭审概念。在这点上，毕尔与杭星格是一
致的。他们都反对单一的庭审主义，强调救赎之祭祀参与维度
的首要地位。毕尔坚持，"施恩座"一词所表达的救赎，同时涉
及罪的移除（除罪）以及刑责的替代（挽回）。除罪与挽回、罪
之移除与忿怒之平息、罪责之赦免与刑责之替代，乃是相辅相
成的，倘若在其间厚此薄彼或是忽略任何一者，都会扭曲保罗
用赎罪日的预表释经来阐述基督救赎之工的意涵。

四、古典改革宗救赎论：以约翰·欧文为例

　　如稍早所述，杭星格教授提出"恩慈替代"模型的用意之
一，在于确认我们在讨论基督救赎之工的时候，不会妥协迦克
墩基督论背后"上帝不变性"（divine immutability）的原则。"恩

88. G. K. Beal, *A New Testament Biblical Theology: The Unfolding of the Old Testament in the New* (Grand Rapids: Baker, 2011), 584–585.

慈"并非上帝透过基督的牺牲所获得的新属性。赎罪日的施恩座所预表的救赎，完美地对应于并彰显上帝在纯一本质当中从不改变的恩慈与公义。

我们已经指出，福音派的刑责替代论并非全都是杭星格教授所说的"单一庭审主义"（mere forensicism）。至少霍志恒学派作为福音派中流砥柱之一，始终重视新旧约的救赎在救赎历史或圣约历史解经视域下的预表连续性，并且以祭祀参与（participation）为救赎的根本维度。

事实上，杭星格教授对福音派神学的古典传承也有所误解：他认为古典新教神学整体而言都有严重的单一庭审主义倾向。这种误解也并非完全没有依据。确实，在古典新教神学当中，有一些路线受到中世纪唯名论影响，过于偏重救赎的庭审维度。路德宗称义论的唯名论倾向在十六世纪经常遭天主教诟病，也在路德宗内部遭到欧西安德（Andreas Osiander, 1498-1552）等具有神秘主义实名论（mystical realism）背景的神学家强烈批评。梅兰希顿（Philip Melanchton, 1497-1560）受人文主义教育的熏陶，深谙法学原理，试图在路德宗内部以较为温和的方式修正这种唯名论倾向，却被路德宗同侪指控为"加密加尔文主义者"（crypto-Calvinist），意思是他披着路德宗的外衣，传扬加尔文的思想。

加尔文的立场与路德基本一致，他为路德的称义论（doctrine of justification）辩护，并且用了许多篇幅驳斥欧西安德的提议，但加尔文也发现，欧西安德的批评并非全无道理：路德所发展的救赎论以及称义论，乃至加尔文那一代的主流新教思想，确实在唯名论影响下过于偏重救赎与称义的庭审维度，忽略了祭祀维度。比加尔文年长一轮的改革宗神学家穆斯鸠鲁斯（Wolfgang Musculus, 1497–1563），就体现出明显的唯名论及唯意志论（voluntarism）倾向。本章稍早提及加尔文著名的"奥秘联合"（mystical union）之说，其实与欧西安德的神秘主义思想有些共鸣的地方，加尔文以这祭祀维度来补足唯名论在早期新教神学称义论所造成的缺失。

然而在救赎论方面，加尔文却仍有较明显的唯名论、唯意志论倾向：他认为，就算圣子没有成为人并且替选民受上帝的刑罚，上帝仍旧能够凭借一道旨意，直接赦免人的罪，因为人有罪或无罪、是否应当受刑罚，都是上帝说了算。加尔文写道："若有人问及道成肉身的必要性何在，答案是并无任何简单或绝对的必要性。反之，这必要性源自一道属天的旨意，人的救赎就取决于这旨意。"（《基督教要义》2.12.1）我们稍后会看到，多特会议拒斥了加尔文关于救赎必要性的立场。后期改革宗认信正统的立场是：基督献上自己为祭，为了人的罪满足上帝的公义，是罪人得赦免的唯一可能；上帝若要拯救罪人又不违背自己的圣洁，那么唯一的方法就是基督里的救赎。

杭星格教授非常熟稔十六世纪宗教改革神学的发展，但他对十七世纪改革宗正统的研究并不多，因此他断定说古典新教神学一直都没有修正那种"上帝说了算"的庭审主义。他在很大程度上其实是透过二十世纪福音派的论述来解读古典新教神学，因为他认为福音派忠实地传承了古典新教的教义（如先前所见）。

事实上，约翰·欧文等一众十七世纪改革宗神学，已经对杭星格所谓"单一庭审主义"背后那种"上帝说了算"的神学提出修正。欧文的早期神学也有这样的倾向，但他在1753年公开驳斥了他早年借自加尔文的立场，坚持基督的救赎是上帝拯救罪人同时又不违背或改变自己本质的唯一方式。欧文后期的论述让他完全与多特传统的救赎论接轨，这套论述显示，在古典改革宗认信传统当中，刑责替代只是救赎的必要维度，却不是首要维度，而刑责替代乃是以祭祀参与为前提与基础。

《基督之死里的死亡之死》（*The Death of Death in the Death of Christ*, 1647）与《论上帝之正义》（*A Dissertation on Divine Justice*, 1653）是欧文最知名的两部救赎论著作。《死亡之死》旨在阐明，基督的牺牲单单是为选民预备的：祂的牺牲足以拯救全人类，却只对上帝的选民有效。这是十七世纪英伦改革宗承袭自《多特信经》的教理。在这部著作当中，欧文整体的论证有一个前提：上帝拣选与弃绝的双重旨意乃是为了用报复正义（vindicatory justice）来彰显上帝的荣耀，而这就意味基督的救赎必须具有刑责替代的性质。

欧文在1647年尚未思考过的重要问题是：基督救赎性的牺牲是否以上帝的本质属性为基础？换言之：上帝是否可能选择在基督救赎性的牺牲以外赦免人的刑责，以致容许罪责不受刑罚？在《死亡之死》当中，欧文的回答是肯定的。他认为，由于上帝是自由的上帝，有完全的主权，因此罪责是否必须受到相应的刑罚，完全由上帝说了算："一旦有了上帝……借由报复正义……彰显祂荣耀的旨意为前提，那么其他的［赦罪］方式就不可能成立了……但如果要正面地声称祂绝对地、在祂的定旨之前不能［以其他方式］赦免人的罪，那么这对我来说只是一个不成文的传统，没有任何圣经根据。"[89]

欧文在这部 1647 年的作品当中诉诸加尔文的教导，主张上帝在基督的牺牲里所彰显的恩慈与公义仅仅是上帝永恒**意志**的行动，而不是上帝永恒**本性**之动情："让我们思考什么是上帝永恒的爱。它是否是祂永恒本性之内的动情（affections in his eternal nature），就像我们本性里面的爱那样？这样去构思［上帝的爱］无疑是亵渎。在祂纯粹而圣洁的本性当中没有任何改变或转动的影儿，这本性也因此不会受到这类感受（passion）的影响；如此，上帝的爱就必须是上帝意志的永恒行动（an eternal act of his will），且单单如此。"[90]

这段话有两处细节值得注意。第一，欧文声称上帝借由基督的救赎所彰显的永恒之爱"单单"属乎上帝的意志。若是如此，那么上帝意志之爱的外在行动（*opera ad extra*）与上帝本质之爱的关系何在？欧文在这部著作当中并未回答这问题。

第二，欧文否认说上帝在基督里所彰显的爱乃是上帝"永恒本性**之内**（in）的动情"，但他并未说明，这爱是否是**属乎**（of）上帝永恒本质的动情。这是个关键的问题，因为在西方古典神学的传统当中，上帝"不可受感性"（impassibility）的教义并未排除关于上帝"动情"的言说。以奥古斯丁为例，他区分"动情"（*adfectiones*）以及"感受"（*passiones*）。"感受"是被动

---

89. John Owen, "The Death of Death in the Death of Christ," in *Works*, 10:423.
90. Owen, *Works*, 10:275.

的情感，包括烦扰（*perturbationes*）、肉欲（*libido*）等。上帝的不变性（immutability）意味，上帝不能够被外在的因素所改变，因此上帝的本质里面不能够有被动的感受。然而"不可受感"的教义从来就不是莫尔特曼以及一众二十世纪神学家（包括一些福音派知名学者）所理解的那样，将上帝视为冷漠无情的不动者。

上帝就是爱：在祂的三一本质里面有彼此相爱的无尽行动，因此祂可以爱祂之外的对象，却始终不改变自己内在之为爱的永恒必然本质。上帝的爱是一种主动的"动情"，而不是被动的"感受"。这爱在上帝内在本质里是永恒不变的行动。当上帝以自由的决定爱祂的选民时，上帝选择差圣子的位格进入受苦的深渊，虽然圣子乃是按人性受死，但经历死亡的却是圣子不可分割的位格。十字架就是上帝"动情"的最深表现，在十字架上，祂始终是不能受感的上帝，却因动情而感受了最深刻的痛苦。

当然，古典西方神学正统在一定的规范内允许神学家对"不可受感"提出不同的阐述，例如奥古斯丁与托马斯·阿奎纳的理解就采取了不太一样的进路。[91] 欧文在 1647 年的著作当中，似乎承认上帝永恒本质以内（in）的爱是一种动情，但他否认上帝在基督里的爱是上帝永恒本质内的动情，也没有说明基督里的爱是否属于（of）上帝本质之爱的外在动情，甚至主张说

---

91. 见 Anastasia Scrutton, "Emotions in Augustine of Hippo and Thomas Aquinas: A Way Forward for the Impassibility Debate?" *International Journal of Systematic Theology* 7 (2005):169–177。

基督里的爱"单单"属乎上帝的"意志"。这样一来，上帝的存在与行动、本质与意志之间，就产生了一道可观的鸿沟。这也就使得欧文在早期著述中采取了一种倾向于唯名论、唯意志论、"上帝说了算"的神学路线。

然而到了 1653 年，欧文透过他与索西尼派的辩论，深刻反思了关于上帝本质与意志之间的关系。他发表了《论上帝之正义》来驳斥索西尼异端的谬误，"在罪之实存的前提下，探讨并论辩上帝的报复正义（vindicatory justice），以及其施行之必然性"。[92] 在这问题上，欧文提出了明确声明，不再跟随加尔文那种"上帝说了算"的神学路线，同时也拒斥了几位早期改革宗神学家的唯意志论倾向，包括穆斯鸠鲁斯、霍志恒本家祖宗霍修斯（Gerardus Vossius, né Gerrit Janszoon Vos, 1577-1649），以及威斯敏斯特会议（Westminster Assembly）议长（Prolocutor）特威瑟（William Twisse, 1578-1646）。[93]

欧文一改先前立场，明确地表示他不再认为救赎之工单单出自上帝意旨之行使："刑罚正义（punitive justice）属乎上帝本性，在面对罪的时候，必然施行于对这正义的僭越。"[94] 欧文也强调，救赎之工乃是**属乎**（of）上帝本质的动情："上帝不能不恨恶罪，也不能不刑罚罪；因为就上帝的动情之因（affection）而言，恨恶罪就意味定意刑罚它（to will to punish it），而就果效（effect）而言，就意味刑罚自身（the punishment

---

92. John Owen, "A Dissertation on Divine Justice," in *Works*, 10:486.

93. Owen, *Works*, 10:488.

94. Owen, *Works*, 10:550.

itself）。上帝不能不定意刑罚罪，而这就等于罪受刑罚的必然性；因为祂既不能不定意刑罚罪，也就不能不刑罚它。"[95]

更简要地表达之："上帝的圣洁属乎本性；如此，上帝这本质而必然的属性就令罪人必须受到刑罚。"[96] 如杭星格所言，救赎必然涉及刑罚的维度，因为上帝不变的圣洁不允许从宽对待人的罪：上帝外在的行动并非任意而为，而是完美地发自祂内在的本质。

现在的问题是：欧文在《论上帝的正义》中的重点在于申论上帝的刑罚正义，因此他在这部著作当中所侧重的是救赎的替刑维度，但这是否会导致他忽略爱与恩慈作为上帝的本质属性呢？再者，欧文如此强调上帝的刑罚正义，是否暗示说他把救赎的庭审维度看为比祭祀更加基础的维度呢？

首先，我们必须明白，《论上帝的正义》有特定的写作背景与目的，是要对"索西尼主义之毒"提供解方。[97] 伯克富（Louis Berkhof）简明扼要地帮助我们明白索西尼派的观点："一般称之为'正义'并与'恩慈'对立的概念，并非上帝内在的属性，而仅仅是上帝意志的果效（effect）。对立于上帝'正义'的'恩慈'亦是如此。它并非上帝内在的性质（internal quality），而仅仅是上帝的自由选择所产生的果效。"[98] 根据这样的观点，上帝在基督救赎之工当中选择了恩慈，而没有选择与恩慈对立

---

95. Owen, *Works*, 10:550.

96. Owen, *Works*, 10:569.

97. Owen, *Works*, 10:488.

98. Louis Berkhof, *The History of Christian Doctrines* (Edinburgh: Banner of Truth, 1969), 184.

的正义。欧文在《论上帝的正义》中强调刑罚正义出自上帝本性，这用意在于驳斥索西尼派的观点，指出"恩慈"与"正义"皆属乎上帝的本质，二者并非对立的概念，而上帝在救赎之工当中并未违背祂的正义以成就祂的恩慈。换言之，上帝从未因救赎之工而"变得"恩慈：祂始终是公义与慈爱的上帝，而祂的公义与慈爱在祂外在之工当中始终相辅相成。

其次，欧文主张刑责替代乃是上帝本质属性的外在彰显时，他强调上帝的意志与行动皆完全发自上帝不变的本性。倘若上帝选择刑罚"不认识罪"的基督（林后 5:21），那么这选择万不能被当成以庭审意义为首要维度的选择，因为刑罚无辜之人与不刑罚有罪之人，同样地违背上帝不变的圣洁本性。

因此欧文在《论上帝的正义》中毫不含糊地指出，基督替代罪人受刑的救赎之工，乃是以杭星格以及葛富恩笔下的"祭祀参与"所带来的"奇妙交易"为基础。欧文引用《哥林多后书》5:21，指出基督成为上帝至高公义的庭审面前当受刑罚的人，是出于"罪责从我们到基督的传递（translation of guilt from us upon Christ），使祂为我们成为罪（constituting him sin for us）"。[99] 欧文以意译引用《哥林多后书》5:21 以及《以赛亚书》53:5-6，强调："基督并非作为（as）上帝至为圣洁的圣子受上帝的刑罚，而是作为我们的圣约中保（mediator）及保证人（surety），就是'虽然不认识罪却替我们成为罪'的那一位。诚然，在'我们因祂受的刑罚得平安'之前，上帝先'将

---

99. Owen, *Works*, 10:566.

我们的罪孽都归在祂身上'。"[100]

当然，欧文此处并非以涅斯多流主义（Nestorianism）的方式将基督的神人二性分为两个主体，进而否认圣子的位格亲自在十字架上受死。他到1653年已然全面接受了《多特信经》的救赎论，因此他不可能否认第二条教义第3款所认信的内容："上帝圣子之死是为罪献上的独一且至完美之牺牲与弥补"（the death of the Son of God is the only and most perfect sacrifice and satisfaction for sin）。欧文的用语相当精确：他用的是"作为"（as）一词。简言之，死在十字架上的**是**上帝（he who died at the cross *is* God），但祂并非**作为**上帝受死（he did not die *as* God）。

再者，当欧文说"基督并非作为（as）上帝至为圣洁的圣子受上帝的刑罚"时，他预设了"非肉身之道"（*Logos asarkos*）以及"肉身内之道"（*Logos ensarkos*）的区别。欧文在知名的基督论巨著当中指出，"基督的位格是上帝一切旨意的基础"。[101] 圣子在永恒中与圣父立约，成为必成肉身之道（*Logos incarnandus*），而"有鉴于祂将来的道成肉身以及中保之工"，圣经告诉我们基督是"上帝道路的太初之始……自太初就在永恒中被设立，也就是在还没有大地以先"。[102] 按照圣父与圣子永恒之约的"设计"（design），"万物从一开始就是借着祂（必成肉身之道）造的。但有鉴于罪在将来对万物的毁坏，上帝

---

100. Owen, *Works*, 10:554.
101. John Owen, "A Declaration of the Glorious Mystery of the Person of Christ," in *Works*, 1:54.
102. Owen, *Works*, 1:62.

就在祂里面并借着祂——因祂被预定成为肉身——使万物复原（restore all things）"。[103]

刑责替代对欧文来说只是复原（restoration）之工的一个维度及环节——这其实也是杭星格的观点。我们稍早看到，杭星格主张，救赎之工的终极目的是万物复原，借用范泰尔与巴特通信时所采用的说法："不是奥利金的万物复原，而是圣经的万物复原。"[104] 庭审刑罚仅是达到这目的的途径。事实上，早在1947 年的《死亡之死》当中，欧文就已经明确表示，救赎的庭审内涵，乃是在更基本的祭祀背景下成就的，而这立场在欧文晚期神学当中只会愈发得到强化：

诚然，基督以功劳洗净我们罪孽的工作（meritorious purging of our sins），乃是特定地被归纳于祂在升天前的献祭：《希伯来书》1:3，"他洗净了人的罪，就坐在高天至大者的右边"；还有至为明确的表述，9:26，"他已一次显现，牺牲自己为祭，好除掉罪"：此处论及的除罪（expiation），亦即借由牺牲除掉罪，必须真实地使祂为之牺牲的人们成为圣洁，正如 13 节所言，"公牛和山羊的血，并母牛犊的灰，洒在不洁的人身上，尚且叫人成圣，肉身洁净"。毫无疑问，任何被污染或有罪责的人，若得以在那些肉身形式的仪式中享有除罪祭及牲祭，亦即"将来美事的影儿"，那

---

103. Owen, *Works*, 1:62.

104. Cornelius Van Til, *Cornelius Van Til Papers*, Montgomery Library, Westminster Theological Seminary, Philadelphia.

么他们就诚然拥有以下一切：第一，律法上的洁净与成圣，以洁净肉身；第二，从刑罚获释的自由，亦即因违背律法所当得的刑罚，而这律法是上帝与祂百姓互动的规则：如此前来献祭的人所献的祭被接纳，为他成就了这一切。这些事物仅仅是"将来美事的影儿"，而如今基督的牺牲诚然为所有祂为之献祭之人在属灵形式上成就了过去肉身形式所能预表的一切，亦即成圣之工（sanctification）所成就的属灵洁净，以及获释于罪孽刑责的自由：以上列举的经文皆是明确的证据。[105]

显然，欧文的救赎论绝非杭星格所谓的"单一庭审主义"。在欧文笔下，"刑责替代"只是救赎的维度之一；欧文的救赎论不能被约化为刑责替代论。罪孽的移除（除罪，expiation）以及刑责的免除（挽回，propitiation）相辅相成，二者皆以基督与信徒之间的奇妙交易（*admirabile commercium*）为基础，亦即《哥林多后书》5:21所阐述的交易。欧文显然没有诉诸罗马法的分配正义原则来理解这交易，因为他知道在新约圣经当中，罪的不归算（non-imputation of sin）以及义的归算（imputation of righteousness）所表达的实质，乃是借由祭祀参与（cultic participation）所成就的罪责传递（translation of guilt）以及成圣之工（sanctification）。这不是指救恩论的主观成圣，而是救赎论的客观成圣。杭星格认为古典新教神学缺乏关于罪之移除

---

105. Owen, *Works*, 10:212. 经文中译依照欧文采取的英译，并参考和合本。

（removal of sin）的论述，这观点显然并不成立，因为欧文作为十七世纪中叶英伦改革宗神学最重要的代表之一，表达的乃是一整个多特传统的立场（欧文对多特的接纳比他对《威斯敏斯特信仰告白》的接纳更加全面）。

五、结　语

当然，如稍早所言，杭星格教授对"单一庭审主义"（mere forensicism）的担忧并非空穴来风。二十世纪至当代的英美福音派神学，的确时常出现将救赎约化为刑责替代的倾向。我们也看到，这种倾向对古典新教神学也并不陌生。虽然加尔文非常重视"奥秘联合"，强调救赎的祭祀参与维度，但他有时也会用一种"上帝是审判长、上帝说了算"的思维来处理一些关于救赎的神学问题。这样的思维也体现于穆斯鸠鲁斯、霍修斯、特威瑟等改革宗神学家的论述，而欧文在1653年的《论上帝的正义》当中也点名驳斥了他们的观点。欧文的救赎论从早期开始就以祭祀参与（cultic participation）作为刑责替代（penal substitution）的基础，但他到了1653年才公开改变立场，反对"上帝说了算"的那种神学思维。他发现，虽然救赎之工所彰显的公义与慈爱并非上帝本质以内（in）的动情（affections），但我们必须承认其为**属乎**（of）上帝本性的动情，不能仅仅将其归纳为上帝意志的行动，否则就会不经意地替索西尼派的异端打开后门。索西尼派的谬误在于将公义与慈爱当成上帝用意志所成就的自由选择。

索西尼派的谬误，其实正是杭星格教授的担忧所在。一旦救赎被约化为刑责替代、一旦庭审维度被视为救赎之工的根本，那么"挽回祭"很容易就会沦为一种索西尼主义的概念，将"恩慈"当成上帝透过外在行动获得的新属性。杭星格坚持，救赎的祭祀维度乃是庭审维度的基础。更确切地说，救赎在本质上是由祭祀的预表及隐喻所表达的，而这祭祀本质具有附带的庭审维度，反之则不然。这观点与欧文不谋而合，可惜杭星格教授在写《〈腓利比书〉注释》时尚未发现这点。而欧文所代表的古典改革宗主流路线，在当代福音派则由葛富恩、毕尔等神学家传承了下来；巴刻、斯托得的大众神学所教导的内容，基本上也与这路线一致。

一方面，赞同巴刻、斯托得、葛富恩、毕尔的福音派人士在这议题上，也能够与杭星格的批评及提议产生共鸣。但另一方面我们也必须强调，杭星格的批评并不适用于欧文等多特传统的认信改革宗神学家，这也包括巴文克及霍志恒。

在多特会议上，论及基督满足或弥补之工（satisfaction）的必要性时，"上帝说了算"的那种唯名论、唯意志论路线遭到了明确拒斥（第二条教义，拒斥款7）。根据多特会议的决议，基督的牺牲并非改变上帝心意的庭审事件。救赎的替刑维度终极而言乃是出自上帝不变的恩慈与公义。因此《多特信经》论及基督之死时，开宗明义宣告："上帝不仅极其恩慈，亦极其正义。祂的正义……使得我们对祂无限之威荣所犯的罪必须受到刑罚。"（God is not only supremely merciful, but also supremely just. And His justice requires ... that our sins committed against His infinite majesty should be punished. [II.1]）

《多特信经》清楚地表明，在基督的替代牺牲之外，没有任何弥补过犯（satisfaction for sin）的方式："上帝圣子之死是为罪所献独一且至完美之牺牲与弥补，具有无限的价值，足以丰盛地除去（expiate）全世界的罪。"（The death of the Son of God is the only and most perfect sacrifice and satisfaction for sin, and is of infinite worth and value, abundantly sufficient to expiate the sins of the whole world. [II.3]）这段认信显示，按照多特正统（Dortian orthodoxy）的教理，"刑责替代"的概念乃是以救赎的祭祀维度为基础，以"牺牲"的旧约预表作为隐喻表达之，并且加在安瑟尔谟所提出的"弥补"或"满足"一说之上。换言之，庭审意义上的"刑责替代"，是"弥补"的一个维度，而"弥补"则是对献祭的形容。再者，如此以祭祀用语表达出来的替刑救赎，与"除罪"乃是相辅相成的，并不似在一些当代福音派的表述当中那样，跟随凯旋基督（Christus victor）理论将"挽回"与"除罪"对立起来，尔后为了反对凯旋基督理论而否定或淡化"除罪"，将救赎约化为"替刑"及"挽回"。按照多特正统的教导，"除罪"与"挽回"皆是基督弥补之祭的功效，二者皆发自上帝本质的恩慈与公义："上帝……出于无限的慈爱，按祂旨意所喜悦的，赐下祂的独生子成为我们的保证人（Surety），成为罪，为了我们并且替代我们成了咒诅，以代表我们对上帝的正义献上弥补。"（God ... has been pleased of His infinite mercy to give His only begotten Son for our Surety, who was made sin, and became a curse for us and in our stead, that He might make satisfaction to divine justice on our behalf. [II.2]）

由此可见，多特传统的刑责替代论并不属于杭星格所谓的"单一庭审主义"。刑责替代在主流认信改革宗神学当中，并非基督救赎之工的整体或根本，而是基督献祭牺牲所成就的果效之一，与除罪相辅相成。杭星格教授对刑责替代论的批评以及他的正面提案，对于当代福音派来说是很重要的提醒，但正如杭星格教授自己以及莫尔纳、已故的韦伯斯特一再遵循巴特的意愿，不将巴特神学视为目的地而是将其当成回归正统的途径之一，我们也不妨通过杭星格教授"恩慈替代"的提案，重新思考、认识福音派从改革宗正统时期传承下来的传统。

我认为杭星格教授对当代保守神学最重要的榜样——不论是对福音派、天主教，抑或其他传统——在于他坚持不懈地以尼西亚-迦克墩的认信正统为教义的依据，在这基础上建构他的救赎论。十六世纪后期至十七世纪改革宗正统也是如此委身于大公（catholic）正统，而当代许多福音派系统神学家、圣经神学家却过于忽视大公信经，就算偶尔有较为重视传统的神学家，也往往以为有了十六、十七世纪的信仰告白、教理准则就够了。杭星格所提出的模型固然不如十七世纪改革宗神学那般博大精深，如稍早所见，他自己也承认，他在耶鲁大学所受的后自由派神学训练，在教义传统的积累与传承上，远比不上福音派神学。然而他却比许多福音派人士更加积极地想要认识古典神学的宝藏。他阐述基督救赎之工时，使用了一系列的范畴（categories）与区分（distinctions），其中许多都沿用了中世纪以及改革宗经院主义的术语。事实上，我在普林斯顿求学时，他曾要求我熟读慕勒（Richard Muller）的新教经院主义神学辞典。[106] 杭星格教授在《〈腓利比书〉注释》所提出的救赎论与十七世纪汗牛充栋的著述相比，固然相形失色，但他用那一套古典术语及概念所表述的模型，远比大多数当代福音派的刑责替代论要更精确、深入。杭星格教授也会结合古典经院思维以及现代神学进行概念区分，包括：上帝的存在与行动（being and act）、本质与意志（essence and will）；上帝在我们里面（in nobis）以及我们以外（extra nos）的工作；客观与主观的祭祀参与（objective and subjective participatio）；保罗所使用的祭祀（cultic）以及庭审（forensic）用语；保罗笔下"在基督里"的奥秘（mystical）维度以及终末揭蔽（apocalyptic）维度；救赎的完成式、现在式、未来式；报复正义（retributive justice）与万物复原（restoration of all things）作为途径与目的（means and end）等。

在这些概念当中，"万物复原"对于当代福音派尤其重要。二十世纪福音派运动与普世宣教运动结合的过程当中，福音派神学往往会为了传福音的目的而选择性地忽略一些看起来对宣教没有直接助益的传统教义。一来，"万物复原"会让人联想到奥利金的普救论；二来，改革宗正统的万物复原论与宣教领域常见的某种属灵阶级观念格格不入。这种观念认为，宣教作为拯救灵魂的工作，是最属灵、最有永恒意义职业，其次是牧师，再其次是神学家、神学院教授，而最低等的职业，则是那些只服侍身体、不服侍灵魂的职业。许多福音派信徒认为，读神学

---

106. Richard Muller, *Dictionary of Latin and Greek Theological Terms Drawn Principally from Protestant Scholastic Theology*（Grand Rapids: Baker Academic, 1985）.

院需要有所谓"呼召"，而读其他的学科，只需考虑自己的特长、技能、兴趣等。反之，古典新教的万物复原论却教导，所有合乎上帝律法的职业都是圣职、圣召。

我们稍早看到，欧文的救赎论乃是以万物复原为最终目的，这无疑是十七世纪改革宗正统的主流观点，而当代福音派却往往将刑责替代、神怒平息（挽回）当成救赎的最终目的或终极功效，好似一旦罪得赦免，得救的工夫就完成了。关于得救的教导只剩下"已然"，而终末揭蔽的、万物复原的"未然"则被严重忽略。这所导致的结果，其实跟杭星格教授所谓巴特神学的"重大逻辑漏洞"颇有异曲同工之妙。杭星格教授作为一名后自由派巴特主义者，愿意对巴特提出批评，并通过巴特回到教会传统的宝藏来寻求解决之道，那么福音派既传承了如此丰富的传统，就更没有理由以"唯独圣经"为借口而在神学发展上轻忽正统了。

跋

　　本书从卡尔·巴特在北美福音派的受容切入，探讨了巴特神学在华人群体中的历史和展望。第一至三章聚焦于哥尼流·范泰尔对北美福音派乃至华人教会的影响，解析了一系列关于巴特的迷思。第四章采取新加尔文主义的立场，与巴特神学进行对话，最后采取范泰尔关于"具体共相"的论述，探究巴特无法贯彻肯认启示之实存普遍性之意图的问题所在，并诉诸巴文克和范泰尔的洞见，为当代巴特主义的神学发展提出建议。第五章则诉诸改革宗传统的救赎论，以福音派神学的立场，与当代英语界巴特主义对话。

　　我在写作时，经常想象巴特饶有兴致地观看着我写作的内容，好似拉撒路那般，死后在亚伯拉罕怀中仍继续看着人间。我会想，假如巴特看到我对他的评论，是否会怒斥我为"屠夫、食人族"，抑或像当年读到柏寇伟的著作时那般感到欣慰。我也会想象，范泰尔看到我所指出他在巴特诠释上的错误时，是否会带着嘉许，认为我传承了他的精神。

　　第五章原本是用英文写的。起初杭星格教授主动联系我，希望我替他的《〈腓利比书〉注释》写一篇书评，但最后却写成了一篇论文。写作过程中我曾多次向杭星格教授请教，确认我掌握了他的用意，我们在其间也交换了许多意见以及各自所掌握的新资料和文献。

　　杭星格教授曾在我写另一本书时提醒我，当我提及巴特关于"上帝形像"（*imago Dei*）的论述时，一定要解释他如何诉诸《创世记》1:26-27，称一夫一妻的婚姻为上帝形像和人性尊严在人身上最原初且极致的彰显。巴特写下这段铿锵有力的论述时，身处于一段婚外三角关系。他一方面抨击父权社会对女性的压迫，另一方面又以典型的父权手段压迫自己的妻子和恋人。

　　作为一名巴特主义者，杭星格教授对巴特的婚外情从不文过饰非。相较于过去"圣传"（hagiography）般的巴特传记，杭星格教授更加欣赏蒂兹教授以"矛盾的一生"（*ein Leben im Widerspruch*）为题，对巴特生平的记述。杭星格教授以自己的婚姻为榜样，常常私下提醒男性学生尊重妻子、爱护妻子。

　　巴特掷地有声地高举一夫一妻的婚姻，强调夫妻间的忠诚信实是圣约在创造中的体现，同时却又在亲友和学生面前毫不避讳地与女秘书发展恋情，对许多人造成伤害。这事实一方面提醒我们，不要因人废言：我们不可能因为一名主张一夫一妻制的神学家不忠于婚姻，就否定他对婚姻的看法。同理，我们也没有理由认定，一名神学家犯罪，必定是神学有问题。人类不是 AI；人类犯罪，往往不是因为理性思维出现了 bug。人类受造，是全人（*uomo universale*）受造；人类堕落，是全方位的败坏。

另一方面，"不因人废言"的原则，也并不妨碍我们去探究：巴特神学当中是否有任何内容，被他用以将自己的罪行合理化。正如我们在本书第五章所见，杭星格教授认为巴特的婚外情与他的神学在"成圣"教义上的"重大逻辑漏洞"不无关联。本书第四章也指出，巴特神学缺乏"世界观"的思想，导致他将信仰与生活之间的矛盾当成正常状态，甚至在写给女秘书的私信中，将这种矛盾当成婚外情的借口。

这并不是我们论断巴特的理由：他自有上帝来审判，而倘若有基督为他辩护（作为被主赦免的人，我们岂不应当深愿如此？），那便无人有权控告他、定他的罪（罗 8:33–34）。这也不是我们将巴特神学杜绝于教会之外的理由。

在一些重视"教会纪律"（church discipline）的华人教会当中有一种说法：既然长期犯罪不悔改的牧者应当被教会免除教导职分，那么巴特的神学在教会当中也应遭禁。这论证是基于一种错谬的类比：有形教会的教导职分，与神学家著述并非同一回事。在当今任何主流的教会纪律传统当中，禁止某人在教会行使教导职分时，都不会将那人的书列为禁书。正统长老教会（Orthodox Presbyterian Church）和威斯敏斯特神学院（Westminster Theological Seminary）或许会命令奥利芬（Scott Oliphint）教授在离职纪律以及下架神学表述不当的书籍之间选择其一，但绝不会将诺曼·薛佛（Norman Shepherd）或彼得·恩斯（Peter Enns）等离职教授的著述列为禁书。

历史上，初代教会乃至中世纪出现过一些教令，将一些异端书籍列为禁书，而教会史上最为具备官方权威的，是1560年发布的《禁书索引》（*Index Librorum Prohibitorum*），此索引在史上历经数次编修，最终于1966年被教宗保禄六世（Pope Paul VI）正式废除。索引中的书籍之所以遭禁，也并非因为作者犯罪不悔改，而是因为内容被定为异端。华人教会许多保守人士只因巴特婚外情的罪便主张将他的著述列为禁书，这反映出一种比中世纪教会还要更加极权、反智的风气，相当危险。

此外我们也需自问：在考虑巴特婚外情的罪时，是否带着"哀矜勿喜"之心，抑或喜滋滋地自以为抓到了他神学错谬的把柄，声称他的神学与他的婚姻一样不纯洁。蒂兹教授以女性视角揭示巴特在"矛盾的一生"中对妻子和情妇的压迫时，并非居高临下而毫无同情。她细腻地记述了巴特具体的人生轨迹、思想生平，以及他的时代背景。尽管她对巴特的批评十分严厉，但巴特在她笔下，是个活生生的人，言辞犀利，内心柔软，是位天赋异禀的神学家，也是活在破碎时代中一名破碎的罪人。

当我们批评巴特或任何人的时候，心中是否因自己"不像别人"而"感谢"上帝（路18:11）？我们是否戴着"婚外情"的有色眼镜，抽象地看待巴特的一切？黑格尔在《谁抽象地思考》一文中杜撰了一名被拉到刑场的杀人犯，写道：

> 一个理解人性的人，会去追溯犯人心灵的发展：他在他的历史、他的教育背景里面发现他父母之间一段糟糕的关系，发现这个人在犯了一些小错误之后遭受的残酷对待，

以致对社会秩序变得愤恨——这个最初的反应推动了他并让他只能透过犯罪来保护自己……可能有些人听到这样的言论后会说：他想替杀人犯开脱！毕竟我记得年少时曾经听过一位市长感叹说当时的作家太过分了，试图将基督教和公义一并连根拔起；居然有人写了一部为自杀行为辩护的书：可怕，太可怕了！——接下来的问答揭示，他所指的书就是《少年维特的烦恼》（歌德，1774 年）。[1]

黑格尔评论道："这就是抽象思维：在那名杀人犯身上，除了他是个杀人犯的抽象事实以外什么都看不到，并且用这个简单的特质把人性本质的一切都化为虚无。"[2]

希望读者看我如此引用黑格尔，不会用"不信派""黑格尔主义者"等标签，抽象地将本书一切内容化为虚无。我也希望读者在阅读、评价巴特时，不会抽象地用"婚外情"或"普救论者"等或正确或错谬的标签，将他留在这世上的一切——不论好坏——皆化为虚无。

在美国福音派当中，有许多人以"巴特主义者""民主社会主义者"（democratic socialist）等标签，彻底否定杭星格教授的一切。我希望本书第五章的内容能帮助我们看见，带着这种抽象的敌我意识从事神学工作，只会对教会造成亏损。

如上所述，在那一章的英文版写作过程当中，我与杭星格

---

1. *Hegel: Texts and Commentary*, ed. Walter Kaufmann (Garden City: Anchor Books, 1966), 113.
2. Ibid.

教授曾多次通信交流。他一开始认为，虽然我对古典改革宗神学的陈述显示他的观点并非全然新颖，但古典改革宗并未正视"罪的移除"（removal of sin）为"刑责替代"（penal substitution）的基础。后来我补了几段古典改革宗的文献，证明他误解了古典改革宗，而他不但未曾感到面上无光，反而非常欣慰，甚至委托普林斯顿神学院主办的期刊《今日神学》向我邀稿，阐述我的观点。[3] 在这点上，他与巴特是相似的：每当他们发现自己对古典神学传统的批评是出于误解时，他们都十分乐意回归传统。

在意愿上，巴特总是希望传统是对的、自己是错的，因为他热爱传统。克尔凯郭尔曾经指出，在热恋中的人，若与相爱之人发生冲突时，总会希望对方是对的、自己是错的。每次我跟妻子吵架，认为对方伤害自己时，总会在发现自己误会对方时，欢喜地彼此拥抱。然而双方若不愿彼此倾听，只顾"快快地说"，那么误会就始终难以解开。

神学写作不应自说自话。神学是教会群体的学问，因此应当是教会肢体间的对话，而对话始终必须兼顾"言说"和"倾听"。我在牛津面对自认为自由派的神学教授、在普林斯顿面对巴特主义阵营的导师，都毫不讳言表示自己是福音派、新加尔文主义者，而我非常感谢他们，因为他们仍愿意与我对话，甚至对我多方提携照拂。

---

3. 见 Shao Kai Tseng, "What Can Postliberals and Evangelicals Learn from Each Other? Merciful Substitution in George Hunsinger's *Philippians* and Historic Reformed Theology," *Theology Today* 81 (2024): 214–227.

就算面对教会肢体外的人，我们也应当与之对话：因为上帝赐下了普遍启示、普遍恩典，不允许我们的神学沦为教会的语言游戏。不论巴特或范泰尔，在面对黑格尔时，都不是一味否定、驳斥。他们听见黑格尔对永恒盼望的渴求，他们看见黑格尔支离破碎的思想，他们也从黑格尔精彩绝伦的哲思中找到启发。

巴特的"位格主义"和范泰尔学派的"圣约护教学"（covenantal apologetics）带给我们非常相似的提醒：我们所言说的，不是一套抽象形而上学的命题。我们对话的对象，也不是只有逻辑理性的 AI 程序。神学言说的内容，是又真又活的上帝；神学对话的对象，是又真又活的人，是堕落的罪人，也是按上帝形像受造的人。

假如当年巴特和范泰尔早点开始彼此对话、彼此倾听，那么范泰尔关于"具体共相"以及"世界观"的论述，或能为巴特带来许多启发。假如二人的关系如同巴特与图奈森（Eduard Thurneysen）、范泰尔与斯纠德（Klaas Schilder）一般；假如二人时常彼此通信，切磋辩论；假如范泰尔从一开始就对巴特写信（wrote to Barth），而不单是撰文评论巴特（wrote about Barth）：那么或许巴特真能因范泰尔的影响而肯定普遍启示，或许巴特能够更加大胆地借用黑格尔的思想来克服黑格尔的挑战，或许巴特能够在肯认神学之科学性的同时，也发展出一套与教会教理学相辅相成的基督教世界观。假如 1962 年的见面发生于 1927 年、假如 1965 年的通信始于 1930 年……

可惜历史没有任何"假如"。但这未曾发生于过去式的"假如"，却完全可以实现于现在式、未来式。福音派的巴特受容、新加尔文主义的巴特受容、范泰尔主义的巴特受容，都不是一成不变的抽象命题系统，而是又真又活的罪人在对话中言说又真又活的上帝。范泰尔在 1965 年的信件中表示，自己长期为巴特代祷，期待能在主再来的日子把臂言欢。他承认自己可能误解了巴特。我认为，范泰尔若发现自己真是误解了巴特，那么他应该会相当欢喜——毕竟他对巴特表现出的仰慕绝非作伪。

两个人吵架时，如果一味地争胜，一味地试图证明自己的批评都是对的，那这二人之间必定严重缺乏从上帝而来的爱。诚然，爱是"只喜欢真理"，但那是上帝的真理，不是将自己当成真理。人在爱中会彼此倾听，会希望自己误解对方。若非如此，那么不论我们的神学言说如何精确，我们如何用火眼金睛洞悉他人的错谬，我们仍旧是鸣锣响钹。

神学不应该被此等噪音所覆盖。教会神学应当是多声部的复调音乐、对话中的赋格曲（fugue），其中不免出现不和谐音，但正如在巴赫（J. S. Bach）的曲子中，就算是由大四度（augmented fourth）所构成的刺耳张力，最终也会在对话中得到解决。十字架的苦难，总会在复活的喜悦中升华。

本书对巴特的诠释不见得完全正确，对他的评价也绝非毫无争议。或许我与巴科（Sigurd Baark）提出的新诠释模型不久之后就会过时。巴特会告诉自己的读者：《教会教理学》必有过时的一天，唯有圣经的话语历久弥新，而教会的信仰告白也经得起时间考验。

倘若本书有任何价值，那么其价值就在于它是神学的对话。就算我讲巴特、讲范泰尔、讲巴文克、讲杭星格都有讲错的地方，但至少这本书不只是关于他们的著述（written about them），更是写给他们的（written to them）。我们有幸如此对话，不是因为谁比谁的教义更正统、更精确，而是因为我们都走在追寻真理、真相的路上。

范泰尔在 1965 年的信件中向巴特保证，自己从未论断过巴特对基督的个人信仰，并指出他与巴特若得以在基督再来的日子欢聚，绝不是因为他们的神学比他人更加正确，而是因他们的罪被基督宝血洗净。正如贝格（Alistair Begg）牧师在一篇知名讲道中所言，十字架上那名求主记念的强盗，对"因信称义""三位一体""神人二性"等真理一无所知，当天使问他凭什么进天国时，他唯一的凭证就是："中间十字架上那人说我可以进来。"（The man on the middle cross says I can come.）

本书处处计较神学的正统、教义的纯正，但这并不是最终的目的。希望笔者与读者都不要忘记，精确的神学不是夸口的资本，更不构成得救的确据。倘若我们真的相信纯正信仰所传的恩典，就不会将信仰之纯正当成恩典的来源、信心的对象。约翰·欧文所言一语中的，在此引用这段话与读者共勉，作为此次神学对话的总结：

> 人们真的可以被他们在教义上否认的恩典所拯救……因为那［使他们称义的］信心已然包含在他们对福音真理的普遍认同当中，使得他们紧随基督，以致他们论及基督

借以拯救他们的道时所犯的谬误，不至于剥夺这得救之道当中的真实益处。⁴

当中的真实益处。⁴

4. 原文如下："Men may be really saved by that grace which doctrinally they do deny ... for the faith of it is included in that general assent which they give unto the truth of the gospel, and such an adherence unto Christ may ensue thereon, as that their mistake of the way whereby they are saved by him shall not defraud them of a real interest therein." John Owen, *The Doctrine of Justification by Faith* (London: R. Boulter, 1677), 164。这段引文由我的好友马克·琼斯（Mark Jones）提供。

图书在版编目(CIP)数据

卡尔·巴特:奇人其思 /曾劭恺著.—上海:上海三联书店,
2024.10(2025.2 重印)
ISBN 978－7－5426－8369－4

Ⅰ.①卡…　Ⅱ.①曾…　Ⅲ.①卡尔·巴特-哲学思想-研究
Ⅳ.①B522

中国国家版本馆 CIP 数据核字(2024)第 020693 号

卡尔·巴特:奇人其思

著　　者/ 曾劭恺

责任编辑/ 邱　红　陈泠珅
装帧设计/ 徐　徐
监　　制/ 姚　军
责任校对/ 王凌霄

出版发行/ 上海三联书店
　　　　　(200041)中国上海市静安区威海路 755 号 30 楼
邮　　箱/ sdxsanlian@sina.com
联系电话/ 编辑部:021－22895517
　　　　　发行部:021－22895559
印　　刷/ 上海展强印刷有限公司

版　　次/ 2024 年 10 月第 1 版
印　　次/ 2025 年 2 月第 2 次印刷
开　　本/ 655 mm×960 mm　1/16
字　　数/ 320 千字
印　　张/ 22
书　　号/ ISBN 978－7－5426－8369－4/B·881
定　　价/ 98.00 元

敬启读者,如发现本书有印装质量问题,请与印刷厂联系 021－66366565